BIBLIOTHÈQUE
DES MERVEILLES

PUBLIÉE SOUS LA DIRECTION

DE M. ÉDOUARD CHARTON

L'ARTILLERIE

AUTRES OUVRAGES DU MÊME AUTEUR

Les Torpilles, 1 volume de la Bibliothèque des Merveilles, illustré de 82 gravures. Prix, broché, 2 fr. 25, cartonné en percaline bleue, tranches rouges,   3 fr. 50

———

Histoire d'Annibal, en cours de publication. Deux volumes parus. Paris, Firmin Didot.
L'Europe sous les armes, Troisième édition, Paris. Jouvet, 1884.
Les Anglais en Égypte, Paris, Jouvet 1884.
L'Art militaire et la Science, Paris, G. Masson, 1885.
L'Artillerie de Bange, Paris, G. Masson, 1885.
Les Armées modernes, Paris, Librairie illustrée, 1886.
L'Artillerie Krupp, Paris, G. Masson, 1886.
L'Écurie horizontale, Paris, G. Masson, 1887.
La France sous les Armes, Paris, Librairie illustrée. 1887.

14558. — Imprimerie A. Lahure, rue de Fleurus, 9, à Paris.

BIBLIOTHÈQUE DES MERVEILLES

L'ARTILLERIE

PAR

Le Lᵗ-Colonel HENNEBERT

Officier de l'Instruction publique

OUVRAGE

ILLUSTRÉ DE 79 GRAVURES D'APRÈS LES DESSINS

DE C. GILBERT ET DE THUILLIER

PARIS

LIBRAIRIE HACHETTE ET Cⁱᵉ

79, BOULEVARD SAINT-GERMAIN, 79

1887

Droits de propriété et de traduction réservés

L'ARTILLERIE

PREMIÈRE PARTIE

TEMPS ANTÉRIEURS A L'INVENTION DE LA POUDRE

CHAPITRE I

ARTILLERIE NÉVROTONE

Sommaire. — Historique. — Principes de construction du matériel d'artillerie névrotone. — Nomenclature des engins. — Vitesses initiales et portées. — Projectiles. — Batteries. — Restitution de pièces névrotones.

C'est à l'Orient qu'est due l'invention des appareils névro-balistiques dérivés de l'arc; l'origine de cette découverte se perd dans la nuit des âges. Pline nous apprend que les Crétois inventèrent le *scorpion;* les Syriens, la *catapulte;* les Phéniciens, la *baliste* — mais sans assigner de date à l'apparition de ces engins. Certain texte de la Bible est plus précis à cet égard; un passage des *Paralipomènes* nous fait connaître que, vers l'an 810 avant notre ère, Ozias arma les remparts de Jérusalem de « machines construites par un ingénieur, pour lancer des traits et de grosses pierres ». Deux siècles plus tard, Ézéchiel menace la ville sainte des balistes de Nabuchodonosor, et Jérémie prophétise que le grand roi dressera contre elle des « machines de cordes ». Diodore de Sicile commet donc une erreur quand il rapporte l'invention des armes de jet à l'époque du concours ouvert par Denys l'Ancien (399 av. J.-C.), entre les ingénieurs de Sicile et ceux de l'étranger, en vue de la construction d'un nouveau matériel de guerre. C'est également à tort qu'Élien attribue à Denys le Jeune l'invention de la catapulte. Les ingénieurs du quatrième siècle ne firent vraisemblablement que perfectionner des appareils déjà connus et de création sans doute bien antérieure au temps d'Ozias, c'est-à-dire au neuvième siècle (av. J.-C.).

La renaissance des appareils orientaux sous la main des ingénieurs de Denys frappa la Grèce d'admiration, mais aussi de terreur. Ὤλετο ἀρετά! « Adieu, bravoure! » s'écriait Archidamus, fils d'Agésilas, à la vue d'un trait de catapulte apporté de Syracuse. On avait beau gémir, l'élan était donné; toutes les puissances voulurent avoir de l'artillerie sicilienne. La Macédoine ne fut pas la dernière à entrer dans cette voie nouvelle, car, durant ses campagnes d'Asie, l'armée d'Alexandre était accompagnée d'un parc d'appareils névrotones. Ultérieurement, à la bataille de Mantinée, on voit Machanidas appuyer le front de ses troupes d'une rangée de machines de jet. Depuis lors, l'artillerie de campagne et de siège ne cesse de figurer dans l'histoire des armées de terre; elle trouve aussi son emploi dans la marine, témoin les huit « pierriers » dont Archimède arme son grand navire la *Ville de Syracuse*.

Jusque vers le milieu du deuxième siècle avant notre ère, la puissance des gros engins balistiques, spécialement affectés au service de l'attaque et de la défense des places, provient exclusivement de la force de torsion d'un système de faisceaux de fibres élastiques, telles que tendons ou nerfs, cheveux, crins, chanvre, etc. Ces fibres *tordues* actionnent des leviers propulseurs, à la manière d'une corde de scie agissant sur son taquet de serrage. De là la détermination générique de *tormenta* donnée par les Latins aux appareils névrotones, et ce nom se retrouve encore dans nos écrivains du seizième siècle sous la forme de *tormens bellicques*.

Considérés au point de vue de la nature du projectile, les pièces névrotones de l'antiquité se distinguent en *oxybèles*[1], *lithoboles*[2] *et polyboles* — celles-ci lançant à volonté des pierres ou des traits. En ce qui touche aux différences essentielles de leurs dispositions organiques, elles se classent en *monancones* et *ditones*[3]. Les machines à deux « tons » étaient le plus en usage; le matériel

Fig. 1. — *Onagre* lithobole monancone.

antique en comprenait deux variétés : les *euthytones* et les *palintones*. Cette dernière classification n'est pas, comme l'ont voulu quelques commentateurs, issue de la diversité de forme des trajectoires, mais bien du fait de deux modes d'action de la corde archère. Les euthytones sont à tension

1. Aliàs *doryboles*.
2. Aliàs *pétroboles*, pierriers.
3. C'est-à-dire à deux tons. Le ton (τόνος) est l'écheveau de nerfs filés ou de cordes de boyaux dont la torsion imprime une force de détente aux bras et, par suite, à la corde archère.

directe; la tension se fait à revers dans les palintones[1].

La nomenclature du matériel d'artillerie névrotone peut, jusqu'à certain point, se restituer. On distinguait parmi les *tormenta* : le *gastraphète*, espèce d'arbalète primitive; l'*arcubaliste*, la *toxobaliste*, la *manubaliste*, armes de jet portatives; le *scorpion* et la *chirobaliste*, sa similaire; la *carrobaliste* ou baliste sur roues, pièce de campagne; l'*onagre;* la *baliste* et la *catapulte*, pièces de siège. Faite pour percer les boucliers de l'ennemi, la catapulte était un grand scorpion oxybèle euthytone; affectée au service des bombardements, la baliste était lithobole palintone.

Théoriquement, les projectiles des machines de jet de gros calibre avaient des vitesses initiales variant de 60 à 65 mètres, et environ 375 mètres de portée. Les pierriers d'Archimède lançaient, à 185 mètres de distance, des blocs du poids de 80 kilogrammes; des poutres à armatures de fer, de $6^m,50$ de longueur. La flèche de la chirobaliste avait une vitesse initiale d'environ 50 mètres et une portée maxima de 275 mètres; on la tirait ordinairement à 90 mètres du but à atteindre.

Les engins névrotones lançaient aussi des projectiles incendiaires tels que barils emplis de poix enflammée, barres de fer rouge et *falariques*. La falarique était, suivant Tite-Live, un javelot garni d'étoupes enduites de poix.

Les pièces d'artillerie névrotone ne s'employaient pas isolément; on en formait des batteries (βελοστάσεις). L'usage des batteries de siège et des batteries de place remonte à la plus haute antiquité; les opérations de la défense de

---

[1]. Les auteurs didactiques qui ont traité *ex professo* de la construction des pièces névrotones sont : Biton, Héron, d'Alexandrie, Philon de Byzance, Athénée et Apollodore. — Consultez aussi Vitruve et une pléiade d'historiens tels que Polybe, Tite-Live, César, Pline, Josèphe, Végèce, Ammien Marcellin, etc., *passim*.

Parmi les commentateurs il convient de citer Lipse, Baldi, Saumaise, de Perrault, Folard, de Maizeroy, Thévenot, Silberschlag, Meister, Schneider, Dureau de la Malle, Mérimée, Vincent, général Dufour, etc.

La science doit aussi beaucoup, à cet égard, aux travaux du général de Reffye, de MM. Kœchly et Rustow, Wescher, Prou et de Rochas.

Syracuse et de l'attaque de Jérusalem sont demeurées célèbres, à raison du rôle dévolu au matériel d'artillerie de place et de siège.

Les principaux types névrotones ont été l'objet d'une restitution opérée de la main habile du général de Reffye [1]. Les salles du musée de Saint-Germain offrent aux regards du visiteur :

Une catapulte oxybèle, ditone et euthytone, dont les *tons* sont en nerfs filés et tordus. Exécuté dans les proportions indiquées par Héron et Philon, cet engin donne à son projectile une portée de 180 à 200 mètres ; — une catapulte de même genre, mais de plus grand module et ne mesurant pas, sur son affût, moins de $2^m,80$ de hauteur ; — une catapulte polybole, exécutée d'après les indications d'un relief de la colonne Trajane. Montée sur chariot, cette pièce de campagne pouvait lancer à 300 mètres une flèche ou carreau du poids d'un kilogramme. Un tel projectile pourrait dans ces conditions traverser de part en part le corps d'un cheval, deux ou trois épaisseurs de clayonnages et autres obstacles de résistance analogue ; — un *onagre* lithobole monancône, restitué d'après le texte d'Ammien Marcellin et lançant à 250 mètres des pierres de 2 kilogrammes et demi. (Voy. la fig. 1) [2].

Ultérieurement, M. V. Prou, si prématurément enlevé à la science, a publié une excellente restitution du gastraphète et du scorpion.

---

[1]. Le général de Reffye, dont nous exposerons plus loin les mérites et les états de services, n'était pas seulement un artilleur distingué, mais encore un savant archéologue. C'est lui qui reçut de l'empereur Napoléon III mission de procéder au moulage des reliefs de la colonne Trajane, reliefs qu'on voit au musée de Saint-Germain. C'est encore lui qui fut chargé du soin de diriger les fouilles du mont Auxois, en vue d'y retrouver des vestiges de l'antique Alésia (Alise-Sainte-Reine). On doit à de Reffye l'indication du point où devait rationnellement s'élever cette statue de Vercingétorix qu'on aperçoit si bien de la station des Laumes (chemin de fer P.-L.-M.)

[2]. Ces différentes portées ont été vérifiées, car il a été plusieurs fois procédé à des expériences de tir des modèles du musée, notamment le 6 août 1875, en présence des membres du Congrès international de géographie.

CHAPITRE II

ARTILLERIE CHALCOTONE

Sommaire. — Une invention de l'ingénieur Ctesibius. — Avènement des ressorts en bronze. — Perfectionnement des engins chalcotones. — Travaux de Philon de Byzance.

Quelle qu'en fût la disposition organique, les appareils *à tons* étaient affectés d'un défaut grave : essentiellement hygrométriques, ils se détraquaient sous l'action de la pluie ou d'un simple brouillard, et les organes en étaient vite paralysés. Un grand perfectionnement se produisit au cours de la célèbre période Alexandrine, laquelle embrasse l'intervalle de temps compris entre le siècle d'Alexandre et le siècle d'Auguste. Vers l'an 120 avant notre ère, apparut Ctesibius, le célèbre ingénieur auquel on attribue l'invention du *piston* et de la première machine à air comprimé (ἀερότονον ὄργανον). Ce novateur eut l'idée de remplacer les faisceaux de fibres élastiques — tendons, chanvre, cheveux[1] ou crins, — par des ressorts en bronze écroui (ἐλάσματα χαλκᾶ); de substituer ainsi à l'organe névrotone, reconnu défectueux, un appareil métallique qui prit le nom de χαλκότονον ὄργανον

---

1. Il se faisait, dans l'antiquité, grand commerce de cheveux humains, à destination de l'organisation des engins névrotones. On sait que, lors du siège de Carthage par Scipion Émilien, les femmes carthaginoises firent don de leurs chevelures au gouvernement de leur ville. Ce n'était point là un sacrifice qui pût être qualifié d'expédient, mais seulement l'offre patriotique d'une matière première qui était article de consommation courante.

et fut immédiatement appliqué aux engins de petit calibre. Si cet appareil chalcotone ne réussit point à se substituer aux faisceaux névrotones dans la construction des machines de jet de gros calibre, ce fut sans doute à raison de l'état de l'industrie, alors impuissante à fabriquer des ressorts de grandes dimensions. D'ailleurs, la réparation d'un engin névrotone était toujours facile en tous lieux; on pouvait en confier le soin aux premiers ouvriers venus. La rupture d'un ressort prenait, au contraire, les proportions d'un accident irréparable. Quoi qu'il en soit, l'apparition des appareils de jet à ressorts de bronze fut saluée avec enthousiasme par les anciens, notamment par Philon de Byzance qui s'appliqua et réussit à en perfectionner le mécanisme.

CHAPITRE III

ARTILLERIE SIDÉROTONE

Sommaire. — Une idée de l'ingénieur Héron d'Alexandrie. Invention des ressorts d'acier.

Suivant la même voie que son maître, un élève de Ctesibius — le non moins célèbre Héron d'Alexandrie — introduisit dans le matériel balistique de nouveaux et importants perfectionnements. Ses relations avec Rome lui avaient permis d'apprécier la valeur des aciers espagnols et, vers l'an 100 avant Jésus-Christ, il créait une pièce *à ressorts d'acier* (καμβέστρια). Cette pièce, c'était la fameuse *chirobaliste* ou *manubaliste* qui porte son nom. Restituée par M. Prou, l'arquebuse dite chirobaliste a été exécutée en vraie grandeur par M. Albert Piat, constructeur-mécanicien. Elle figurait à l'Exposition de 1878, à Paris.

Les engins balistiques *sidérotones* étaient, à juste titre, renommés pour la simplicité et la précision de leur manœuvre. Inventés en Égypte, ils furent bien vite adoptés par les Romains qui avaient, comme on sait, coutume de tirer parti de toutes les découvertes de l'étranger. Il est certain que, lors de la guerre des Gaules, le matériel de campagne de Jules César comprenait des pièces d'artillerie sidérotone.

Les légions de l'Empire furent dotées du même armement. Durant cette période impériale, les Romains savaient le fabriquer eux-mêmes; leurs principaux ateliers de construction étaient établis en Gaule — à Strasbourg, à Soissons et à Trèves. Leurs arsenaux fonctionnaient sous la direction d'un haut personnel dont l'échelle hiérarchique comprenait les grades d'*architectus*[1] ou ingénieur, de *tribunus armaturæ* ou *armaturarum, tribunus fabricæ* ou *fabricarum, rector armaturarum,* etc. Les travaux y étaient exécutés par des *artifices* et des *fabricenses*. A chaque légion était, d'ailleurs, attaché un détachement d'ouvriers chargé de l'entretien du matériel sous les ordres de deux officiers supérieurs : le *præfectus castrorum* et le *præfectus fabrûm*.

Le moyen âge ne fait que continuer la période gallo-romaine. Des déserteurs ou prisonniers romains apprennent aux Franks l'art de la fabrication du matériel d'artillerie gréco-romaine. Les batteries du siège de Saint-Bertrand de Comminges sont établies sur le modèle de celles de Jules César. Ultérieurement, Charlemagne a des *engignéours* qui lui construisent des machines de jet semblables à celles des empereurs de Byzance. Les Normands, qui assiègent Paris en 885, et Gerbold, qui défend la place sous les ordres d'Eudes et de Gozlin, ont des balistes, des catapultes et des *mangonneaux* ou appareils « monancônes ». Philippe Auguste, Philippe le Bel ont toujours le même matériel d'artillerie; ils font usage d'*arbalètes à tour*. On se servira encore de balistes névrotones au siège de l'Écluse (1587), c'est-à-dire à la fin du seizième siècle.

1. Vitruve était *architectus*, c'est-à-dire ingénieur militaire chargé du soin de construire et d'entretenir le matériel d'artillerie.

CHAPITRE IV

ARTILLERIE TRÉBUCHANTE

Sommaire : — Les trébuchets. — Description d'Egidius Colonna. — Jeu des appareils trébuchants. — Essais de restitution. — Expériences de Vincennes.

En même temps que d'engins névrotones, le moyen âge fait usage de machines de jet dont la construction est basée sur le principe de la fronde et du *fustibale*. Ces machines sont désignées sous la dénomination générique de *trébuchets*[1].

« Les machines pierrières, dit Egidius Colonna[2], se réduisent à quatre genres ; dans toutes ces machines il y a une verge qu'on élève et qu'on abaisse au moyen d'un contrepoids, à l'extrémité de laquelle est une fronde

---

1. Comme tous les engins balistiques, le trébuchet a été connu sous des noms divers, tels que *trabutium*, *tripantum*, *tribuquiau*, *traboccho* (ital.). Dans le roman d'*Ogier le Danois*, on entend Charlemagne donner à l'*engegneor* l'ordre de construire des *tribuquiaux* et des *mangoniaux*. — « ... Trabocchi e manganelli .... » (Andrea Dei, *Chroniques* de 1186 à 1352). — « Duabus trabuchetis mangonellis.... » (*Monachus vallis Sarnai*, guerre des Albigeois, ch. LXXXVI. — « E fi drizzar trabocchi e manganelli. » (Boccace, *Théséide*, liv. I). — Les Maures désignaient le trébuchet sous les dénominations de *medjanic* et *arrada* ; les Français, sous celles d'*engin volant* et de *couillar*. — « ... Quatre couillars tous neufs et habilliez de toutes choses, et chascun de deux chasbles et trois frondes pour changier quand besoing sera. » (Christine de Pisan, *Livre des faits d'armes et chevalerie*, ch. XXI). — Jérôme Maggi l'appelle *briccole*. Les Bernois avaient deux trébuchets dits : l'un, la *fille de bois* ; l'autre, l'*âne*.

2. *De regimine principum*, lib. III. — Egidius Colonna (Gilles Colonne) était le précepteur du jeune Philippe le Bel.

pour jeter la pierre. Quelquefois le contrepoids ne suffit pas, et alors on y attache des cordes pour relever la verge.

« Le contrepoids peut être fixe ou mobile, ou tous les deux à la fois. On dit le contrepoids fixe quand une boite

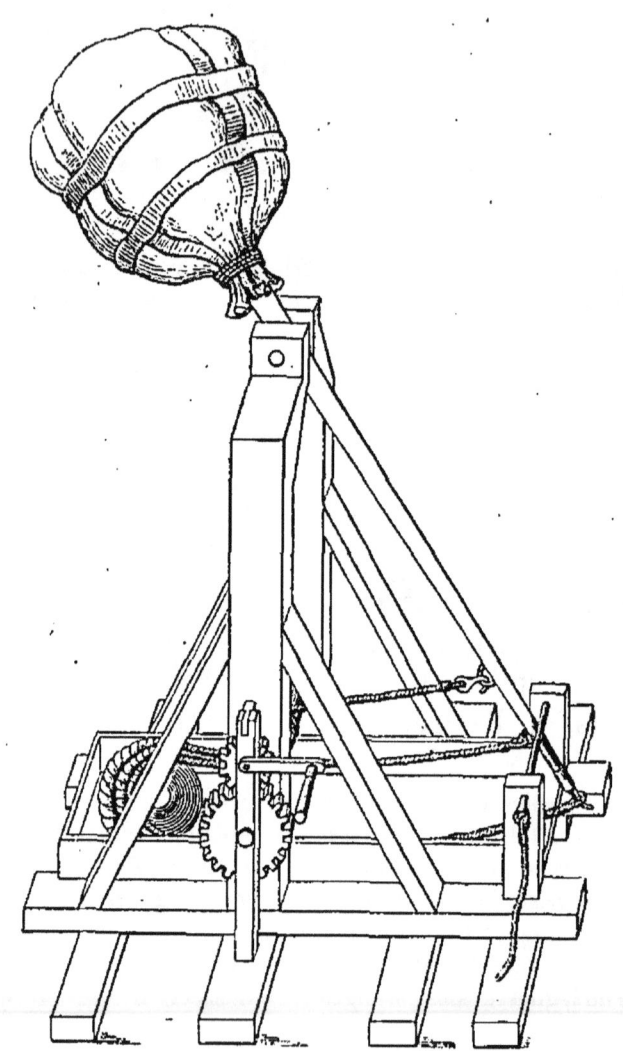

Fig. 2. — Trébuchet chargé.

est fixée invariablement à l'extrémité de la verge et remplie de pierres ou de sable ou de tout autre corps pesant. Ces machines, appelées anciennement *trabutium*, lancent plus régulièrement parce que le contrepoids agit toujours uniformément.

« D'autres machines ont un contrepoids mobile, fixé autour du fléau, ou bien autour de la verge tournant autour d'un axe. C'est cette espèce de machine que les Romains appelaient *biffa*. Elle diffère en effet du trébuchet; car, comme le contrepoids est mobile autour de la verge, ce mouvement lui donne plus de force, mais le tir n'est pas aussi régulier.

« Le troisième genre, qu'on appelle *tripantum*, a deux contrepoids : l'un, adhérent à la verge ; et l'autre, mobile autour de la verge ; et, à cause de cela, il lance plus droit que la biffa et plus loin que le trébuchet.

« Le quatrième genre est une machine où, au lieu de contrepoids, il y a des cordes qui sont tirées par des hommes. Cette dernière machine ne lance pas d'aussi grandes pierres que les trois précédentes, mais il ne faut pas non plus autant de temps pour la mettre en ordre ; aussi peut-elle lancer plus promptement... »

En somme, le trébuchet consiste en une longue poutre (*flèche* ou *verge*) tournant autour d'un axe horizontal porté par des montants ; la verge se met au bandé par le moyen du jeu d'un treuil. Un des bouts de la fronde est fixé à un anneau placé près du bout de la flèche, dont l'extrémité se prolonge en un crochet légèrement courbe ; l'autre bout de la fronde forme une boucle qui entre dans ce crochet. Cette partie de la flèche étant *en bas*, la fronde est placée horizontalement dans un auget. Le projectile est mis dans la poche de la fronde, dont la boucle entre dans le crochet qui termine la flèche. Le contrepoids se trouve alors *en haut* et la flèche est maintenue dans cette position par un déclic.

Que ce déclic déclanche... aussitôt le contrepoids tombe, la flèche tourne autour de son axe, entraînant la fronde, et, à raison de l'action exercée par la force centrifuge, la direction de cette fronde se rapproche de celle de la flèche. Un moment arrive où la boucle glisse sur le crochet,... alors l'échappement se produit et le projectile, abandonné à lui-même, continue le mouvement commencé. Ainsi qu'on le voit, la fronde était l'organe essentiel de la machine; elle donnait une portée double de celle qu'on eût obtenue si la flèche avait été terminée en *cuilleron*, comme dans l'onagre d'Ammien Marcellin.

Le trébuchet comportait un tir courbe, analogue à celui de nos mortiers; il avait pour projectiles des sphéroïdes de pierre, des barils emplis de feu grégeois ou de matières en putréfaction, des lingots de fer rougis au feu, des quartiers de chevaux morts et même des hommes vivants.

Il a été fait, en 1850, à Vincennes, une restitution du

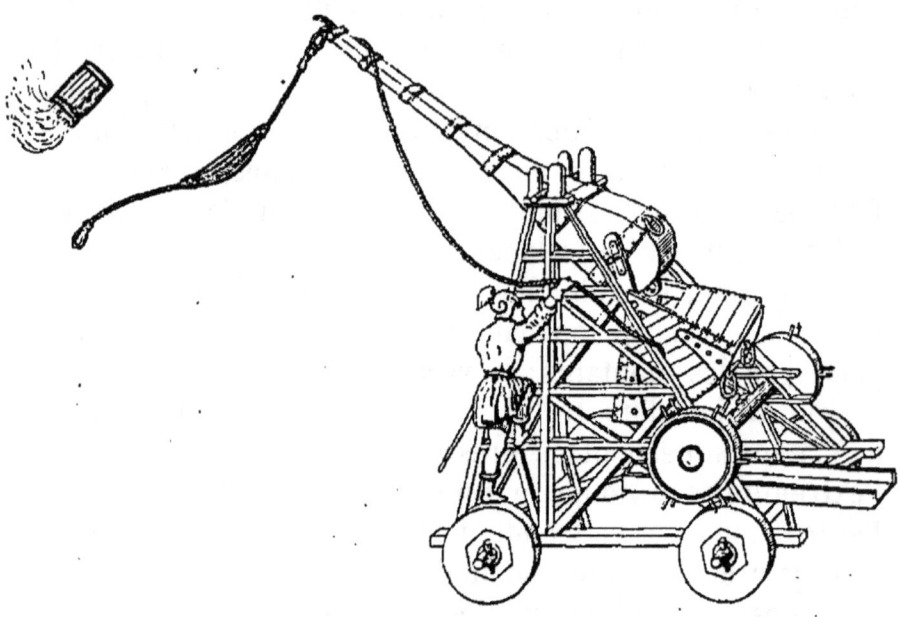

Fig. 5. — Tir du trébuchet.

trébuchet du moyen âge. Le modèle qu'on a construit avait une flèche de 10^m,50, et un contrepoids de 4500 kilogrammes; son propre poids total s'élevait à 17 500 kilogrammes[1]. Cet appareil a permis de lancer à 175 mètres un boulet de 24; à 145 mètres, une bombe de 22, emplie de terre; à 120 mètres, des bombes de 27 et de 32, chargées de même.

---

[1]. La charpente des appareils trébuchants prenait ordinairement des proportions énormes. En 1428, les défenseurs d'Orléans avaient en batterie un trébuchet qui donna, après le siège, vingt-six voitures de bois de démolition.

DEUXIÈME PARTIE

ARTILLERIE A FEU
TEMPS DE L'EMPLOI DES BOUCHES A FEU A AME LISSE

CHAPITRE I

TREIZIÈME SIÈCLE

Sommaire. — Découverte de la poudre à canon. — Invention des armes à feu. — L'artillerie à feu au siège de Sidjilmessa.

Il est certain que la poudre à canon doit son origine à l'art des compositions incendiaires et des feux d'artifice ; — que l'introduction du salpêtre dans ces compositions est due aux Chinois ; — que les Arabes leur ont emprunté ces connaissances ; — que ceux-ci sont les premiers qui se soient servis de la poudre à l'effet de lancer de petits projectiles ; — que l'emploi de cette force projectrice remonte chez eux à la seconde moitié du treizième siècle. L'inventeur des armes à feu est cet Arabe inconnu qui eut l'idée de mettre de la poudre dans un *madfaa* (tube) pour projeter une *aveline* ou une flèche, au lieu d'une pelote de composition incendiaire. Il a suffi de perfectionner le procédé pour arriver, avec le temps, à obtenir de puissants effets.

Ni Albert le Grand (mort en 1280), ni Roger Bacon (mort vers 1294) n'a connu la force projectrice de la poudre à canon[1]; il est certain que cette poudre n'était pas employée de leur temps dans leurs pays. Ce n'est que dans la première moitié du quatorzième siècle qu'on en constate l'usage, importé en Occident par les Maures. Ceux-ci — le fait est certain — avaient de l'artillerie à feu dès la fin du treizième siècle.... « Abou Yousouf, sultan du Maroc, dit Ibn Khaldoun[2], forma le siège de Sidjilmessa l'an 1275 de notre ère. Il dressa, pour s'en rendre maître, des appareils tels que... des *hendam* à naphte qui jettent du gravier de fer, lequel est lancé de la chambre (du hendam) en avant du feu allumé dans du *baroud* (poudre à canon) par un effet étonnant, et dont les résultats doivent être rapportés à la puissance du Créateur.... »

La question de date de la mise en service des premières bouches à feu nous semble ainsi nettement résolue.

---

1. Au cours de la seconde moitié du treizième siècle, le traité de Marcus Græchus — *Liber ignium ad comburendos hostes* — répandait chez les nations chrétiennes de l'Occident la connaissance de la fusée et du pétard, en même temps que celle du salpêtre; mais il faut observer que Marcus ne parle encore d'aucune espèce d'appareil propre à lancer des projectiles.

2. *Histoire des Berbères*, trad. de Slane.

CHAPITRE II

QUATORZIÈME SIÈCLE

Sommaire. — Berthold Schwartz. — Les *mortiers*. — Bouches à feu de Gênes, de Metz et de Florence. — *Vases* de Forli. — *Bombardes* et *pots-de-fer*. — Pot-de-fer de Rouen. — Matériel d'artillerie des sièges de Thin-l'Évêque, de Puy-Guilhem, de Cambrai, du Quesnoy. — Ateliers de construction de Cahors. — Siège d'Aiguillon. — Artillerie anglaise de campagne. — Journée de Crécy. — Matériel français de campagne. — Canons, *espringolles, ribaudequins*. — Matériel de montagne. — Ordonnance royale de 1354. — Matériel de siège de Du Guesclin. — Bombardes de gros calibre.

C'est en l'an 1313 qu'apparaît en Europe la première bouche à feu. « Pendant cette année, dit Lenz[1], pour la première fois, fut trouvé en Allemagne l'emploi des canons, par un moine ». L'invention — qui n'en était pas une — paraît due au hasard. Certaine quantité d'un mélange de salpêtre et de matières combustibles ayant été laissée dans le mortier où elle avait été triturée et recouverte d'une pierre, une étincelle pénétra dans ce vase... et la pierre fut violemment projetée en l'air. De là l'idée de se servir de ce moyen pour lancer des masses pesantes; de là le nom de *mortiers* donné aux bouches à feu primitives. Le moine Berthold Schwartz[2] était for-

---

1. *Annales Gantoises*. — Un manuscrit du musée asiatique de Pétersbourg — *Recueil réunissant les diverses branches de l'art* — renferme deux textes desquels il appert aussi que la poudre à canon, considérée comme *agent projecteur*, était connue dès les premières années du quatorzième siècle.

2. Berthold Schwartz était-il cordelier ou bénédictin? Est-il né à Cologne ou à Fribourg en Brisgau? Était-il Suisse, Allemand ou Danois? Autant

tuitement entré dans la voie que suivaient résolument les Maures depuis plus d'un demi-siècle.

Les plus anciennes bouches à feu qui aient été régulièrement mises en service paraissent être celles dont les Génois se servaient en 1319. A quelque temps de là (1324), les *Chroniques de Metz* signalent dans l'armement de la ville l'introduction d'un canon et d'une serpentine. Deux ans après (1326), un acte du gouvernement de Florence porte officiellement « autorisation aux prieurs, au gonfalonier et aux douze *bons hommes* de déléguer une ou deux personnes pour faire confectionner des balles de fer et des canons de métal (*canones de metallo*), qui seront employés à la défense des camps et du territoire de la république ». En 1331, il n'est bruit que des *vases* de Forli; cette dénomination de *vase* semble devoir s'appliquer génériquement aux bouches à feu du temps. Plusieurs documents du quatorzième siècle nous font connaître qu'on se servait alors de vases et de *pots-de-fer* pour lancer de gros projectiles, et que ces pots ou vases étaient aussi dits *bombardes*. Ce nom de « bombardes », qu'on dit provenir de l'assemblage des mots *bombus* et *ardere*, a sans doute, à l'origine, servi à désigner des globes creux, en bois ou métal, emplis de matières incendiaires; puis vraisemblablement il sera passé du projectile à l'appareil projetant.

Il n'est pas hors de propos de suivre chronologiquement en France les premiers pas de l'enfance de l'art. La plus ancienne bouche à feu dont il y soit fait mention est le pot-de-fer de Rouen, canon de petit calibre dont le « carreau » (grosse flèche à base carrée) ne devait pas être d'un poids supérieur à 200 grammes. On lit, en effet, dans

---

de questions qui, vraisemblablement, ne seront jamais résolues d'une façon pleinement satisfaisante. Une tradition veut que, vers l'an 1378, Schwartz ait enseigné l'art de tirer des bombardes aux Vénitiens, et que ceux-ci l'aient fait mourir en prison, pour se dispenser de payer le secret qu'ils lui avaient acheté. Suivant une autre légende, l'empereur Wenceslas l'aurait fait sauter *à la poudre*, afin de le punir du crime d'une invention alors réputée infernale.

un document de 1338 : « Sachent tous que je, Guillaume du Moulin, de Bouloigne, ai eu et receu de Thomas Fouques, garde du clos des galées du Roy nostre sire, à Rouen, un *pot-de-fer* à traire garros à feu, quarante-huit garros ferrés et empanés en deux cassez, une livre de salpètre et demie livre de souffre vif pour fare poudre pour traire les diz garros.... »

En 1339, les Français ont de l'artillerie de siège en batterie devant les châteaux de Thin-l'Évêque et de Puy-Guilhem. La même année, le sire de Cardaillac, qui semble avoir présidé à l'organisation de l'artillerie du temps, reçoit un matériel destiné à la défense de Cambrai, alors assiégé par Édouard III d'Angleterre. « Sachent tuit, écrit-il, que nous sires de Cardaillac, et de Bieule, chevaliers, avons eu et receu de monsieur le Galois de la Balmes, maistre des arbalestriers, pour *dis canons*, chinq de fer et chinq de métal, liquel sont tout fait, dou commandement doudit maistre des arbalestriers, par nostre main et nos gens, et qui sont en la garde et en la deffense de la ville de Cambray, vingt et chinq livres deus sous et sept deniers tournois.... » Ces pièces devaient encore être d'assez petit calibre.

L'année suivante (1340), tandis que les Maures d'Afrique, unis aux Maures d'Espagne, assiègent Tarifa « avec des machines et des engins *de tonnerre* », les Français attaquent le Quesnoy avec canons et bombardes lançant de gros carreaux. Le nom de « tonnerre » commence à s'appliquer aux bouches à feu; déjà même il est officiel, puisqu'on trouve, dans la comptabilité de la place de Lille (Exercice 1341), cette mention significative :

« A un *mestre de tonnoire*, pour le dit tonnoire faire, XI livres XII sous VIII deniers. »

La dénomination était appelée à prévaloir en France sous l'influence de la relation des événements qui s'accomplissaient en Espagne; le roi Alphonse XI faisait le siège d'Algésiras (1342). Les Français apprenaient alors que « les Maures de la ville tiraient beaucoup de *tonnerres* vers le camp contre lequel ils lançaient des boulets de fer aussi gros que les plus grosses pommes, et ils les lançaient si loin de la ville que les uns passaient au delà du camp et que les autres l'atteignaient... » et, à ce moment même, Pétrarque écrivait[1] : « ... Je m'étonne que vous n'ayez pas aussi de ces *glands d'airain* qui sont lancés par un jet de flamme avec un horrible bruit de *tonnerre*. »

Mais les Français du temps n'avaient pas besoin de prêter l'oreille à des conseils de ce genre; ils possédaient depuis longtemps des ateliers de construction de matériel d'artillerie. En 1345, par exemple, il se fabrique à Cahors vingt-quatre canons de fer destinés au siège d'Aiguillon.

On se demande dès lors pourquoi nos aïeux se sont laissé devancer par leurs adversaires en fait de mise en service d'un matériel d'artillerie de campagne; comment il se fait que, à la bataille de Crécy (1346), Philippe de Valois n'ait pas eu de bouches à feu à opposer aux TROIS canons anglais dont le tir eut alors en Europe un retentissement si prolongé. « ... Bombarde che facieno si grande tremuoto e romore che parea che iddio tonasse, con grande uccisione di gente e sfondamento di cavalli[2] !... » C'est à cette néfaste journée de Crécy qu'on a coutume de rapporter l'origine de l'artillerie à feu, mais on vient de voir que l'emploi des engins de ce genre remonte à une époque bien antérieure.

En résumé, jusque vers le milieu du quatorzième siècle, les armes à feu employées en France lancent le plus souvent des carreaux, tandis que l'artillerie italienne se sert déjà de projectiles métalliques de forme sphéroïdale. Les canons de cette époque sont encore de très petit calibre; le plus gros projectile lancé ne paraît pas avoir pesé plus de trois livres et eût été, par conséquent, impuissant à renverser un obstacle de quelque valeur.

---

1. Dialog. *De remediis utriusque fortunæ.*
2. Storia di Giovanni Villani, ap. Muratori, *Rerum italicarum Scriptores*, tome XIII.

La dure leçon de Crécy ne devait pas être perdue pour les Français, car on les vit aussitôt se procurer des *bombardes* de campagne, analogues à celles du prince de Galles ; des *canons* et *espringolles* pareils à ceux que les Anglais « avaient de pourvéance en leur ost et pourvus de longtemps et usagés de mener[1] ». Nos premiers canons de campagne étaient placés, au nombre de trois ou quatre, sur un train à deux roues ; cette espèce de voiture ou brouette s'appelait *ribaudequin* ou *ribaudeau*[2].

A cette époque apparaît aussi le premier matériel d'artillerie de montagne[3]. Enfin, les villes se procurent un matériel *de place ;* elles instituent à l'envi « ... maistres canoniers et bombardiers pour gardeir, aviseir et entretenir iceux engins et artillerie en boin estat, comme pour s'en servir, quand la cité en aura besoing et nécessité[4] ».

C'est en 1354 qu'on commence à construire nombre de pièces de gros calibre, et ce, en exécution d'une ordonnance royale ainsi conçue : « Le XVII° may mil trois cent cinquante quatre, ledict seigneur roy estant acertené de l'invention de faire artillerie, trouvée en Allemagne par un moine nommé Berthold Schwartz, ordonne aux généraux des Monnoies faire diligence d'entendre quelles quantités de cuivre estoient audict royaume de France, tant pour adviser des moyens d'iceux faire artillerie que semblablement pour empescher la vente d'iceux à estrangers et transport hors du royaume[5] ».

On a bientôt des pièces *de siège* de calibre capable d'intimider les gouverneurs de forteresses. C'est moyennant l'emploi d'un matériel de ce nouveau genre que les *geteours*

---

1. Froissart, II, 284.
2. Froissart, II, 155.
3. Le fameux manuscrit du sérail — portant pour titre : *Tractatus Pauli sanctini Ducentis* — contient un dessin représentant un mulet chargé de trois escopettes, *asellus portans in sella tres scopitos*.
4. *Chroniques de la ville de Metz.*
5. *Règlement des monnoies tant de France qu'étrangères*, manuscrit de la Bibliothèque nationale, fonds Colbert. — *Mélanges*, n° 108.

(artilleurs) de Duguesclin emportent Tarascon (1368).

. . . .

> « Et dit aux geteours : *Faites et si getez!...*
> *Nous averons la ville, si croire me volez*[1]. »

Les premières grosses bombardes pesaient environ 2000 livres; mais, l'impulsion française une fois donnée, les puissances européennes ne s'arrêtèrent plus dans la voie qui venait de s'ouvrir. Augsbourg coula des pièces destinées à lancer des boulets de pierre de 50, 70 et 126 livres; en 1380, les Vénitiens se servaient des calibres de 140 et 195 livres; au siège d'Audenarde (1382), les Gantois avait en batterie une bombarde mesurant 50 pieds de longueur.

En somme, durant la seconde moitié du quatorzième siècle, le nombre et la puissance des bouches à feu s'accentuent. Les unes se font en fer forgé; les autres, en alliage de cuivre et d'étain ou en fonte de fer[2]. Les petits calibres lancent encore des carreaux, mais aussi des balles de plomb; les gros calibres, des boulets de fer ou de pierre. Certaines bombardes en fer[3] projettent des boulets de pierre de 450 livres. Ces pièces monstres, qui composaient primitivement la totalité de l'armement, sont peu à peu remplacées par des canons en bronze ou en fonte de fer.

---

1. Cuvelier, *Chronique de Bertran du Guesclin.*
2. C'est de 1372 à 1377 que se coulent en France les premiers gros canons en bronze et en fonte de fer.
3. Les bombardes se composaient d'un tube en fer forgé, très court et très épais. A l'entour de son extrémité antérieure on soudait des barres de fer placées jointives comme les douves d'un tonneau. Ces barres, on les soudait également entre elles suivant toute leur longueur. Puis on les reliait fortement, au moyen de cercles en fer, placés de distance en distance, et quelquefois serrés les uns contre les autres. C'était procéder suivant la méthode dite aujourd'hui *frettage.*

CHAPITRE III

QUINZIÈME SIÈCLE

Sommaire. — Matériel de place de gros calibre. — Énorme poids des projectiles. — Célèbres bombardes de Constantinople, de Gand, d'Édimbourg et de Bâle. — Matériel français *de campagne*. — Matériel suisse. — Siège du mont Saint-Michel. — Siège d'Orléans. — Jeanne d'Arc et maître Jehan. — Tristan l'Ermite. — Les frères Bureau. — Maître Giraud. — L'artillerie de Charles VII. — Le premier « Traité » d'artillerie à feu. — L'artillerie de Louis XI. — Galiot de Genouillac. — Emploi des premiers boulets en fonte de fer. — Premières fonderies de canons. — Les *Douze Pairs*. — Expériences de tir. — L'artillerie de Charles le Téméraire. — Matériel français de campagne. — Les quatre *bandes* d'artillerie. — L'artillerie de Charles VIII. — Mise en service d'un matériel considérable de bouches à feu de bronze, lançant des boulets en fonte de fer. — Invention du *tourillon*. — Campagne d'Italie. — Jean Doyac. — Première idée du projectile creux.

Durant la première moitié du quinzième siècle, l'artillerie française va réaliser des progrès remarquables. Christine de Pisan en constate, dès l'an 1410, l'importance au point de vue de l'art de la défense des places. «.... Pour garnison de la défense, dit-elle[1], convient avoir pouldre à foison et plusieurs pierres, tampons.... bacines à picz et à queue pour alumer le feu.... A brief dire, tous engins propres et convenables à lancer dehors bombardes et grosses pierres doivent être appiliez et, avec ce, très-bonne garnison de la pouldre qu'il y convient. Premièrement, à tout le moins, douze canons gettant

---

1. *Livre des faits d'armes et de chevalerie*, ch. xv.

pierres dont deux plus gros que les autres pour rompre engins.... Sy suppose donques une très-forte place assise sur mer d'une part, ou sur une grosse rivière, grande, forte, très-difficile à prendre.

« Item quatre grans canons : l'un appillé *Garite*, l'autre *Rose*, l'autre *Sénèque* et l'autre *Marye;* le premier, gettant de quatre à cinq cens pesant; le second, gettant environ trois cens livres; et autres deux, gettant deux cens livres au plus. Item ung autre canon appelé *Montfort*, gettant trois cens livres pesant et, selon les maistres, est cestui le meilleur. Item un canon de cuivre appelé *Artigue*, gettant 100 livres pesant. Item vingt autres communs canons, gettant plommez et pierres communes de 100 à 120 livres. Item deux autres grans canons et six plus petits. Item encore deux autres gros canons, gettant pesant de trois à quatre cents livres, et quatre petits. Autres trois canons, ung grand et deux petits. Item autres 25 canons grands, gettant de deux à trois cents et quatre cents livres pesant, et 60 autres petits; et tous doivent estre *estoffez* de pier de lays et de ce qui y appartient. Lesquels dits canons font en somme 248, qui diversement sont nommés par ce que diversement sont assis selon l'assiette de la forteresse....»

Les bouches à feu de cette époque assurent à la défense grande supériorité sur l'attaque. Les gros calibres sont, plus que jamais, de mode en Europe; on voit des bombardes lançant des pierres du poids de 600 à 1500 livres, en Italie (1405 et 1426); de 300 livres, à Brunswick (1406); de 192 livres, au siège d'Orléans (1428); de 600 livres, aux Dardanelles (1452); enfin, de 1800 livres au siège de Constantinople (1453). Vers le même temps (1452), les Gantois se servent d'une bombarde du poids de 33 600 livres, dont le boulet de pierre pèse plus de 600 livres, et dont la chambre peut contenir 140 livres de poudre. Cette bombarde, qu'on voit encore à Gand sur la place du Marché, mesure $5^m,025$ de longueur et $0^m,638$ de calibre. Parmi les grosses pièces de cette époque il faut citer aussi la bombarde d'Édimbourg et la bombarde de

Bâle; celle-ci passe pour avoir appartenu à Louis XI. Valturio (*Valturius*), qui écrivait son traité *de Re militari* dans la première moitié du quinzième siècle, nous a laissé les dessins des pièces d'artillerie en usage de son temps. La figure 4 représente une bombarde amenée, par le moyen d'une chèvre, sur le chariot qui doit la transporter. Si l'on considère le nombre de brins qui fonction-

Fig. 4. — Bombarde du quinzième siècle, d'après un dessin de Valturio.

nent en cette chèvre, il faut admettre que la pièce devait être d'un poids et d'un calibre considérables.

En même temps que des pièces de siège et place, on apprécie la valeur d'un matériel d'artillerie légère. Nos aïeux, par exemple, ont des bouches à feu de campagne en la trop fameuse journée d'Azincourt (1415). « Là, dit Monstrelet[1], les François étoient bien cent cinquante mille chevaucheurs et grand nombre de chars et charettes, *canons, ribaudequins* et autres habillemens de

1. I, CLII.

guerre. » Ces ribaudequins prirent bientôt le nom d'*orgues*.

Considérées comme éléments de fortification mobile, les premières bouches à feu de campagne se disposaient avec les chariots à l'entour d'un corps d'armée, pour en défendre les approches. Mais, dès les premières années du quinzième siècle, l'artillerie, séparée des voitures à bagages, prend position sur le front ou sur les ailes des troupes d'infanterie. « Les canonniers, dit Christine de

Fig 5. — Batterie de canons de campagne du quinzième siècle, d'après une miniature des *Vigiles de Charles VII*.

Pisan[1], sont arrangés comme les arbalétriers et les archers. » Ils se forment « en batterie ».

Dès avant le milieu du quinzième siècle, les Suisses avaient, sur affûts à roues, des canons appelés *tarrasbuchse* et constituant déjà un progrès des plus remarquables; ils avaient aussi une pièce dite « canon à grêle » (*hagelbuchse*).

Cette première moitié du quinzième siècle comprend

---

1. Livre des faits d'armes et de chevalerie.

l'une des plus rudes périodes de la guerre de Cent Ans. Les Anglais attaquent le mont Saint-Michel, le dernier palladium de la France, depuis que l'abbaye de Saint-Denis est tombée en leur pouvoir ; mais, forcés de lever le siège (1423), ils abandonnent devant la place plusieurs bombardes des calibres de $0^m,37$ et $0^m,47$, et d'une longueur de cinq calibres.

A quelque temps de là (1428), s'ouvre le siège d'Orléans. L'artillerie de la défense est placée sous la direction d'un canonnier lorrain, très habile en son art. Maître Jehan était secondé par Jeanne d'Arc, dont le duc d'Alençon a dit : « Tous s'émerveillaient que si hautement et si sagement elle se comportât en fait de guerre, comme si c'eût été un capitaine qui eût guerroyé l'espace de vingt ou trente ans, et *surtout en l'ordonnance de l'artillerie.* » Cette enfant de dix-huit ans savait effectivement tirer bon parti des bouches à feu qu'elle avait à sa disposition ; elle en formait des batteries puissantes, établies en des positions bien choisies ;

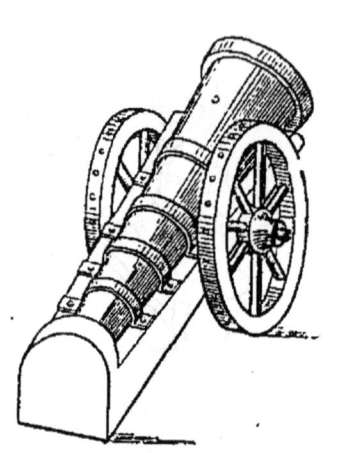

Fig. 6. — Canon de campagne du quinzième siècle, d'après un manuscrit de Froissart.

son coup d'œil était remarquable. Elle n'avait pas dix-neuf ans quand les Anglais l'ont fait assassiner.

Donc Jeanne d'Arc avait donné grande importance à l'artillerie ; son œuvre fut continuée par Tristan l'Ermite[1] et les frères Bureau qui succédèrent à Tristan. Grâce au zèle intelligent de ces excellents serviteurs, Charles VII put doter son armée d'un matériel magnifique, dont Alain Chartier parle en ces termes : « Quant au fait de la pro-

---

1. Né en Flandre au commencement du quinzième siècle, Louis Tristan, dit l'Ermite, avait servi dans l'armée de Charles VII ; Dunois l'avait fait chevalier sur la brèche de Fronsac (1451). Il dut à sa valeur militaire la faveur d'être attaché à la personne de Louis XI, qui en fit, comme chacun sait, son conseiller intime et le grand prévôt de son hôtel.

vision que le roy avait mise à son artillerie pour le fait de la guerre, il y a eu plus grant nombre de *grosses bombardes*, de *gros canons*, de *veuglaires*, de *serpentines*, de *crapaudins* ou *crapaudines*, de *ribaudequins* et de *coulevrines* qu'il n'est mémoire d'homme que jamais veist à roy chrestien si grant artillerie, ne si bien garnie de pouldre, manteaulx et de toutes autres choses pour approucher et prendre les chasteaux et villes et grant foison de chevaux à la mener.... D'icelle artillerie furent gouverneurs et conduiseurs maistre Jean Bureau, tréso-

Fig. 7. — Canon de campagne du quinzième siècle, d'après une miniature des *Vigiles de Charles VII*.

rier de France[1], et Jaspar (Gaspard) Bureau son frère, maistre de ladicte artillerie. »

1. Voici la notice biographique que nous a laissée un contemporain :
« Erat tum in ministerio regis Francorum generaliter super omnes machinas et bellicos apparatus præpositus magister Johannes Bureau, civis parisiensis, vir quidam plebeius et statura corporis parvus, verum audax et animo magnus, qui in usu et exercitio hujusce modi, machinarum atque in eis convenienter ordinandis valde industriosus et peritus erat, utpote qui jam per annos plurimos, etiam sub Anglorum servitio et ditione, tali officio incubuerat. » (*Amelgardi presbyteris Leodiensis* M. S. — Siège de Caen, ch. xxv, folio 77.)
Les frères Bureau eurent pour lieutenant le célèbre Maître Giraud.

En somme, au cours de la première moitié du quinzième siècle, l'artillerie proportionne la force de la poudre à la résistance des bouches à feu et lance des boulets de pierre assez lourds pour que leur masse produise des effets redoutables. L'Italie coule ses pièces en alliage de cuivre; la France emploie de préférence le fer forgé pour ses bombardes de gros calibre. Les bouches à feu affectent des formes qui varient avec leur destination; les unes tirent sous de grands angles; les autres, sous des inclinaisons voisines de l'horizontale. Les bombardes parviennent à lancer des boulets de pierre de 100 à 900 livres à 1500 et même 2000 pas; elles projettent aussi de la mitraille de pierre ou de fer, des boulets de plomb, des balles à feu, et divers autres projectiles incendiaires; enfin, les canonniers font usage de boulets de pierre cerclés de fer. Le tir de ces boulets est habilement dirigé, puisqu'on pose, dès lors, la règle du tir en brèche prescrivant de pratiquer une tranchée horizontale dans la muraille à renverser. C'est à cette première moitié du quinzième siècle que se rapporte l'apparition du plus ancien Traité d'artillerie qui nous soit parvenu. Ce manuscrit, intitulé *Livre du secret de l'art de l'artillerye et canonnerye*, mentionne les « conditions, mœurs et science que doibt avoir ung chascun audict art de canonnerye.... Premier, doibt honorer, craindre et aymer Dieu et l'auoir toujours devant les yeulx en crainte de l'offenser plus que autres gens de guerre.... car toutes les foys qui tire d'une bombarde, canon ou autre baston de canonnerie, ou qu'il besoigne en faict de pouldre, leur grant force et vertu font aulcunes foys rompre le baston duquel il tire; et, supposé qu'il ne rompe, jà toutefois est-il en danger d'estre bruslé de la pouldre.... desquelles pouldres la vappeur seulement est vray venin contre l'homme.... Item sçavoir lire et escripre, car en sa mémoire ne pourroist-il pas retenir toutes les aultres matières, confections et aultres choses appartenant audict art.... »

Quand Louis XI devint roi, Gaspard Bureau était encore grand maître de l'artillerie. Il eut pour successeur Galiot de Genouillac — ou Genoilhac[1], — qui perfectionna son œuvre. C'est ce Genouillac qui fut l'organisateur de la magnifique artillerie du roi Louis XI, qui, dit Commines[2], « étoit bien garni d'artillerie mieux que jamais roy de France ».

Cependant les principes de construction des pièces de gros calibre ne sont pas encore bien arrêtés. « Les bombardes, écrivait Martini[3] en 1465, se font de diverses formes et de plusieurs proportions. On les construit de plusieurs matières, et elles sont encore plus variées de formes que de noms. On les distingue en *bombardes, passe-volants, espingardes, mortiers, cerbottanes* et *escopettes*. Toutes ces pièces peuvent varier dans leurs dimensions, tout en conservant leurs formes spéciales. La bombarde doit être en cuivre ou en fer; celles qui sont en bronze — et c'est le plus grand nombre — éclatent plus souvent; en cuivre ou en fer, elles ne se brisent que par accident, ou par suite d'un défaut de fabrication.... » C'est à Genouillac que l'artillerie française dut ses premiers règlements; c'est suivant ses instructions qu'elle commença à faire usage de boulets en fonte de fer et de grosses bouches à feu coulées en alliage de cuivre. Le progrès était considérable. Genouillac crut devoir donner grande importance au matériel de place, lequel prit, dès lors, des proportions respectables. En 1477, par exemple, il fit fondre douze gros canons qu'on nomma les *Douze pairs*. « Au mois de décembre dudit an, écrivait Louis de Valois[4], le roy, pour toujours accroître son artillerie, voulut

---

1. Né dans le Quercy vers l'an 1466, Jacques Galiot de Genouillac, entré de bonne heure dans la carrière des armes, avait brillamment pris part aux batailles de Fornoue et d'Agnadel. Fait grand maître de l'artillerie en 1512, il se distingua à Marignan, et plus tard au siège de Mézières. C'est lui qui, en la funeste journée de Pavie, commandait l'artillerie française. Institué gouverneur du Languedoc, il mourut en 1546, un an avant François Ier.

2. *Chroniques*, VI, vi.

3. Francesco Giorgio Martini, *Trattato di architettura civile e militare*, tome II.

4. *Chroniques*.

et ordonna estre faites douze grosses bombardes en fonte et métail de moult grande longueur et grosseur, et voulut icelles estre faites, c'est assavoir trois à Paris, trois à Orléans, trois à Tours, trois à Amiens. Et, durant ledit temps, fist faire bien grande quantité de boulets de fer ès forges estans ès bois près de Creil.... Et pareillement fist faire ès carrières de Péronne grand'quantité de pierres à bombardes.... »

Le grand maître de l'artillerie ne se bornait pas au soin d'activer la fabrication, il tenait encore à soumettre le matériel fabriqué à des expériences méthodiques. « Audit an 1478, poursuit le chroniqueur, le lundy devant les Rois, advint que plusieurs officiers du roy en son artillerie firent assortir une grosse bombarde qui, en ladite année, avoit été faite à Tours pour illec essayer et esprouver, et fut acculée la queue d'icelle aux champs devant la Bastille Saint-Anthoine, et la bouche d'icelle en tirant vers le pont de Charenton. Laquelle fut chargée pour la première fois et tira très bien et porta la pierre d'icelle de vollée jusques à la Justice de Charenton. » La nouvelle pièce de siège et place avait donc une portée d'environ cinq kilomètres.

Louis XI s'attachait à perfectionner en même temps son matériel de campagne, stimulé qu'il était dans l'accomplissement de cette œuvre par l'exemple du duc de Bourgogne. Charles le Téméraire avait alors, en effet, un matériel extrêmement mobile, comprenant des pièces longues et aussi des bombardes fort courtes, dites *bombardelles*. Ces bouches à feu lançaient des pierres, « les unes grosses comme le tour d'un fond de caque, autres de la rondeur d'une grande escuelle, autres de fer fondu pesant vingt ou trente livres, et les autres de plomb ou de fer, de la grosseur d'un poing et d'un esteuf[1] ». L'attirail d'artillerie du duc se composait de deux mille chariots[2]; son personnel était de deux cents canonniers, d'où il ap-

---

1. *Discours du siège de Beauvais*, en 1472. — Beauvais, 1622.
2. Olivier de la Marche.

pert que son artillerie comprenait deux cents pièces, car à cette époque on ne comptait qu'un « canonnier » par bouche à feu.

Ne voulant se laisser dépasser par personne, Louis XI eut bientôt aussi des *faucons* et *fauconneaux* de campagne, lançant boulets de fer ou de plomb, pourvus d'avant-trains perfectionnés et d'une mobilité extrême. La mise en mouvement de ce matériel comportait l'emploi de 50 000 chevaux d'attelage. Sentant bien qu'il lui fallait pour ce service un personnel de troupes techniques, le roi créa, sous l'autorité supérieure de Galiot de Genouillac, quatre *bandes* qui furent commandées chacune par un commissaire ou maître d'artillerie. Ces bandes étaient dites respectivement : du chevalier Galiot ; — de Bertrand de Samand ; — de Perceval de Dreux (ou bande des bastions) ; — de Géraud de Samand (ou de Normandie). Les attelages d'une bande comportaient de 400 à un millier de chevaux.

Les progrès de l'artillerie vont se poursuivre sous le règne suivant. L'avènement de Charles VIII semble même lui ouvrir une ère nouvelle, car les équipages prennent alors une importance considérable. On voit mettre en service quantité de bouches à feu de bronze, lançant des boulets de fonte de fer, et se pointant facilement à l'aide des tourillons dont elles sont munies.

L'invention de l'organe dit *tourillon*[1] et l'adoption du projectile de fonte, tels sont les deux faits considérables auxquels on va devoir la légèreté des pièces, l'intensité des effets, la rapidité et la justesse du tir. Le matériel prend dès lors les formes générales qu'il affecte encore aujourd'hui et que, à l'exemple de la France, toutes les puissances européennes ont adoptées. Il est permis de dire que la création de l'artillerie française date de 1494,

---

1. Marianus Jacobus, dit Taconale (*de Machinis libri decem*, 1499), donne de nombreux spécimens de l'artillerie du quinzième siècle. Une des figures de ce traité *des Machines* représente une *cerbotana* munie de tourillons.

année de la célèbre expédition de Charles VIII en Italie.

C'est Jean Doyac, « conducteur de l'artillerie du roy Charles huictiesme »[1], qui fut alors chargé de mettre en mouvement le nouveau matériel. Formée de 200 canons de bronze, l'artillerie légère — ou de campagne — franchit le mont Genèvre, moyennant l'emploi de 8000 chevaux menés par 4000 charretiers. Les 140 pièces de gros calibre furent embarquées à Marseille et débarquées à la Spezzia. Toutes ces pièces étaient encastrées entre deux flasques maintenus par des chevilles; suspendues sur leurs tourillons, elles tournaient autour d'un axe placé en leur milieu[2]. Elles ne ressemblaient plus à celles de Charles le Téméraire, lesquelles tournaient autour de l'axe de leur fût.

On sait l'effet qu'elles produisirent. Frappée de terreur aux premiers coups de ces engins, la péninsule italique s'empressa de faire sa soumission.

En résumé, la seconde moitié du quinzième siècle voit se réaliser des progrès rapides. Il se construit alors des bouches à feu de gros calibre, que leurs proportions rationnelles rendent capables d'un tir sûr et puissant; mais les difficultés de transport, de maniement et de pointage en sont considérables.

L'artillerie de campagne de Charles le Téméraire est montée sur affûts à rouage, mais ces affûts, encore imparfaits, ne sauraient supporter des charges quelque peu fortes. Cependant le bronze commence à se substituer au fer forgé; on peut donner de plus fortes épaisseurs aux pièces; on les munit de tourillons assez bien liés à la masse du métal pour supporter toute l'action du recul. Les affûts à rouage sur lesquels sont montés des canons à tourillons se prêtent à l'opération d'un pointage prompt

---

[1] Rabelais, *Pantagruel*, IV. LVII. — Doyac était ingénieur distingué. C'est lui qui, aux premières années du seizième siècle, opéra, d'après les plans de Joconde, la reconstruction du pont Notre-Dame.

2. « Ea omnia binis crassis asseribus super inductis, fibulis erant inserta suisque surpensa *ansis* ad dirigendos ictus medio in axe librabantur. »

(Paul Jove.)

et sûr. On lance à bonne portée des projectiles de fonte de fer. On ne se contente déjà plus des effets du boulet plein, et Valturio attribue à Sigismond Pandolfo Malatesta l'invention d'un projectile creux.

CHAPITRE IV

SEIZIÈME SIÈCLE

Sommaire. — Artillerie de campagne de Louis XII. — Vices d'organisation de l'artillerie de Maximilien. — Siège de Padoue. — Les arsenaux de France. — Artillerie de campagne de François Ier. — Journée de Marignan. — Les gros calibres sont toujours en faveur. — Jean d'Estrées. — Simplification du matériel. — Les six calibres de France. — L'édit de 1572. — Le siège d'Amiens. — Le « czar Pushka ».

Un document précieux nous fait connaître quelle était la proportion d'artillerie des armées du temps de Louis XII. Les troupes royales, réunies à Naples en 1502, se composaient de 3500 hommes d'infanterie et 6000 hommes de cavalerie. Or, suivant Jean d'Auton[1], ces forces étaient appuyées de vingt-six pièces de campagne savoir : « quatre canons, deux grosses couleuvrines, six moyennes nommées *sacres* et quatorze faucons. »

L'artillerie française passe toujours pour être la meilleure de l'Europe et meilleure, en tous cas, que celle de l'empereur. « Ung grand défaut estoit quant à l'artillerie (de Maximilien), car il n'y avait équipage que pour la moytié et, quand on marchoit, estoit forcé qu'une partie de l'armée demourât pour la garder, jusques à ce que la première bande fust déchargée au camp où l'on vouloit séjourner, et puis le charroy retournoit quérir l'autre, qui estoit grosse fascherie[2]. » Toujours au grand complet, les attelages de l'artillerie française faisaient, au

---

1. *Hist. de Louis XII*, I, i.
2. *Le loyal serviteur*, ch. xxxii.

contraire, l'admiration de tous les gens de guerre.

Antérieurement aux premières années du seizième siècle, la puissance de l'artillerie de siège avait conféré à l'attaque une supériorité marquée sur la défense des places; mais les fortifications, qui se sont *remparées*, ont alors reconquis partie de leur ancienne valeur. L'échec de l'empereur Maximilien devant Padoue (1509) peut suffire à démontrer le fait qui vient d'être énoncé.

« L'armée de l'Empereur, dit Guicciardini[1], comprenoit sept cents lances du roy de France, que le sieur de la Palisse gouvernoit.... Suyvoit un merveilleux attirail de toute sorte de pièces de batterie et grande quantité de munitions, partie desquelles lui avoit esté envoyée par le roy de France. Mais, pour le regard de ce qui touchoit la deffense de Padoue, l'armée que les Vénitiens envoyèrent en icelle cité, n'estoit moins puissante.... Il y avoit d'avantage... un grand nombre d'artillerie... icelle cité, très forte pour la vertu et pour le nombre de si grands défenseurs, avoit esté merveilleusement remparée et fortifiée en tout ce circuit de murailles qui l'environne.... L'armée de l'empereur s'étant approchée des murailles de Padoue.... Maximilien commença à faire acomoder les pièces pour la batterie; dont on ne peut venir à bout qu'avec une longueur de temps et grande difficulté, tant pour la quantité qu'il y en avoit et la desmesurée et presque épouvantable grandeur de quelques-unes, que pour ce que tout le camp et mesmement les lieux où on les vouloit planter estoyent fort battus et endommagés de l'artillerie de dedans.... L'artillerie tira furieusement et sans cesse, la plus part de laquelle, pour sa grosseur et pour la grande quantité de poudre qu'on lui donnoit passant outre les remparts, ruinoit les maisons qui estoient près de la muraille, et là en plusieurs endroits il y avoit un très grand espace de mur par terre... pourtant ceux de dedans, qui endommageoyent

---

[1] *Histoire des guerres d'Italie*, livre VIII, chap. 1. — Traduction d'Hierosme Chomedey.

Fig. 8 — Bande d'artillerie Allemande, du seizième siècle.

toute l'armée à force de tirer, ne monstroyent aucun signe de peur.... Le neufiesme jour, l'artillerie avoit si bien besongné qu'il ne sembloit plus nécessaire de la faire tirer davantage et partant, le jour suivant, toute l'armée se mit en bataille pour s'áprocher des murailles, mais... la forteresse du fossé estoit telle et la vertu des deffendans telle, telle l'abondance des instruments pour se défendre non seulement d'artillerie, mais aussi de pierres et feus artificiels qu'ils (les lansquenets) furent contraints d'en descendre à foule, plusieurs d'entre eux y demeurans morts et blecez : au moyen de quoy l'armée, qui s'estoit desjà préparée pour donner l'assaut aussitôt que le bastion seroit pris, se retira et désarma sans avoir essayé autre chose. Maximilien, par cette expérience, perdit entièrement l'espérance de la victoire et, partant ayant délibéré de s'en aller, après qu'il eut fait mener l'artillerie en lieu seur, il se retira avec toute l'armée... le dix-septiesme jour après qu'il s'estoit campé devant Padoue. »

L'empereur n'avait point tiré contre la place moins de vingt mille coups de canon. (Voy. la fig. 9.)

En France, Galiot de Genouillac est toujours grand maître de l'artillerie ; il doit conserver ces fonctions jusqu'à sa mort qui surviendra en 1546, soit un an avant celle de François Ier. Il crée des arsenaux[1] ; il s'applique au perfectionnement du matériel, surveille la fonte, s'attache à assurer la justesse du tir et l'instruction des canonniers toujours réunis par bandes. Nos pièces de campagne font brillamment leurs preuves à Marignan ; l'artillerie de François Ier comprend, en cette journée fameuse, 74 grosses pièces, et quelques orgues attelées de 5000 chevaux «... et firent (les pièces) un si grand chemin que on eust veu Suisses en l'air, comme pouldre[2]. »

« Les Français, disait alors Paul Jove, n'attellent pas à

---

1. François Ier créa onze magasins et arsenaux distribués par provinces Ordonnance du 16 mars 1540). Le nombre de ces arsenaux fut porté à quatorze, en 1543.
2. *Les gestes du noble chevalier Bayard*, Lyon 1525.

leurs voitures de faibles chevaux, ni les premiers venus ; mais ils achètent, à grand prix, les plus forts et les plus fougueux et les nourrissent bien, afin qu'ils puissent vaincre les obstacles du terrain. Ils ont une grande considération pour les maîtres de l'artillerie et pour les canonniers à cause de l'adresse que l'expérience leur a donnée et des dangers auxquels ces hommes sont exposés. (Voy. la fig. 10). Cette habitude de ne jamais épargner l'argent pour l'artillerie a rendu les Français très redoutables et a été la cause d'un grand nombre de leurs victoires. »

Parallèlement aux bouches à feu de campagne, les grosses pièces sont toujours en faveur. En 1528, on en coule, à Trèves, une qui pèse 26 000 livres. Genouillac, qui se multiplie, fond toute espèce de calibres «... grosses pièces de bronze en canons, doubles canons, basilicz, serpentines, couleurines, bombardes, faulcons, passeuolans, spirolles et aultres pièces — ... Canons, serpentines, couleurines, bombardes, basilicz[1].... » Ces bouches à feu lancent d'énormes projectiles, « boulletz de fer, de plomb, de bronze pesans plus que grosses enclumes[2].... »

L'artillerie emploie déjà une « composition de pouldre horrificque de laquelle nature mesmes'est esbahye et s'est confessée vaincue par art[3].... » Au dire d'un contemporain de Genouillac, les pièces de gros calibre alors en service produisaient des effets redoutables. « Plus est horrible, dit ce contemporain célèbre[4], plus espouventable plus diabolique, et plus de gens meurtrist casse, rompt et tue ; plus estonne les sens des humains, plus de murailles démolist ung coup de basilic que ne feroyent cent coupz de fouldre. » L'auteur cité fait mention[5] de « ... forteresses démolies par cette triscaciste et infernale machine... », de « saccaige par force titanicque ; » il se demande[6] si l'on

---

1. Rabelais, *Gargantua*, I, xxvi, et *Pantagruel*, IV, lxi.
2. Rabelais, *Pantagruel*, IV, lxi.
3. Rabelais, *loc. cit.*
4. Rabelais, *loc. cit.*
5. *Pantagruel*, IV, lxii.
6. *Loc. cit.*

Fig. 9. — Siège de Padoue (1509)

trouvera jamais... « art et moyen de conserver ses remparts, bastions, murailles et deffenses de telles canonneries[1] ».

En somme, durant la première moitié du seizième siècle, on coule des bouches à feu à tourillons en bronze et des boulets en fonte de fer. On a des canons de tout calibre; les plus gros lancent des boulets de 125 livres. En

Fig. 10. — Un maître canonnier et son servant. (Seizième siècle.)

France, l'amélioration du salpêtre et de la poudre permet de proscrire l'emploi des boulets de pierre. L'artillerie française est et demeure une des meilleures artilleries de l'Europe.

1. Les arsenaux de France étaient alors en pleine activité; celui de Paris ne cessait de faire du matériel de gros calibre. « ... Cent grosses pièces d'artillerie que le grand roi François Ier faisoit fondre en son arsenal à Paris. » *Traité d'Abra Draconis*, ms.).

De la mort de Genouillac (1546) jusqu'à celle de Henri IV (1610) ou, pour mieux dire, durant la seconde moitié du seizième siècle, il n'y a point lieu de signaler grands changements dans cet état de choses. Devenu grand maître de l'artillerie en 1550, Jean d'Estrées s'applique à simplifier un matériel alors singulièrement compliqué. « Le temps passé, dit La Treille[1], il y avoit doubles canons, basilics, canons et serpentines et autres noms de pièces.... Chacune d'elles avoit son calibre à raison de quoy estoit besoing de faire des boulets particuliers à chaque pièce ; et, quant la pièce estoit rompue, les boulets ne servoient plus de rien.... Et, pour remédier à toutes ces dépenses, a esté advisé qu'il n'y auroit ci-après, en France, pièces d'artillerie pour servir par terre que des sept calibres, sçavoir : *canon, grande coulevrine, bastarde, moyenne, faucon, fauconneau* et *l'arquebouse à crocq*. »

L'arquebuse à croc mise hors de compte, le système, dit des *six calibres de France*, est adopté et construit en 1551. C'est à d'Estrées[2] que revient l'honneur d'avoir inauguré ce système[3].

Mais on observe alors qu'une artillerie coûte cher. « Au voyage d'Allemagne, l'an 1552, que fit Henri II jusqu'au Rhin, nous calculâmes, dit Vigénère, que ... il n'y eut coup (de canon) toutes choses comptées, la dépense à

---

1. Commissaire de l'artillerie en 1557.
2. La famille d'Estrées tirait son nom de la terre d'Estrées-en-Canchie (Artois), sise entre Arras et Saint-Pol. Né en 1486, Jean d'Estrées, ancien page d'Anne de Bretagne, avait pris part aux journées de Marignan, de Pavie et de Cérisoles. Grand maître de l'artillerie en 1550, il est mort en 1571.

3. TABLEAU DES SIX CALIBRES DE FRANCE

Nomenclature des bouches a feu	Poids du projectile en livres.	Attelages.
Canon.................	33 livres.	21 chevaux.
Grande coulevrine....	15 —	17 —
Coulevrine bâtarde....	7 —	11 —
Coulevrine moyenne...	2 —	4 —
Faucon...............	1 —	3 —
Fauconneau...........	14 onces.	2 —

savoir des chevaux, des pionniers et autre suite et attirail de l'artillerie, pour deux ou trois mois que dura cette expédition, qui ne revint à plus de deux ou trois cents écus. » Or, sous ce règne, l'état des finances est loin d'être prospère et, par suite, l'artillerie ne tient plus qu'un rôle effacé. Charles IX publie, en 1572, un édit tendant à la réorganisation des arsenaux de construction, portant règlement de fabrication des bouches à feu, des projectiles, des poudres et salpêtres. Mais cet édit demeure à peu près lettre morte; le manque d'argent l'empêche de sortir les heureux effets qu'en attendait d'Estrées.

L'artillerie semble même abandonner la scène des champs de bataille. A Coutras, les protestants n'ont que trois pièces; à Arques, Henri IV n'en a que huit; à Ivry, il ne met en batterie que six bouches à feu, dont quatre canons et deux coulevrines. Le parti catholique n'est guère mieux outillé, car personne alors n'a d'argent. Ce n'est qu'au siège d'Amiens (1597) que, sous les ordres du grand maître Saint-Luc, l'artillerie reprend son prestige.

Les gros calibres sont toujours de mode en Europe, notamment en Russie. Le *czar Pushka* nous offre un curieux spécimen des types de cette époque; c'est une grosse pièce en bronze, du poids de quarante tonnes. Fondue à Moscou en 1590, sous le règne du roi Théodore dont elle porte l'effigie, cette bouche à feu est montée sur un affût richement décoré. L'ornementation des roues de l'affût-monstre fait surtout l'admiration des antiquaires et des artistes.

En résumé, durant la seconde moitié du seizième siècle, la France réalise un « système » d'artillerie. Toutes les bouches à feu, jusqu'alors de types singulièrement variés, se ramènent à *six calibres*: le plus gros, de 33 livres; le plus faible, de moins d'une livre. Toutes ces pièces sont montées sur affûts à rouage; elles sont traînées sur leurs affûts formant voitures à deux roues et à limonière. Durant cette même période, l'Allemagne emploie des bouches à feu courtes, lançant sous de grands angles ces projectiles creux qui prendront bientôt le nom de bombes.

CHAPITRE V

DIX-SEPTIÈME SIÈCLE

Sommaire. — Matériel français. — Perfectionnements réalisés. — Importance reconnue des bouches à feu de campagne. — Canons dits *de cuir bouilli*, de Gustave-Adolphe. — Un canon de 4, se chargeant par la culasse. — Matériel français de la fin du règne de Louis XIV. — Boulets rouges. — Projectiles creux. — Le premier régiment de *grenadiers*. — Vauban invente le tir *à ricochet*.

Sully[1], qui succède à Saint-Luc, restitue au service de l'artillerie toute l'importance qu'il doit avoir à la guerre. Ses dépenses s'élèvent, en peu d'années, au chiffre, alors énorme, de 12 millions de francs. En 1604, nos arsenaux renferment 100 bouches à feu, 2000 livres de poudre et 10 000 boulets; en 1610, à la mort de Henri IV, le matériel comprend 100 canons de campagne et 300 bouches à feu de place, avec 200 000 boulets et 4 000 000 de livres de poudre, le tout emmagasiné au Temple.

Les six calibres de France sont toujours réglementaires, mais il s'introduit, en 1638, deux nouvelles bouches à feu des calibres de 12 et de 24. Fait digne d'observation, l'art commence à sortir de l'enfance et les perfectionnements s'accentuent. Errard, de Bar-le-Duc, ingénieur de Henri IV, préconise l'emploi d'un canon se chargeant par la cu-

---

1. Né en 1560 au château de Rosny (Seine-et-Oise), Maximilien de Béthune fut fait duc de Sully par Henri IV (1606), et maréchal de France, par Richelieu (1634). L'éminent grand maître de l'artillerie est mort en 1641. (Voy. la fig. 11).

Fig. 11. — Sully.

lasse et Malthus importe en France l'usage des mortiers[1].

De sérieuses études s'entreprennent en France et dans les Pays-Bas. Les publications d'Ufano[2], de Vasselieu[3], et du second duc de Sully[4] répandent d'utiles connaissances techniques. Des règles de construction sont posées; des dimensions de pièces ou d'affûts arrêtées et fixées. Les projectiles creux explosibles entrent définitivement en service; la fusée simple en bois et le tir *à deux feux* ont levé toutes les difficultés qui rendaient le jet des bombes incertain.

C'est de la première moitié du dix-septième siècle que date l'importance considérable prise par l'artillerie dans les batailles; on voit alors apparaître un matériel essentiellement mobile, formé de pièces légères qui accompagnent et appuyent l'infanterie.

L'initiative de cette nouvelle méthode appartient à la Suède. On remarque au Musée d'artillerie de Paris[5] deux canons de petit calibre, venant de Gustave-Adolphe, appareils bizarres formés d'un tube de cuivre mince mais renforcé d'une armature de cordes goudronnées, enroulées serré. Le tout est recouvert de cuir. Ces pièces, qui avaient reçu le nom de *canons de cuir bouilli*, n'offrent aucun intérêt au point de vue de l'histoire de l'art; mais le fait de leur fabrication prouve que, *dès la première moitié du dix-septième siècle*, les Suédois avaient tenté de se créer

---

1. *Pratique de la guerre*, contenant l'usage de l'artillerie, bombes et mortiers, etc., par le sieur Malthus, gentilhomme anglais, commissaire général des feux et artifices de l'artillerie de France, 1646.

2. Diego Ufano, capitaine de l'artillerie au château d'Anvers: *Vraye instruction de l'artillerye*, trad. de Bry, Francfort, 1615.

3. Capitaine Vasselieu, dit Nicolay Lionnais, *Discours et dessins par lesquels s'acquiert la congnoissance de ce qui s'observe en France en la conduite et emploi de l'artillerie pour le service de très haut et très puissant prince Monseigneur Gaston de France, duc d'Anjou, frère unique du Roy*. (Manuscrit de la Bibliothèque nationale.)

4. Le second duc de Sully, qui succéda à son père dans la charge de grand maître, fit rédiger en 1633 une *Instruction sur le faict de l'artillerie*.

5. Aujourd'hui transféré de Saint-Thomas d'Aquin aux Invalides.

une artillerie dont la mobilité eût été la qualité dominante. Ayant dès lors dirigé tous leurs efforts dans cette voie, ils ont atteint le but avant les artilleurs des autres puissances européennes.

En France, Louis XIV imprime une impulsion nouvelle aux progrès de l'artillerie. Aux premières années de son règne, on distingue trois espèces de canons[1] : le canon *commun* ou *régulier*; le canon *renforcé*, de plus grande épaisseur; le canon *diminué*, d'épaisseur moindre.

Le matériel français comporte, dès la seconde moitié du dix-septième siècle, un canon de 4 se chargeant par la culasse, moyennant le jeu d'un mécanisme inventé en Hollande. Pour parer aux effets de l'explosion, on passait au travers de la culasse un coin de fer qui opérait l'obstruction de l'âme. Ce coin était tenu très juste dans son logement.

Les gros projectiles creux — de 48 et de 60 — se tirent à la charge de 6 à 7 livres de poudre; les autres pièces de batterie, à la moitié ou aux deux tiers du poids du boulet; les bouches à feu de campagne, aux deux tiers ou trois quarts. Le faucon et le fauconneau reçoivent une charge de poudre d'un poids égal à celui du boulet.

L'artillerie allemande est, comme la nôtre, en progrès. Montecuculli, mort en 1681, a laissé la description détaillée des pièces qu'il a fait fondre, en Italie et en Allemagne, dans les ateliers de l'empereur, selon des proportions déterminées par l'expérience.

D'après Saint-Remy[2], on fondait en France, à la fin du dix-septième siècle, des canons de 33, 24, 16, 12, 8 et 4. On avait de nouveau réduit et régularisé les calibres, en adoptant ceux qui sont demeurés en usage jusqu'à nos jours. Les uns provenaient des anciens calibres français: les autres, des calibres espagnols, qui s'étaient trouvés en service dans les provinces conquises. On distinguait

---

1. Magnan, *Traité des machines, instruments et munitions de guerre*, fait par ordre du marquis de Louvois. (Manuscrit de la Bibliothèque nationale.)

2. Surirey de Saint-Remy, lieutenant du grand-maître de l'artillerie. *Mémoires d'artillerie*, 1697.

Fig. 12. — Vauban.

ainsi le *canon de France*, le *demi-canon d'Espagne*, le *demi-canon de France*, le *quart de canon d'Espagne*, le *quart de canon de France* et la *moyenne* de 4 livres. Le faucon et le fauconneau avaient été exclus du matériel, à raison de la faiblesse de leur calibre.

Les inventions se multiplient. On préconise des canons à chambre sphérique, des canons à chambre *poire;* on essaye des pièces en fonte de fer, en fer forgé; on propose des bouches à feu bizarres, telles qu'un canon à trois âmes, lançant trois boulets à la fois; une pièce double formée de deux canons accolés, et autres appareils grotesques qui, du fait d'un zèle à outrance des inventeurs de profession, réapparaissent encore de nos jours, et quasi périodiquement.

On lance des boulets rouges; mais, dit Saint-Remy, ces boulets ne se tirent qu'avec des pièces de 8 et de 4, parce que ceux d'un plus fort calibre seraient d'un emploi difficile. On commence à faire varier le dispositif de l'affût avec la nature du service; Vauban en fait établir un nouveau type pour la défense des places et des côtes. C'est également à cette époque que se rapporte la mise en service des affûts de montagne. Tous les affûts, d'ailleurs, sont munis d'avant-trains, et du fait de cette annexion, les pièces se trouvent dotées d'une mobilité très appréciable.

Les projectiles creux sont en grande faveur. On lance des grenades de divers calibres, voire des grenades *à main*, opération qui conduit à la création du premier régiment de « grenadiers » (1667). Importante innovation, ce sont des *soldats* qui désormais serviront les pièces; de là la création du *Royal-Bombardier* (1684). Une dizaine d'années plus tard (1693), le régiment des *Fusiliers du roi* prendra le nom de *Royal-Artillerie*.

Ici apparaît une grande figure militaire, celle de Vauban. Sébastien Le Prestre de Vauban est né en 1633, à Saint-Léger de Foucherets, près Saulieu (Yonne). Élevé par un prieur du voisinage, il s'enrôla, à l'âge de dix-sept ans, dans l'armée du prince de Condé et se fit immédiatement remarquer au siège de Sainte-Menehould. Fait prisonnier par l'armée royale en 1652, il reçut de Mazarin un brevet de lieutenant, servit sous les ordres du chevalier de Clerville et obtint lui-même, en 1655, le titre d'ingénieur. Il est mort en 1707. après une carrière des plus brillantes. Le roi l'avait fait maréchal de France. (Voy. la fig. 12)[1].

Vauban, que nous devons placer au rang de nos grands hommes, était, avant tout, un soldat. Il a pris part à toutes les guerres de son siècle — de 1551 à 1703 — soit comme officier de cavalerie, soit comme officier d'infanterie, soit en qualité d'ingénieur et d'artilleur. Il n'a pas dirigé moins de cinquante-trois sièges et s'est trouvé présent à cent quarante actions de vigueur, au cours desquelles il a reçu huit blessures. D'une bravoure à toute épreuve et professant un souverain mépris du danger quand sa vie se trouvait seule en cause, il était d'une humanité proverbiale et singulièrement avare du sang de ses sapeurs et fusiliers. Un seul mot peindra l'homme. Il disait un jour à Louvois, le redouté Louvois : « Dieu m'a fait naître le plus pauvre gentilhomme de France, mais, pour l'honneur et la vertu, je ne crains, ni vous, ni le Roi, ni personne. »

C'est Vauban qui fait prévaloir la méthode des *feux croisés*, et l'emploi régulier des *projectiles creux*; il est aussi l'inventeur du *tir à ricochet*. C'est au talent et à l'expérience de ce vigoureux soldat que Louis XIV doit le succès de tous les sièges entrepris au cours de son règne.

---

1. Le portrait que notre gravure reproduit est accompagné de cette légende intéressante :

« Le Prestre de Vauban, né en 1633, le plus grand ingénieur qui ait encore paru, a fait fortifier selon sa nouvelle manière 300 places anciennes et en a bâti 33. Peu d'hommes ont eu une carrière aussi utile et aussi active : il eut la conduite de 53 sièges et se trouva à 140 actions de guerre. Cet excellent citoyen a laissé douze gros volumes manuscrits pleins de projets pour le bien de l'État, dont aucun n'a encore été exécuté; il était de l'Académie des sciences. Ce précieux portrait, dessiné d'après nature par Charles Lebrun, a été vendu à la vente du feu maréchal d'Asfelts dont la vente fut faite à l'hôtel Saint-Pouange, rue Neuve des Petits-Chams (*sic*). »

CHAPITRE VI

DIX-HUITIÈME SIÈCLE

SOMMAIRE. — Écoles et Polygones d'artillerie. — Ordonnance du 7 bre 1732. — Système Vallière. — Canons *à la Suédoise*. — La guerre de Sept ans. — Paix de 1763. — Réorganisation de l'artillerie sous le ministère de Choiseul. — Gribeauval. — Ordonnance du 13 août 1765. — Système Gribeauval. — Nomenclature des bouches à feu adoptées. — Économie des nouvelles pièces de campagne. — Perfectionnements divers. — Tables de construction de Gribeauval. — Mortiers *à la Gomer*.

Dès son arrivée au pouvoir, en 1716, le régent s'empressa d'abolir la vénalité et l'hérédité des offices de l'artillerie ; la réforme était excellente. Ultérieurement, le 5 février 1720, il rendit une ordonnance portant réorganisation du régiment *Royal-artillerie*, lequel englobait le régiment des bombardiers, les compagnies de canonniers et de mineurs ; les officiers d'artillerie eurent dès lors dans leurs attributions la surveillance des manufactures d'armes. C'est aussi à cette époque que se rapporte la création des *écoles d'artillerie* et des *polygones* consacrés aux exercices d'instruction pratique. Une autre ordonnance du roi, du 22 mai 1722, porta règlement du service de l'artillerie dans les armées, les places et les écoles.

Parallèlement aux changements intervenus dans l'organisation du personnel, d'importantes améliorations étaient apportées au matériel d'artillerie, du fait d'une nouvelle fixation des calibres et de la détermination des formes de toutes les bouches à feu. L'ordonnance royale relative à ces importants changements est du 7 octobre 1732 ; elle débute en ces termes : « Sa Majesté, voulant déterminer d'une manière uniforme les dimensions des pièces de canon, mortiers et pierriers destinés pour le service de l'artillerie de terre…, a ordonné et ordonne ce qui suit :

« Art. Ier. Il ne sera dorénavant fabriqué de pièces de canon que des calibres de 24, de 16, de 12, de 8 et de 4 ; — des mortiers de 12 pouces juste et de 8 pouces 3 lignes de diamètre ; — des pierriers de 15 pouces ; — et, pour l'épreuve des poudres, de 7 pouces 3/4 de ligne. »

Chargé de l'exécution de cette ordonnance célèbre, Vallière[1] avait déterminé toutes les dimensions, les épaisseurs et même les moulures des nouvelles pièces en calibres et fractions de calibre, puis traduit en pieds, pouces et lignes les résultats qu'il avait obtenus. Les formes des bouches à feu furent fixées par des tables et dessins auxquels on dut dès lors se conformer rigoureusement. Vallière eut le mérite d'arrêter les proportions, les épaisseurs et les poids des bouches à feu par rapport aux poids des boulets et des charges, si bien que ces éléments essentiels n'ont plus changé depuis lors — au moins en ce qui concerne les pièces de siège — jusqu'au jour de l'avènement du matériel rayé. L'art du fondeur avait alors fait assez de progrès pour permettre au réorganisateur de faire de l'élégance ; ses bouches à feu sont, à cet égard, remarquables. Un habile burin en a parachevé l'ornementation ; elles portent, entre autres, les armes du roi et celles du duc du Maine, alors grand-maître de l'artillerie.

---

[1]. Né à Paris en 1667, Jean Florent de Vallière faisait ses premières armes à l'âge de dix-huit ans. Soixante sièges et dix batailles, tel est le bilan des opérations de guerre auxquelles il a pris part. C'est lui qui, en 1713, commandait l'artillerie au siège du Quesnoy. Là, bien que n'ayant en batterie que trente-quatre bouches à feu, il sut, en vingt-quatre heures, démonter quatre-vingts pièces à l'adversaire. Cet homme éminent, dit Voltaire, avait alors « poussé son art *aussi loin qu'il peut aller.* »

Fait brigadier des armées du roi, puis maréchal de camp, il fut nommé en 1720 directeur du service de l'artillerie. Ultérieurement, il fit, en qualité de lieutenant général, la campagne de 1733 et se distingua à la journée de Dettingen. Vallière est mort en 1759. Il était, comme Vauban, de l'Académie des sciences

C'est à l'année 1747 (siège de Berg-op-Zoom) que se rapporte le premier tir de bombes *à un seul feu* par l'artillerie française.

La Suède, qui élaborait toujours le problème important de l'artillerie légère, venait d'adopter un canon de 4, du poids de 600 livres. Il avait été question en France, d'adopter ce canon léger, mais l'empire de l'habitude, l'esprit de jalousie, avaient fait repousser l'affût suédois, le succès de l'affaire eût été compromis si le maréchal de Saxe n'eût exigé des canons *à la suédoise* pour ses bataillons d'infanterie. Il les introduisit dans l'armée qu'il commandait en 1746 ; des gargousses en papier furent mises en service avec ces pièces — qui devinrent ultérieurement réglementaires.

Cependant les malheurs de la guerre de Sept ans avaient ruiné l'artillerie française ; la paix de 1763 trouva la France dépourvue de tout matériel. Avant d'en refaire un, il convenait « de se mettre en état de créer une artillerie capable d'en imposer à celle des ennemis[1] ». Choiseul chargea Gribeauval du soin de reconstituer notre artillerie.

Jean-Baptiste Vaquette de Gribeauval[2] est né à Amiens le 4 décembre 1715, précisément le jour de la fête de Sainte-Barbe, patronne de ceux qui font parler la poudre. Décédé à Paris le 18 mai 1789, quatre jours après l'ouverture des États-généraux, il eut, comme on le voit, une longue carrière à fournir. Issu d'une famille de bonne roche où se recrutaient, d'ancienne date, la magistrature et l'armée, le jeune homme eut pour premier précepteur le célèbre abbé Valard, ami de Gresset. C'est Valard qui, d'un coup d'œil sûr, pénétra la puissance d'intelligence

---

1. Mémoire présenté au duc de Choiseul en 1763, par Dubois, chef des bureaux de la guerre.
2. *Gribeauval* est le nom d'une terre des environs d'Amiens. Le père de notre grand artilleur s'appelait Vaquette de *Fréchencourt*, autre nom de domaine. Le portrait que nous donnons, page 59, reproduit fidèlement celui qui était exposé dans les salles d'études de notre *École d'application de l'artillerie et du génie*, de Metz. Ce tableau a été livré en 1870, aux Allemands. Voy. la fig. 13.)

de son élève, entrevit l'avenir que ses destinées lui réservaient et le dirigea résolument vers l'étude des mathématiques *pour le mettre en estat d'entrer dans l'artillerie.*

Gribeauval fut, en effet, incorporé, en 1732, au Royal-Artillerie en qualité de simple volontaire. En 1735, il était *officier pointeur;* mais il resta quelque temps confiné dans ce grade. Ce n'est qu'en 1747, c'est-à-dire après douze années révolues, qu'on le voit promu *capitaine de mineurs.* Dès lors, la voie semble s'ouvrir plus large devant lui; et l'avancement, se proportionner à sa valeur. Lorsqu'il mourut, Gribeauval était lieutenant général des armées du roi, grand-croix de Saint-Louis, premier inspecteur de l'artillerie de France, commandant en chef du corps des mineurs, *bailli d'épée* et gouverneur de l'arsenal de Paris. Il jouissait, de plus, des prérogatives attachées à la dignité de feld-maréchal au titre autrichien et à celle de grand-croix de l'ordre de Marie-Thérèse.

De tous les éminents services de guerre rendus par Gribeauval les deux épisodes les plus saillants sont ceux de la prise de Glatz et de la défense de Schweidnitz. C'est à propos de cette dernière et brillante opération que Frédéric II disait: « Je suis aussi maladroit à prendre des places qu'à faire des vers. Un certain Gribeauval, *qui ne se mouche pas du pied*, et dix mille Autrichiens nous ont arrêtés jusqu'à présent…. Le génie de Gribeauval défend la place plus que la valeur des Autrichiens. »

Donc en 1763, après la guerre de Sept ans, Choiseul avait confié à Gribeauval le soin de réorganiser l'artillerie et de la mettre, au plus tôt, sur un pied respectable. On va juger des mérites de l'éminent praticien.

Dès l'année 1749, Gribeauval avait su faire prévaloir l'usage d'un affût de place de son invention, lequel présentait sur les anciens affûts l'avantage de ne plus offrir au ricochet de grandes roues faciles à détruire; d'élever la bouche à feu au-dessus de la crête de l'ouvrage à défendre; de rendre, par conséquent, inutiles des embrasures qui avaient pour effet d'affaiblir le parapet et de laisser les servants à découvert; d'être facilement réparable; enfin, de pouvoir rendre encore de bons services alors même que les projectiles de l'assiégeant l'avaient largement entamé.

En 1754, l'intelligent officier avait eu la satisfaction de

Fig. 13. — Gribeauval.

voir adopter l'un de ses meilleurs perfectionnements, celui qui consistait en la substitution d'un caisson à munitions de formes rationnelles à l'attirail des anciennes voitures d'artillerie si incommodes, si lourdes et dont la mise en mouvement donnait lieu à un affreux vacarme.

Une fois investi de la confiance du duc de Choiseul, Gribeauval se mit à l'œuvre avec l'activité, la prudence, la persévérance que peut seul inspirer le vrai patriotisme. Ses travaux de réorganisation durèrent huit années, de 1762 à 1770. Cet intervalle de temps, relativement court, fut mis si judicieusement à profit que nombre d'utiles réformes furent à la fois introduites dans les diverses branches du service de l'artillerie. Toutes ont été consacrées par les dispositions de la célèbre ordonnance du 13 août 1765.

Toutes les questions de *personnel* avaient été minutieusement étudiées et résolues de manière à assurer la régularité du service[1], à améliorer le sort du soldat, à faire à l'officier une situation honorable. Mais c'est surtout le matériel qui fut l'objet d'un large remaniement ou, pour mieux dire, d'une rénovation complète. Gribeauval sut doter la France d'une artillerie de campagne aussi mobile que celle de la Prusse ou de l'Autriche. Il allégea considérablement les anciens calibres et détermina rigoureusement les proportions des nouveaux. Il eut la gloire — car c'en est une — d'établir et de maintenir l'ordre dans tous nos arsenaux, d'imposer une uniformité rigoureuse aux types et aux dimensions de tous les organes qui doivent concourir à constituer, dans de bonnes conditions, les bouches à feu, les affûts, les voitures.

Mais il convient d'analyser de plus près l'œuvre du grand artilleur, de l'ami de Choiseul.

---

1. C'est en 1765 que Gribeauval paracheva ce premier travail. Il avait adopté pour l'organisation de l'artillerie une autre base que celle de l'infanterie. Les hommes appelés à faire ensemble le service d'une bouche à feu formèrent une *escouade*; une *compagnie* se composa de quatre ou six escouades; le capitaine commandant la compagnie eut sous ses ordres quatre lieutenants, dont l'un, tiré du « corps des sergents », prit plus tard le nom d' « adjudant ». Des compagnies de canonniers, de bombardiers et de sapeurs formèrent des *régiments d'artillerie*. Les compagnies de mineurs, ainsi que les compagnies d'ouvriers, furent séparées des régiments.

Jusqu'alors l'artillerie française avait fait uniformément usage des mêmes bouches à feu dans les circonstances de tir les plus différentes. Gribeauval crut utile de la munir d'engins spéciaux, variables avec la nature des besoins, et de créer un matériel distinct pour chacun des services de campagne, de siège, de place, de côtes. Telle est l'idée mère de son « système ».

Adopté en 1765, le système Gribeauval comprit : en fait de bouches à feu de campagne, des canons de 12, de 8, de 4 et un obusier de 6 pouces ; — comme pièces de siège et de place, des canons de 24, de 16, de 12 de 8 et un obusier de 8 pouces ; — des mortiers de 12, 10 et 8 pouces ; — un pierrier de 15 pouces.

Les affûts et avant-trains des bouches à feu de campagne furent pourvus d'essieux *en fer ;* les affûts de 8 et de 12 reçurent un *second encastrement* destiné à répartir, pendant les marches, le poids de la pièce sur les deux trains. Toutes ces pièces furent dès lors dotées d'une propriété essentielle : la mobilité. Gribeauval estimait que ses canons de 4 et de 8 pouvaient rouler très facilement sur tous chemins avec un attelage à quatre, et son canon de 12, avec un attelage à six chevaux. D'autre part, pour rendre possible le déplacement de ses pièces sous le feu de l'ennemi, à une époque où il ne fallait pas songer à employer, à cet effet, des chevaux et leurs conducteurs, il donna aux canonniers des *bricoles*..., et ses bouches à feu roulèrent ainsi à bras d'homme sur toute espèce de terrain.

Pour fournir de longues marches en retraite, pour passer des fossés, des ravins, Gribeauval employait des attelages, mais il séparait l'avant-train de l'affût. Au moment de franchir l'obstacle, la crosse se reliait à l'avant-train par le moyen d'un cordage, qui prit le nom de *prolonge*. L'emploi de cet organe auxiliaire, aussi simple qu'original, permettait de tirer la pièce sans qu'il fût besoin de dételer.

Gribeauval fit prévaloir l'usage de la *cartouche à boulet*. On n'eut plus dès lors à conduire, sur les champs de bataille, des voitures de poudre distinctes des voitures de projectiles.

Il fit spécialement étudier les effets de la mitraille : *grappes de raisin* et boîtes à balles de plomb. Il affecta à chaque canon de campagne un type de boîte cylindrique en tôle, emplie de balles en fer battu.

Le *caisson* de campagne fut construit de manière à assurer la conservation des munitions : cartouches à boulet et boîtes à balles. Maintenues dans les compartiments par un bourrage d'étoupes, ces munitions résistaient sans détériorations aux effets des secousses provenant du transport. Une bonne fermeture les mettait à l'abri de l'humidité, de sorte qu'elles arrivaient sans avaries sur le champ de bataille. Le caisson fut, comme l'affût, muni d'essieux en fer.

Gribeauval ne se contenta pas de rétablir sur les canons le tracé de la ligne de mire supprimé par Vallière ; il les munit d'une *hausse*, destinée à procurer au pointeur des lignes de mire artificielles, quand il s'agissait d'atteindre des buts placés au delà de la distance du but en blanc. L'adoption de cet organe si simple régularisa la pratique du tir, étendit les portées efficaces du canon et accrut, par conséquent, l'action de l'artillerie de campagne.

La précision et l'uniformité introduites dans la construction des affûts et des voitures augmentèrent singulièrement la solidité de ce matériel. Grâce à l'emploi des rechanges, les réparations en campagne devinrent faciles.

En outre, c'est à Gribeauval que l'artillerie française doit l'attelage *à timon* ; l'*étoile mobile* employée à la vérification des dimensions et formes de l'âme des canons ; la *vis de pointage* ; un nouveau mode de fabrication du matériel, consistant en l'art de couler les canons *pleins* et de les soumettre ensuite à l'opération du forage.

La nouvelle position des tourillons, dont l'axe était rapproché de celui de la pièce, exigeait une précision plus grande des formes extérieures ; le tournage s'était imposé. Les nouvelles anses dessinèrent une figure en harmonie avec leur destination. De là, la suppression des dauphins et de tous les ornements des canons de Vallière.

Inauguré en 1765, le matériel dit *de Gribeauval* eut, pour la première fois, l'occasion de faire ses preuves au cours de la campagne de Corse (1769). « Là, dit un contemporain, on put admirer avec quelle facilité l'artillerie parvenait à établir sur les montagnes les plus escarpées des canons de différents calibres, et à désespérer un ennemi surpris par la foudre qui éclatait sur sa tête, du haut de ses rochers réputés inaccessibles. »

C'est à l'excellence reconnue du matériel de Gribeauval qu'on a très justement attribué la supériorité de nos feux pendant les guerres de la Révolution, de l'Empire et de la Restauration. Aujourd'hui remplacé par un ensemble d'appareils perfectionnés, ce matériel peut encore, au besoin, rendre d'éminents services. N'en a-t-on pas eu la preuve durant la dernière guerre? « Après la retraite d'Amiens, dit le général Faidherbe, tous les corps furent dirigés sur les dépôts pour s'y réorganiser.... Le manque d'approvisionnements en munitions de guerre s'était fait sentir de la manière la plus fâcheuse à la bataille d'Amiens.... Chaque bataillon d'infanterie fut désormais accompagné d'un caisson de cartouches.... On utilisa, à cet effet, un grand nombre de caissons *modèle Gribeauval*. »

L'utile emploi des engins du grand artilleur s'est ainsi perpétué durant plus d'un siècle. Aujourd'hui que le temps a fini par en abolir l'usage, nos jeunes officiers peuvent encore consulter, non sans profit, l'ouvrage qui en donne la description détaillée sous ce titre : *Tables de construction* des principaux attirails de l'artillerie proposés ou approuvés, depuis 1754 jusqu'en 1789, par M. de Gribeauval, lieutenant général et inspecteur d'artillerie, Paris, 1792.

Gribeauval n'avait pas réussi à faire des mortiers dont le jeu lui parût pleinement satisfaisant. Aussi n'hésita-t-il point à inscrire dans ses *Tables* les dimensions des mortiers à chambre tronconique de son camarade et ami de Gomer.

Ici apparaît encore une grande figure militaire, bien

digne d'attirer nos regards[1]. Fils d'un brave capitaine de Royal-Infanterie, Louis-Gabriel de Gomer est né à Quevauvillers (Somme), le 25 février 1718. A peine âgé de douze ans et demi (septembre 1730), il se faisait admettre, en qualité de volontaire, à l'école d'artillerie de la Fère. On le fit *officier-pointeur* en 1732, et *commissaire extraordinaire* en 1734.

Au début de la guerre de la Succession d'Autriche, Gomer fait partie du corps d'artillerie mis à la disposition du maréchal de Maillebois. Il se distingue à la défense de Dingelfing; puis en Flandre, aux sièges de Menin, d'Ypres, de Furnes. Il est alors nommé *commissaire ordinaire* (1744). Il assiste à la bataille de Fontenoi, aux sièges de Tournai, de Gand, d'Oudenarde, de Dendermonde, d'Ostende, de Nieuport, de Namur, des forts de Sainte-Marguerite, de Liefkensoek et de Hulst. Il est présent à la bataille de Lawfel, au siège de Berg-op-Zoom, aux débuts du siège de Maëstricht.

Promu au grade de *commissaire provincial* (1753), Gomer est ensuite appelé à prendre part aux opérations de la guerre de Sept ans. Il est à Rossbach. En cette journée lamentable, ses batteries, écrasées sous le feu de l'ennemi, luttent jusqu'à la dernière heure. Lui-même finit par servir une pièce sur laquelle tous les servants se sont fait tuer!...

Voici la fin de cette belle carrière : Gomer est promu, pendant la guerre de Sept ans, au grade de lieutenant-colonel; il est nommé colonel en 1765; brigadier, en 1769; inspecteur général d'artillerie, en 1779; maréchal de camp, en 1780. C'est le premier juin 1791 que le ministre de la guerre mit à la retraite le maréchal de camp Louis-Gabriel de Gomer, commandeur de Saint-Louis; le vieux soldat comptait alors treize campagnes, quatre batailles et seize sièges, en tout plus de soixante ans de services. Il est mort à Dieuze (Meurthe) le 30 juillet 1798.

---

1. Le portrait que nous exposons ci-contre est la reproduction exacte d'une miniature appartenant à Mme de Riencourt, petite-fille de Louis-Gabriel de Gomer. (Voy. la fig. 14).

Fig. 14. — Gomer.

Telle fut la vie du militaire ; voyons les mérites du savant.

Gomer était un praticien de haute valeur. Le gouvernement français, qui l'avait distingué à ce titre particulier, lui confia, durant de longues années, la mission délicate d'instruire et de rompre au métier les jeunes officiers d'artillerie. Il fut successivement employé à l'école d'artillerie de Strasbourg, à l'école d'artillerie et du génie de Mézières, aux écoles de la Fère, de Bapaume et de Douai. Chargé du soin de former à son pays une nouvelle génération d'artilleurs, le brigadier d'infanterie de Gomer se livra passionnément à l'étude et produisit d'importants travaux, parmi lesquels il faut citer ses *Observations sur les fonctions de l'artillerie et du génie;* divers mémoires sur les grandes portées des bouches à feu; sur les alliages; sur le micromètre; sur la « grosse artillerie » du royaume; sur la nécessité de la création d'un arsenal de construction et d'une fonderie dans le bassin de la Loire[1]. Mais, comme tous les hommes de cabinet, Gomer avait ses prédilections; il étudiait spécialement le mortier.

Les sièges importants auxquels il avait pris part lui avaient permis de faire sur le tir de cette bouche à feu nombre d'observations intéressantes. C'est ainsi que, en 1745, à Tournai, il s'était rendu compte du peu d'efficacité des *comminges* françaises, et aussi de la force de résistance des magasins voûtés à l'épreuve de la bombe. En 1746, à Namur, il avait vu trente hommes mis hors de combat du fait de l'éclatement d'un seul projectile creux. L'année suivante, à Berg-op-Zoom, il avait, non sans succès, lancé des bombes selon la méthode dite *à un seul feu,* supprimé la terre employée dans l'opération du chargement et fait adopter l'usage des éclisses de bois pour maintenir le projectile dans l'axe du mortier. Rentré en France, Gomer s'attacha à faire consacrer par la théorie les conclusions qu'avait formulées son expérience.

---

1. La conception de Gomer s'est récemment réalisée ; on a créé à Bourges un grand établissement central.

En 1774, alors qu'il commandait l'École d'artillerie de Douai, le vieux soldat des guerres d'Allemagne et de Flandre rédigea trois mémoires qui firent sensation. Le premier mettait en lumière les vices de construction dont le mode était alors fixé par l'ordonnance de 1732. Le deuxième démontrait péremptoirement que toutes les défectuosités et détériorations de ce genre de bouches à feu provenaient du fait de la cylindricité des chambres. Le troisième mémoire, enfin, préconisait la forme tronconique comme remède efficace à tous les défauts signalés.

Les appréciations de l'auteur finirent par obtenir gain de cause et l'on fondit des mortiers *à la Gomer*.

Ces nouvelles pièces furent soumises à nombre d'expériences faites, de 1785 à 1787, aux polygones de Strasbourg et de Douai. Le résultat en fut concluant; on vit de quels effets étaient capables les mortiers de 8, 10 et 12 pouces. Ce dernier calibre avait une portée de treize cents toises.

« Dans les anciens mortiers, dit à ce propos Piobert, les chambres étaient cylindriques; le raccordement avec le reste de l'âme était hémisphérique. Une telle disposition avait d'abord — vu le peu de capacité de la chambre — l'inconvénient de ne laisser agir les gaz, dans les premiers instants, que sur une faible partie de la surface du projectile. Cela obligeait de renforcer beaucoup la bombe au culot et, par suite, d'éloigner le centre de gravité du centre de figure. Ensuite, le chargement était rendu long et minutieux, du fait de l'obligation où l'on était de disposer des éclisses en bois autour de la bombe, pour la placer dans l'axe du mortier. Enfin, l'arête saillante de l'orifice de la chambre étant facilement égrenée par l'action des gaz, les portées diminuaient rapidement par l'effet du tir de la bouche à feu.

« On a paré à ces inconvénients en donnant au fond de l'âme une forme tronconique, raccordée avec la partie antérieure. Le raccordement consiste en une surface de révolution engendrée par une portion d'arc de cercle, d'un rayon plus grand que celui de la bombe, et tangent à la génératrice du cylindre de l'âme, en même temps qu'à celle du cône de la chambre.

« S'appuyant contre le cercle de jonction du raccordement avec la partie tronconique, et agissant par son poids, la bombe annule le *vent* et se place dans l'axe du mortier, alors même que celui-ci est pointé sous les plus petits angles. Or cela n'avait point lieu dans les anciens mortiers à chambre cylindrique, même dans un tir sous des angles de grande amplitude.

« Les mortiers à chambre tronconique, dits *à la Gomer*, diffèrent des mortiers à chambre cylindrique, non seulement par la forme intérieure, mais encore par la forme extérieure du pourtour de la chambre. »

Telle est, rapidement esquissée, l'œuvre capitale du soldat de la guerre de Sept ans, devenu commandant d'une école d'artillerie.

Napoléon appréciait singulièrement la valeur des mortiers *à la Gomer* et ne cessait d'en préconiser l'usage[1].

---

1. On le voit, par exemple, armer de ces mortiers les fameuses batteries submersibles, destinées à protéger les travaux de Boulogne. Sa correspondance de 1803 fourmille de prescriptions à ce sujet. C'est ainsi qu'il écrit :

« Faites mettre à la laisse de basse mer un crapaud de *mortier à la Gomer*, de douze pouces.... » (Pièce n° 7045, à l'amiral Bruix, 26 août 1803.)

« Faites placer à la laisse de basse mer un crapaud de mortier et laissez-le séjourner vingt-quatre heures à toutes les marées ; faites dresser procès-verbal de ce qui se sera passé. Si, vingt-quatre heures après, les affouillements ne sont pas trop considérables, faites mettre dessus un *mortier à la Gomer....* » (Pièce n° 7125, au général Soult, 21 septembre 1803), etc., etc.

CHAPITRE VII

DIX-NEUVIÈME SIÈCLE

Sommaire. — Supériorité de l'artillerie française au cours des guerres de la Révolution. — Le système dit *de l'an XI* (1803). — Organisation impériale. — C'est au système Gribeauval que sont dus les succès de notre artillerie, au cours des guerres de l'empire. — Système dit **de 1827**. — L'œuvre du maréchal Valée. — Appréciation de la valeur du nouveau matériel. — Le *canon-obusier*. — Réorganisation du service de l'artillerie.

Le fait incontestable des succès de l'artillerie française avait fait adopter le système Gribeauval par toutes les puissances étrangères. Partout, à l'exemple de notre grand artilleur, on avait constitué un matériel de campagne distinct du matériel de siège. Il suit de là que, aux premières années du dix-neuvième siècle, les artilleries européennes affectent une sorte d'uniformité. Les canons diffèrent peu de calibre et de poids; un coffre à munitions est adapté à l'avant-train des pièces de campagne par celles des puissances qui cherchent à soustraire leurs caissons au feu de l'ennemi. Le tir des obusiers réalise ses premiers progrès.

En France cependant, quelque temps après la paix d'Amiens, un arrêté des consuls instituait un conseil extraordinaire chargé du soin de rédiger un projet sur tous les changements qu'il semblait convenable d'apporter au matériel d'artillerie alors en usage. On entreprit, en conséquence, un remaniement complet de ce matériel, en vue de le mieux adapter aux besoins de la guerre et de le simplifier encore. Le conseil proposa dans ce sens quantité d'innovations telles que l'exclusion du matériel de campagne des canons de 4 et de 8 et de l'obusier de 6 pouces. « Ces changements, dit Napoléon[1], modifiaient le système de M. de Gribeauval ; ils étaient faits dans son esprit, il ne les eût pas désavoués. Il a beaucoup réformé, il a beaucoup simplifié. L'artillerie est encore trop lourde, trop compliquée ; il faut encore simplifier, uniformer, réduire jusqu'à ce que l'on soit arrivé au plus simple. »

Tel n'était pas alors l'avis de tous les artilleurs, entre autres de Gassendi, qui croyait le matériel de Gribeauval très supérieur à celui qu'on proposait de lui substituer. Le système dit *de l'an XI* ne reçut qu'un commencement d'exécution et fut complètement abandonné en 1814. « C'est que, dit fort bien le général Favé, si rien n'est plus facile que d'imaginer un système d'artillerie, rien n'était plus difficile que d'opérer dans le matériel combiné par Gribeauval des changements quelque peu considérables, sans que les diverses parties cessassent d'être en harmonie l'une avec l'autre. »

En ce qui concerne l'exécution du service de guerre, l'organisation impériale fut sensiblement différente de celle du dix-huitième siècle. « La division d'artillerie, disait Napoléon[2], a été fixée par le général Gribeauval à huit bouches à feu d'un même calibre, de 4, de 8 et de 12, ou obusiers de 6 pouces.... » Sous l'empire, la compagnie d'artillerie ne fut plus appelée à servir que six bouches à feu. « Ce mode est simple, exposait Gassendi ; il est uniforme, analogue au nombre le plus ordinaire dont sont composées les batteries à la guerre.... »

L'empereur disait encore[3] : « M. de Gribeauval, qui avait fait la guerre de Sept ans dans l'armée autrichienne et *avait le génie de l'artillerie*, a réglé que la force des équipages serait à raison de quatre pièces par bataillon de 1000 hommes, ou trente-six bouches à feu pour une

---

1. *Notes sur l'art de guerre.*
2. *Loc. cit.*
3. *Loc. cit.*

division de 1000 hommes, ou cent soixante pour une armée de 40 000 hommes. » Mais ces proportions ne devaient plus être admises. — « Quant au nombre des compagnies d'artillerie, il en faut, professe Gassendi, une dans chaque division — de 6000 à 8000 hommes — de corps d'armée; deux, si cette division est de 12 000 à 14 000 hommes; et une d'artillerie à cheval pour son avant-garde, chacune de six bouches à feu; enfin, une au parc de ce corps, avec une réserve de six bouches à feu. »

On voit que, suivant Gassendi, la proportion d'une pièce par mille hommes était jugée suffisante; que la division — grande unité tactique — était pourvue du nécessaire pour agir isolément; que chaque corps d'armée — unité stratégique — avait un parc qui lui permettait aussi d'opérer seul. Les parcs de corps d'armée étaient alimentés par le grand parc.

En somme, c'est à l'excellence du système Gribeauval qu'il faut attribuer les succès de l'artillerie française au cours des guerres de la Révolution et de l'Empire. A la suite de ces guerres, matériel et personnel ont été réorganisés en tous détails, conformément au système dit **de 1827**. Les changements qui furent alors introduits sont loin d'avoir l'importance du vaste ensemble d'innovations dues au génie créateur de Gribeauval; les travaux du général Valée[1] n'ont abouti qu'à de légères modifications du système conçu de toutes pièces par l'illustre collaborateur de Choiseul. Les perfectionnements, qui se sont fait jour de 1825 à 1829, n'ont amélioré ni le canon ni son tir; ils n'ont fait qu'apporter quelques simplifications à l'or-

---

1. Né en 1773, à Brienne-le-Château (Aube), Sylvain-Charles Valée, ancien élève de l'école de Brienne, était lieutenant d'artillerie en 1792. Après Eylau et Friedland, il fut appelé à faire le siège de nombre de places de la Péninsule. C'est lui qui, aux Cent jours, fut chargé de procéder à l'armement de Paris. Fait, en 1822, inspecteur général de l'artillerie, il emporta, en 1838, la place de Constantine. On le nomma aussitôt maréchal de France et gouverneur général de l'Algérie. L'armée d'Afrique lui avait donné, nous ne savons trop pourquoi, le surnom de « Louis XI ».

ganisation du matériel de 1768. Aussi Piobert a-t-il eu raison d'écrire : « Les canons de campagne, établis en 1765 par Gribeauval, remplissent parfaitement toutes les conditions du service auquel ils sont destinés; malgré les nombreuses épreuves auxquelles ils ont été soumis et l'expérience de très longues guerres, il serait difficile de si-

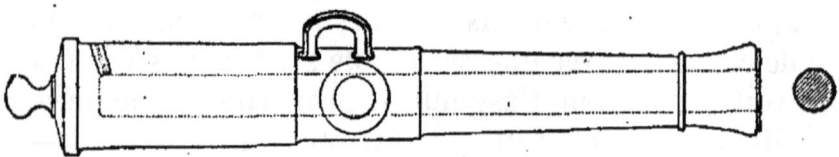

Fig. 15. — Canon de 8, de campagne, modèle 1827.

gnaler dans leur construction des défauts à corriger ou des améliorations à introduire. »

Les canons de campagne du système 1827 (fig. 15 et 16) sont des calibres de 4, 8 et 12, en bronze; ils ont une longueur d'âme égale à 17 fois le diamètre moyen de

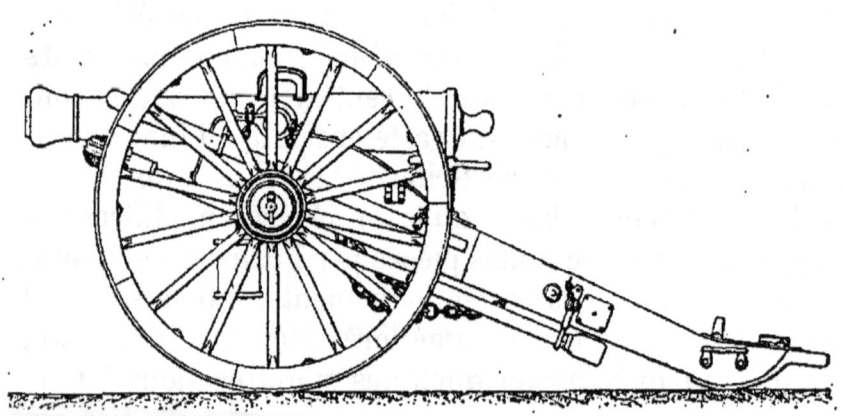

Fig. 16. — Canon de campagne sur son affût, modèle 1827.

leur projectile plein sphérique. Ces bouches à feu, semblables entre elles, ne peuvent se distinguer les unes des autres que par leurs dimensions absolues; elles pèsent environ 150 fois le poids du boulet. On les tire à de fortes charges, d'un poids ordinairement égal au tiers du poids de ce boulet. Les trajectoires sont assez tendues.

Des calibres de 8 et de 12 s'emploient aussi dans le service de la défense des places ; mais les types adoptés comportent des longueurs plus grandes et, par conséquent, des poids plus considérables que leurs similaires de campagne.

Les canons *de siège*, des calibres de 16 et de 24, se tirent à la charge de moitié du poids du boulet ; on leur donne, à cet effet, grande épaisseur de métal. La longueur et le poids en sont, par suite, considérables.

Les obusiers modèle 1827 diffèrent des canons en ce qu'ils sont, à calibre égal, moins longs et moins épais. Ceux de campagne sont des calibres de 15 et de 16 centimètres ; et, respectivement, du poids des canons de 8 et de 12, avec lesquels ils s'emploient concurremment. L'obusier

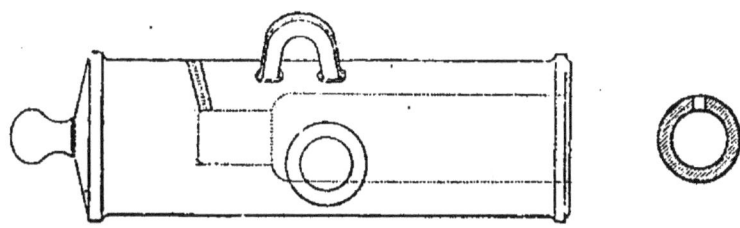

Fig. 17. — Obusier de 22 centimètres *de siège*, modèle 1827.

22 centimètres, de siège (fig. 17), à âme courte, pèse beaucoup moins qu'un canon aussi de siège. L'obusier de 12 centimètres, de montagne, est d'un poids assez faible et se porte habituellement à dos de mulet.

Les projectiles de ces bouches à feu ne se lancent que sous de petites charges, ne dépassant pas ordinairement le septième de leur poids, soit environ le douzième du poids du boulet de même calibre. Les buts visés ne peuvent être que de faible résistance ; les trajectoires sont peu tendues. La paroi de l'obus est percée d'un trou circulaire dans lequel on introduit une *fusée en bois*, traversée, suivant son axe, par un canal empli de composition fusante. Les obus se montent, à l'aide de petites bandelettes en fer-blanc, sur des espèces de tampons en bois léger, dits *sabots* (fig. 18). Le sabot maintient la fusée dans l'axe de l'âme, l'œil tourné du côté de la bouche, et l'empêche de se coincer ou de se briser contre les parois de l'âme. Cette fusée, qui s'enflamme au moment où l'on met le feu à la charge, brûle durant le trajet du projectile

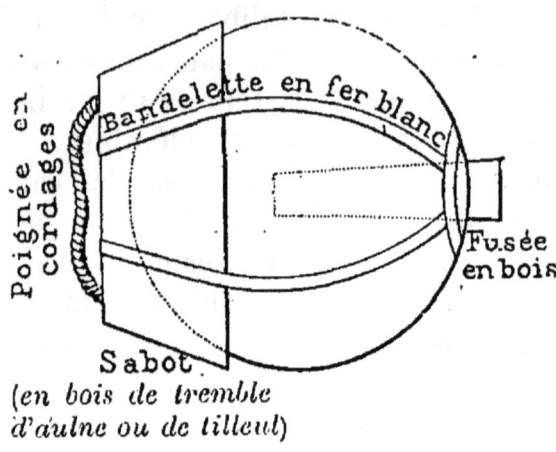

Fig. 18. — Obus ensaboté.

dans l'air jusqu'à ce que le feu, se communiquant à la charge intérieure de l'obus, en provoque l'éclatement.

Les mortiers modèle 1827 sont des calibres de 22, 27 et 32 centimètres (fig. 19). On distingue, d'ailleurs, deux mortiers de 32 centimètres, de côtes *à semelle*, et deux petits mortiers de 16 et 15 centimètres, destinés à lancer des obus de campagne. Les bombes diffèrent des obus en ce qu'elles portent à l'extérieur des anses et des anneaux qui en permettent le maniement. A l'intérieur, dans la partie opposée à l'œil, elles affectent une surépaisseur en forme de segment sphérique, laquelle surépaisseur est dite *culot* (voy. la fig. 20).

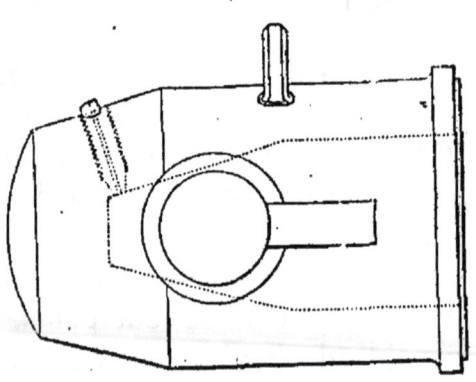

Fig. 19. — Mortier de 32 centimètres, modèle 1827.

Le matériel de 1827 comprend encore d'autres bouches à feu, dites *pierriers*, servant à lancer des pierres et des grenades. Ces pièces, du calibre de 41 centimètres, sont très imparfaites; l'efficacité de leur tir est inférieure à ce qu'était celle de leurs similaires à l'origine de l'artillerie à feu.

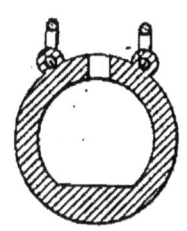

Fig. 20. — Bombe du mortier de 32 centimètres.

A la suite de l'adoption du matériel de 1827 intervint l'ordonnance royale du 3 mai 1832, laquelle régla dans tous ses détails le mode d'exécution du service de l'artillerie.

Ultérieurement, en 1854, l'arme fut l'objet d'une réorganisation complète; on distingua dès lors l'artillerie *à cheval* de l'artillerie *montée* et de l'artillerie *à pied*.

Les armées du premier Empire avaient été appuyées de batteries *mixtes* de canons et d'obusiers. L'empereur Napoléon III est l'inventeur d'un *canon-obusier*, c'est-à-dire d'une pièce pouvant lancer, à volonté, des boulets ou des obus.

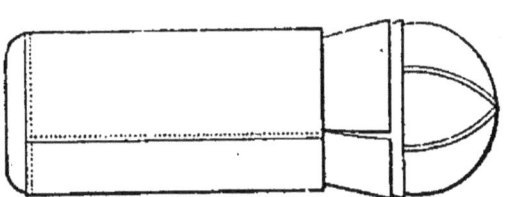

Fig. 21. — Cartouche à boulet.

Cette bouche à feu projetait le même boulet que l'ancien canon de 12, et un obus de diamètre égal à celui de ce boulet, lequel avait précisément 12 centimètres. Elle a, pendant quelques années, fait partie de l'armement sous le nom de *canon-obusier de* 12, modèle 1853. Il y eut dès lors des batteries de canons-obusiers, dont l'approvisionnement en munitions comprenait des *cartouches à boulet* (fig. 21) et des *cartouches à obus* (fig. 22).

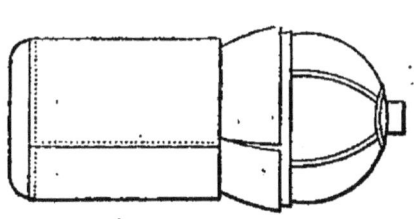

Fig. 22. — Cartouche à obus.

On désignait sous le nom de *cartouche* l'ensemble de la

charge de poudre (contenue dans un sachet en laine) et du boulet ou de l'obus, relié à l'aide de bandelettes en fer à un sabot en bois léger, sur lequel était fixée par une ligature la partie antérieure du sachet contenant la poudre.

Les canons-obusiers furent essayés en 1854 en Crimée; les premières expériences en étaient à peine faites qu'ils furent détrônés par les bouches à feu rayées.

L'ère d'une révolution venait de s'ouvrir; révolution comparable, pour ce qui est de l'intensité des effets, à celle qui s'est produite du fait de l'invention de la poudre.

TROISIÈME PARTIE

CONSIDÉRATIONS THÉORIQUES

CHAPITRE I

LES ÉTUDES

Sommaire. — Historique des travaux des artilleurs et des savants. — Tartaglia. — Abra Draconis. — Fronsperger. — Senfftenberg. — Diego Ufano. — Malthus. — Blondel. — Newton. — Bernoulli. — Robins. — Euler. — Scharnhorst, etc.

Ce n'est que vers le milieu du seizième siècle qu'on aborde scientifiquement l'étude des questions d'artillerie. C'est alors que Tartaglia géomètre italien, publie sa *Science nouvelle* (1537), ainsi que ses *Recherches et inventions diverses relatives à l'artillerie* (1546). Il s'attache à la recherche d'une solution du problème de la trajectoire.

Dans la *Science nouvelle*, Tartaglia estime que, au sortir de la bouche à feu, le projectile est animé d'une vitesse exclusivement due à la force projectrice de la poudre. Le mouvement imprimé va, suivant lui, diminuant jusqu'à un certain point auquel commence l'action de la pesanteur, laquelle fait croître la vitesse et, en même temps, ramène peu à peu le projectile dans la direction verticale. L'auteur croit démontrer que le mobile ne saurait obéir aux deux forces à la fois; il admet que le point de la trajectoire où le mobile passe de l'influence exercée par la force projectrice à celle de l'action de la pesanteur est le point de moindre vitesse. La trajectoire est, à son sens, composée d'une partie rectiligne suivant la direction de la vitesse initiale, d'une partie curviligne et d'une partie rectiligne dans le sens de la pesanteur; la section curviligne est une portion de circonférence. Dans ses *Recherches et inventions*, le même géomètre expose qu'aucune partie de la trajectoire n'est rectiligne, mais que plus le boulet a de vitesse, moins la ligne qu'il décrit a de courbure. Il limite toujours la distance du tir des bouches à feu à la portion de trajectoire qui diffère peu d'une ligne droite. Le premier de ces écrits exerça plus d'influence que le second; les principes du mouvement *violent*, du mouvement curviligne et du mouvement naturel furent universellement admis jusque vers le milieu du dix-septième siècle.

Tartaglia écrivait à une époque où l'on n'avait encore découvert ni les lois de la pesanteur, ni celles du mouvement. Son étude de la trajectoire témoigne néanmoins de sa sagacité; ses erreurs se fussent facilement rectifiées, s'il avait eu recours à l'expérience. Bien qu'il eût reconnu que la trajectoire dessine une ligne courbe dans le plan de tir, il ne put établir la théorie de cette courbe assez clairement pour en tirer quelque conséquence rationnelle. La pratique du pointage fut longtemps ballottée d'une erreur à l'autre; l'artillerie dut se limiter au tir à petites distances, et il en fut ainsi longtemps encore après Tartaglia.

Abra Draconis écrivait au commencement de la seconde moitié du seizième siècle. « Il faut, dit-il en son *Livre de canonnerie et artifice de feu*, que le canonnier sache bien juger.... de l'élévation de sa pièce, d'autant qu'elle porte plus loin et a plus de force en une élévation mesure et proportion que non pas de droite ligne que on dit de point en blanc. » On ne connaissaitt donc pas à cette époque la distance du but en blanc que détermine la ligne de mire, menée par les points les plus élevés de la culasse et de la volée. La science du temps n'indique pas la disposition de cette ligne de mire relativement à l'axe de la pièce et à la trajectoire du projectile.

Fronsperger (1566) admet que le projectile ne décrit en ligne droite aucune section de la trajectoire. Il base son opinion sur l'expérience et dit que, si l'on dispose l'âme du canon horizontalement de telle sorte que le boulet puisse traverser plusieurs cibles, l'ouverture faite dans la première cible sera la plus élevée; que les autres trouées pratiquées iront en s'abaissant à partir de la première.

Senfftenberg, officier d'artillerie de la seconde moitié du seizième siècle, a traité, dans un volumineux manuscrit, de l'art de pointer les canons. Il sait qu'on ne doit viser suivant la ligne de mire naturelle qu'à une distance déterminée; que, en deçà de cette distance, il faut viser plus bas; que au delà, l'on doit viser plus haut. Il observe que la trajectoire est moins courbe pour les pièces longues que pour les courtes.

Il connaît la hausse et semble en avoir fait un emploi judicieux, mais il n'a aucune idée de l'influence excercée par la résistance de l'air.

Dès les premières années du seizième siècle, Diego Ufano publie sa *Vraye instruction de l'artillerye*[1], traité spécial qui peut être considéré comme le premier livre classique sur la matière. L'auteur entre en de grands développements sur l'art du pointage et, en l'absence d'une théorie exacte, mêle à des prescriptions utiles des erreurs dangereuses. Il admet toujours que la trajectoire est composée de trois parties: une ligne droite dans la direction de l'axe de la pièce résultant du *mouvement violent,* une ligne courbe et une ligne verticale.

Malthus donne, en sa *Pratique de la guerre* (1646), divers développements sur la question du tir des bou-

---

1. *Vraye instruction de l'artillerye*, le tout recueilli de l'expérience des guerres des Pays-Bas, par Diego Ufano, capitaine de l'artillerye au chasteau d'Anvers, trad. de Bry. 1615.

ches à feu; mais il manque des notions les plus essentielles touchant la nature de la trajectoire. Il reconnaît que cette trajectoire est dès son origine une ligne courbe, mais son esprit ne s'ouvre pas à la conception qui lui eût indiqué la manière de faire varier la ligne de mire avec la distance. Il énonce cependant des prescriptions utiles; recommande de tirer les premiers coups bas ou courts plutôt que hauts et longs; et ce, afin de pouvoir observer les effets et rectifier le tir. Il ajoute qu'il a vu, au mépris de cette règle, « de longues canonnades continuées contre une place sans qu'on sût jamais où touchaient les projectiles. »

Cependant Galilée avait découvert les lois de la pesanteur; son *Dialogue*, publié en 1638, avait révélé aux physiciens les lois du mouvement. Il avait démontré que *dans le vide* la trajectoire des projectiles est parabolique, quelle que soit la vitesse initiale; Torricelli, son élève, avait déduit de là la loi des portées.

Ces notions n'étaient pas sorties du monde des savants quand le maréchal de camp Blondel, membre de l'Académie des sciences, entreprit d'en faire l'application à l'artillerie. Il publia, à cet effet, en 1699, *l'Art de jeter les bombes*, traité qui ne devait exercer aucune influence sur la pratique du tir. C'est que, comme Torricelli, Blondel avait cru que la théorie de Galilée pouvait suffire à résoudre tous les problèmes de balistique; qu'il avait méconnu l'influence de la résistance de l'air et toutes les autres causes d'irrégularité du tir des bouches à feu.

C'était aux physiciens qu'il était réservé d'intervenir efficacement dans l'étude de ces questions, encore obscures. Le fait de la résistance de l'air fut irréfutablement démontré par Huyghens et Newton. Celui-ci ayant admis, par hypothèse, que ladite résistance était proportionnelle au carré de la vitesse, Keill posa ce problème : *Déterminer le mouvement d'un globe pesant dans un milieu de densité uniforme, offrant une résistance proportionnelle au carré de la vitesse*. Et Bernoulli eut le mérite d'en donner, en 1720, une solution rationnelle.

Ultérieurement, Robins démontra que l'influence de cette résistance de l'air est considérable[1]. Inventeur du pendule balistique, il prouva que les portées des projectiles sont loin d'être aussi grandes dans l'air que dans le vide; que la loi de Newton portant que la *résistance de l'air est proportionnelle aux carrés des vitesses*, pouvait être admise sans grande erreur pour les vitesses inférieures à 1100 pieds anglais (335 mètres) par seconde, mais cessait d'être vraie pour les grandes vitesses; que, pour celles-ci, le coefficient de Newton ne donnait que le tiers environ de la valeur réelle de la résistance de l'air.

Ayant ainsi constaté le fait du rapide accroissement de la résistance opposée aux projectiles animés de grandes vitesses, Robins estima que l'accroissement des charges augmentait très peu les portées. « La charge d'une pièce de campagne ne doit jamais, dit-il, être que d'un sixième ou, tout au plus, d'un cinquième du poids du boulet; et celle de toute pièce destinée à battre en brèche ne doit jamais en dépasser le tiers. Lorsqu'on aura senti toute l'activité des petites charges et qu'on les aura mises en usage dans la pratique, on pourra diminuer le poids des pièces de campagne; on les rendra plus légères et, par conséquent, il sera plus facile de les manier et de les transporter, ce qui pourra procurer dans le service quantité d'avantages qu'il n'est pas nécessaire de rapporter. Je sais bien que, depuis une cinquantaine d'années, on a souvent entrepris de diminuer le poids des pièces de campagne; mais ceux qui ont fait ces tentatives ont continué de charger avec des quantités de poudre égales à celles dont on faisait usage pour les anciens canons. »

Robins avait observé que le projectile subissait l'action d'une force autre que la gravité et la résistance de l'air.

---

1. *Traité de mathématiques* de Mr Benjamin Robins, contenant les *nouveaux principes de l'artillerie*, trad. de l'anglais par Dupuy, Grenoble 1771.

« Cette force, disait-il, doit le faire sortir du plan vertical dans lequel il a commencé à se mouvoir ; elle doit causer de grandes inégalités entre plusieurs amplitudes d'un même boulet, quoique la pièce, la charge et l'inclinaison soient toujours les mêmes. C'est l'action de cette force qui est la source principale de cette incertitude et des irrégularités qui accompagnent toujours les opérations de la pratique. » Robins attribuait au frottement contre les parois de l'âme la cause du mouvement de rotation des projectiles sphériques.

Considérant que l'artillerie est avant tout un art d'expérience, le savant géomètre anglais ne cessait de faire, dans cet ordre d'idées, d'utiles observations. Il eut la gloire de résoudre l'importante question du pointage et de préconiser l'emploi de la *hausse* (1746) vingt ans avant le jour où il fut donné à Gribeauval d'en introduire l'usage dans le service de l'artillerie française.

Quant à Euler, qui ne craignit point de contredire et de critiquer Robins, il a commis de graves erreurs. Ce savant attribuait à ses connaissances théoriques le pouvoir de résoudre des questions pratiques très compliquées. Il devait échouer. Malheureusement, l'autorité de son nom eut le triste privilège de retarder d'un siècle les progrès de l'art. C'est que, comme le dit fort bien le général Favé, « l'artillerie est un art expérimental qui utilise les connaissances théoriques d'un grand nombre de sciences. La chimie, la physique, la géométrie lui prêtent utilement leur concours; mais les faits qu'elle produit sont, le plus souvent, des phénomènes trop compliqué pour être prévus ou même expliqués complètement à l'aide des connaissances scientifiques Rien ne nous assure jamais qu'il n'y a pas, dans le fait dont nous cherchons les causes, intervention d'une loi qui nous reste inconnue. Il faut donc toujours recourir en dernier ressort, dans les questions d'artillerie, à des expériences bien faites, à des épreuves embrassant, autant que possible, toutes les causes qui peuvent agir dans les applications de l'art à la pratique de guerre. »

Ce n'est guère qu'au commencement de notre siècle que l'influence des erreurs d'Euler cesse de se faire sentir et que les praticiens retrouvent le chemin de la vérité. Dans son *Manuel des Officiers,* publié en 1804, Scharnhorst reconnaît la justesse des théories de Robins touchant les causes de déviation des projectiles. Il formule les vrais principes qui doivent guider l'artilleur dans l'étude de son art.

CHAPITRE II

NOTIONS DE BALISTIQUE

Sommaire. — Ligne et angle de tir. — Vitesse initiale. — Trajectoire. — Mouvement d'un projectile dans le vide et dans l'air. — Lois de la résistance de l'air. — Projectiles sphériques. — Projectiles oblongs. — Vitesse initiale de rotation. — Précession. — Nutation. — Dérivation.

Au moment où il sort de la bouche à feu, le projectile est animé d'une vitesse due à la force projectrice des gaz de la poudre et soumis, d'autre part, à l'action de deux forces : la pesanteur et la résistance de l'air.

Faisons, pour un moment, abstraction de celle-ci. Soit un projectile lancé dans le vide avec la vitesse de projection v suivant une direction OZ, faisant avec l'horizon un angle α. Cette direction OZ, qui n'est autre chose que l'axe de la bouche à feu indéfiniment prolongé, porte dans la pratique le nom de *ligne de tir*. L'angle α de la ligne de tir avec l'horizon s'appelle *angle de tir*, et la vitesse de projection v est désignée sous le nom de *vitesse initiale*. On donne le nom de *trajectoire* à la ligne décrite par le projectile — dont on suppose la masse concentrée en son centre de gravité. Cette trajectoire, qui est tout entière au-dessous de la ligne de tir, peut se construire par points. Si la pesanteur n'agissait pas sur le projectile à sa sortie de l'âme, celui-ci devrait se mouvoir indéfiniment, dans le sens de la ligne OZ, d'un mouvement uniforme dont la vitesse serait v; c'est-à-dire que, au bout d'une seconde, il serait rendu en un point A, tel que $OA = v$ mètres; au bout de deux secondes, il serait en un point B, tel que $OB = 2\,v$ mètres, et ainsi de suite.

Mais, dès qu'il a dépassé le point O, rien ne s'opposant plus à ce qu'il cède à l'action de la pesanteur, le projectile, tout en s'avançant dans la direction OZ avec la vitesse v, va descendre suivant la verticale, s'éloigner progressivement de cette ligne OZ, et ce avec une vitesse conforme aux lois de la pesanteur. Tout va donc se passer comme si, le projectile tombant verticalement le long de la ligne ON, cette ligne était transportée parallèlement à elle-même dans le sens de OZ, avec une vitesse constamment égale à v. Au bout d'une seconde, par conséquent, le projectile sera sur la verticale menée par le point A défini ci-des-

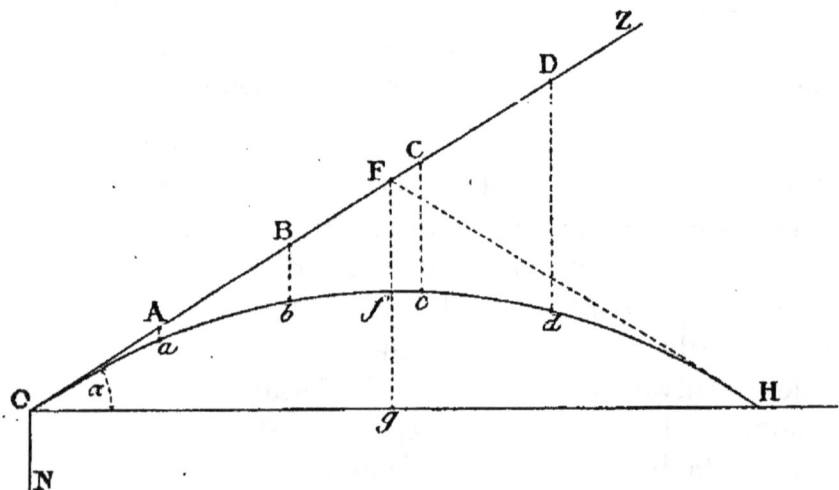

Fig. 23. — Trajectoire d'un projectile qui se meut *dans le vide*.

sus en un point a tel que la longueur $Aa = 1/2\,g$; au bout de deux secondes, il sera sur la verticale du point B, en point b tel que $Bb = 4$ fois $1/2\,g$..., etc.

On pourra d'ailleurs trouver tout aussi facilement des positions intermédiaires de ce projectile, telles que celles qu'il occupera après une demi-seconde, une seconde et demie, deux secondes et demie.... etc; c'est-à-dire en tracer, par points aussi rapprochés qu'on voudra, la trajectoire, laquelle est, on l'a reconnu, tangente en O à la ligne de tir OZ. Il a été démontré que cette trajectoire est une courbe plane contenue dans le plan vertical qui passe par la ligne de tir, plan qui a reçu le nom de *plan de tir*. Il est facile de voir que, *dans le vide*, cette trajectoire est une parabole.

Ici quelques définitions sont nécessaires. La distance OH est la *portée* du projectile, correspondant à la vitesse initiale v et à l'angle de tir α. Cette portée est dite aussi *amplitude du jet*. Si l'on mène au point H la tangente HF à la trajectoire, on forme audit point H un angle FHO, qui porte le nom d'*angle de chute*. On distingue dans la trajectoire la branche *ascendante* de la branche *descendante*. Le point f, le plus élevé de la courbe au-dessus de l'horizon, porte le nom de *sommet de la trajectoire*. La hauteur fg du sommet de la trajectoire au-dessus de l'horizontale passant par le point O est appelée *flèche de la trajectoire* ou *hauteur du jet*. Lorsque la flèche est forte ou très forte, on dit que la trajectoire est *courbe* ou *très courbe*. Quand, au contraire, cette flèche est faible ou très faible, la trajectoire est dite *tendue* ou *très tendue*.

Il est démontré que, *dans le vide*, les deux branches de la trajectoire sont symétriques par rapport à la flèche ; que les deux phases ascendante et descendante du mouvement du projectile sont également affectées de symétrie ; que l'angle de chute est égal à l'angle de tir ; que la vitesse du projectile au point de chute est égale à sa vitesse initiale. On va voir quel écart considérable sépare la trajectoire *théorique*, — ou dans le vide, — de la trajectoire *réelle*, — ou dans l'air.

La résistance de l'air tend à détruire le mouvement du projectile et modifie, par conséquent, le tracé de la courbe qu'il décrit. Cela se comprend. Un projectile — gros ou petit — lancé dans l'air à grande vitesse est influencé comme si, étant au repos et suspendu dans ce milieu, il était brusquement soumis à la violence d'un vent animé de ladite vitesse. Or, les plus violents ouragans — ceux qui renversent les cheminées, enlèvent les toitures, déracinent les gros arbres et balayent tout sur leur passage — ne sont, en somme, que des colonnes d'air en mouvement à des vitesses toujours inférieures à *cinquante mètres*. Un projectile, lancé dans l'air à la vitesse de quatre à cinq cents mètres, doit donc éprouver de la part de ce milieu une résistance considérable, résistance qui tend à détruire son mouvement et doit, par conséquent, exercer sur la forme de sa trajectoire une influence prépondérante. De fait, dans l'air, le projectile ne décrit plus, comme dans le vide, une parabole, mais une courbe gauche, encore mal connue.

Ainsi qu'il est facile de s'en convaincre, la portée du projectile est plus faible dans l'air que dans le vide; — la flèche de la trajectoire dans l'air est plus petite que la flèche de la trajectoire dans le vide; — le sommet de la

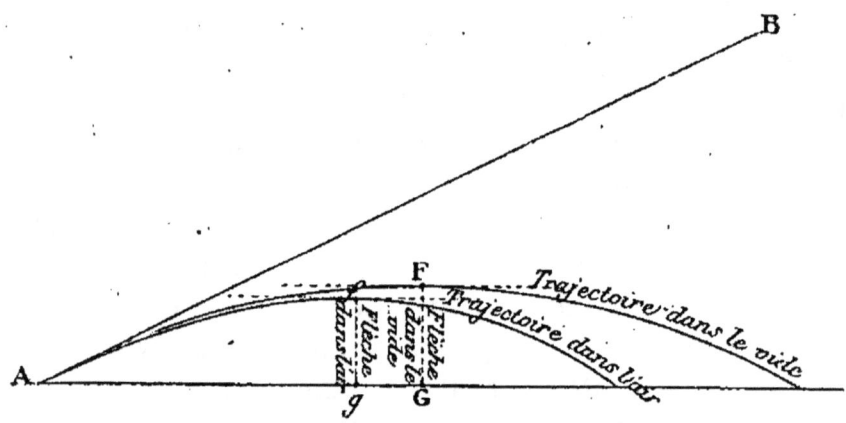

Fig. 24. — Tracés comparés des trajectoires d'un même projectile lancé sous la même charge *dans le vide* et *dans l'air*.

trajectoire dans l'air est plus rapproché du point de chute que du point de départ; par conséquent, la branche ascendante est plus longue et moins courbée que la branche descendante; — la vitesse du projectile au point de chute est plus faible que la vitesse initiale; — l'angle de chute de la trajectoire dans l'air est plus grand que l'angle de tir. L'expérience et le calcul prouvent, du reste, que *la différence de ces deux angles est d'autant plus grande que la durée totale du trajet est elle-même plus considérable*.

Ainsi se trouve détruite, pour la trajectoire dans l'air, la symétrie de forme et de mouvement qui caractérise la trajectoire dans le vide.

Quelles sont les lois de la résistance de l'air? Il en est deux, également compliquées. La première s'énonce ordinairement ainsi : *Pour les vitesses ordinaires, la résistance de l'air est proportionnelle au carré de la vitesse; pour les grandes vitesses, elle est proportionnelle au cube de la vitesse.* Cet énoncé n'est, d'ailleurs, que l'expression assez vague d'un ensemble de faits très complexe.

La loi suivant laquelle la résistance de l'air croît avec la vitesse varie, en effet, avec la forme du projectile. Elle n'est pas pour les projectiles *sphériques* la même que pour les projectiles *oblongs;* elle varie, de plus, avec la forme de l'avant de ceux-ci. Toutefois — l'expérience le démontre — on ne s'expose pas à commettre de trop graves erreurs en considérant la résistance comme *proportionnelle au carré de la vitesse* quand cette vitesse est inférieure à 200 mètres, — et comme *proportionnelle au* cube *de la vitesse,* quand celle-ci est, au contraire, supérieure à 200 mètres.

Abordons l'analyse de la seconde loi. On conçoit que la résistance — opposée par l'air aux corps qui le traversent — varie avec l'étendue des surfaces sur lesquelles elle exerce son action. On a reconnu par expérience que, à vitesses égales, la résistance de l'air sur des projectiles semblables est proportionnelle à la section droite sur laquelle elle agit, c'est-à-dire à la *projection* du projectile sur un plan perpendiculaire à la direction de son mouvement.

L'expérience a en outre démontré qu'à égalité de section droite, la résistance de l'air varie avec la forme de l'avant du projectile. Cette résistance a, par exemple, des valeurs très différentes sur les cylindres équilatères, selon qu'ils sont terminés, à la proue, par une surface plane, une demi-sphère, ou un cône. En ce dernier cas, la hauteur du cône est aussi à considérer, car elle a son influence.

D'autres expériences — plus récentes — ont prouvé que, pour une même hauteur de pointe, il y a tout avantage à remplacer la génératrice du cône par un arc de cercle ou d'ellipse, tangent à la génératrice du cylindre; que la résistance de l'air diminue quand la hauteur de la pointe augmente, mais que cette diminution cesse d'être sensible pour des hauteurs supérieures à trois ou quatre fois le rayon de la base. C'est à raison de ces faits dûment observés que, dans les projectiles des bouches à feu de campagne actuellement en service, la hauteur de l'ogive est d'environ trois fois le rayon de la base.

Des variations d'intensité de la résistance de l'air avec la vitesse, les dimensions et les formes extérieures des projectiles il résulte que ces projectiles subissent des pertes de vitesse différentes et, par conséquent, aussi des modifications diverses en ce qui touche la forme de la trajectoire qu'ils décrivent. On s'exposerait cependant à commettre de graves erreurs si, dans l'évaluation de ces pertes de vitesse, on ne tenait compte que de l'intensité de la résistance de l'air. Il est, en effet, facile de démontrer que deux projectiles, subissant de la part de l'air qu'ils traversent des résistances absolument égales, peuvent, en un assez grand nombre de cas, éprouver de ce chef des pertes de vitesse très différentes.

Toutes choses égales, les pertes de vitesse subies par deux projectiles sont *en raison inverse de leurs masses*, d'où il suit qu'il est avantageux d'adopter en fabrication les matières les plus denses, telles que le plomb ou la fonte.

Toutes choses égales, les pertes de vitesse qu'éprouvent deux projectiles sont *en raison inverse de leurs longueurs*. Il est donc avantageux de donner aux projectiles une forme allongée, — ce qui se fait généralement aujourd'hui.

Toutes choses égales encore, les pertes de vitesse de deux projectiles semblables sont *en raison inverse de leurs dimensions linéaires*. Ce fait explique l'importance que l'on attache à la grosseur du calibre.

Que l'on compare, au point de vue de la conservation de la vitesse, deux projectiles de même diamètre affectant : l'un, la forme sphérique ; l'autre, la forme cylindro-ogivale, on verra que l'emploi de celui-ci présente de grands avantages. Mais ces avantages ne peuvent se réaliser qu'à cette condition que l'axe du projectile oblong demeure constamment dans la direction du mouvement ou qu'il ne s'en écarte, au moins, que très peu. Or, cette condition inéluctable — *le maintien de l'axe sur la trajectoire* — ne peut être remplie si le projectile est lancé sans vitesse initiale de rotation. Un projectile oblong, uniquement animé d'un mouvement de translation suivant la ligne de tir, n'aurait ni portée, ni justesse, ni force de pénétration, tandis qu'une rotation initiale a pour effet de ramener constamment l'axe du

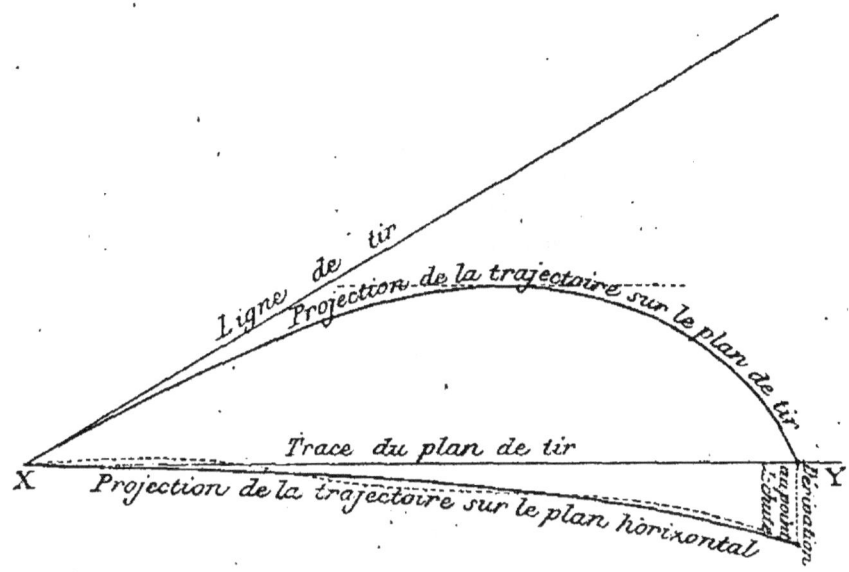

Fig. 25. — Représentation descriptive de la trajectoire d'un projectile oblong, animé d'un mouvement de rotation initiale.

projectile dans le voisinage de la tangente à la trajectoire et d'assurer la stabilité de cet axe. C'est ce qu'ont fort bien démontré les expériences du commandant Perrodon.

La nécessité d'une rotation initiale une fois établie, il devenait évident que, eu égard à la supériorité des projectiles oblongs au point de vue de la conservation de la vitesse, ces projectiles devaient être adoptés de préférence aux projectiles sphériques. Leurs formes permettaient, en effet, de leur imprimer plus facilement le mouvement de rotation voulu.

L'expérience fait connaître quel est dans l'air le mouvement des projectiles oblongs, animés d'une rotation initiale. Par rapport à la tangente à la trajectoire, l'axe de ces projectiles est animé d'un mouvement cycloïdal conique appelé *précession*, analogue à celui qui affecte l'axe de la toupie gyroscopique des enfants[1]. Or, si le projectile tourne, par exemple, à droite, la précession a pour effet de dévier sa pointe vers la droite. Il en résulte, dans le même sens, et pour le projectile entier, un mouvement dit *dérivation*.

La figure 25 expose — sur deux plans de projection — la forme de la trajectoire d'un projectile oblong, animé d'un mouvement de rotation initiale.

---

1. Outre ce mouvement de précession, l'axe est animé d'un mouvement vibratoire, dit *nutation*, autour de sa position moyenne. Cette nutation est insensible alors que la vitesse est très considérable ; en tous cas, l'influence en est négligeable.

CHAPITRE III

LES RAYURES ET LE CHARGEMENT PAR LA CULASSE

Sommaire. — Projectile-turbine. — Systèmes de rayures. — Tracés hélicoïdaux. — Pas constants. — Pas variables. — Rayures *progressives*. — Systèmes *à ailettes*. — Emplombage. — Projectiles à *ceinture de cuivre*. — Avantages du forcement.

Étant donnée la condition d'une rotation initiale, on s'est attaché à la recherche des moyens pratiques de la remplir. Le problème n'est pas insoluble — même pour des armes à âme lisse — et les Prussiens l'avaient autrefois résolu moyennant l'emploi du *projectile-turbine*, sorte de boîte cylindrique ouverte à l'arrière, boîte dont la tête tronconique était traversée par quatre canaux hélicoïdaux partant du fond de la boîte et débouchant à l'intérieur.

L'adoption d'un tel projectile ne pouvait malheureusement aboutir, au point de vue militaire, à aucun résultat sérieux. On abandonna donc l'étude des procédés propres à produire le mouvement de rotation du projectile au cours de sa marche dans l'air, et l'on chercha le moyen de le faire tourner durant son passage dans l'âme de la bouche à feu. On eut l'idée d'ouvrir, à la surface de cette âme, des rainures hélicoïdales destinées à servir de guides à des saillies produites sur la surface du projectile, soit à l'avance, soit pendant son mouvement dans la bouche à feu, et produites par ce mouvement lui-même. Telle est l'origine des armes dans lesquelles les rainures dont il vient d'être parlé portent le nom de *rayures*, et les parties pleines séparant ces rayures, celui de *cloisons*.

Les armes *rayées* ne sont pas d'invention récente.

Après avoir expliqué la cause des irrégularités de la trajectoire des projectiles, Robins avait trouvé le moyen d'obvier aux inconvénients de la rotation qu'ils prennent *autour d'un axe variable*. Il préconisait dès 1746 l'usage des *canons rayés*, usage qui fut alors adopté par plusieurs puissances de l'Europe, notamment la Suisse, l'Allemagne et la Russie[1].

La forme et le tracé de ces rayures parallèles sont essentiellement variables et constituent des *systèmes* distincts. De plus, dans un même système, les armes peuvent être rayées soit *à droite*, soit *à gauche*. Les systèmes se différencient surtout par le *profil* de la rayure. Quant au tracé hélicoïdal, qui prévaut aujourd'hui, il comporte deux types généraux. L'hélice directrice peut être à *pas constant* ou à *pas variable*. La rayure à pas constant est celle dont l'inclinaison sur la génératrice de l'âme est constante. Pratiquement, ce genre de rayures est d'une exécution relativement facile ; aussi a-t-il été adopté tout d'abord pour les premières armes rayées ; mais il est affecté d'un grave inconvénient. Chassé vers l'avant avec une violence extrême, le projectile est obligé, dès l'origine de son mouvement dans l'intérieur de la bouche à feu, de prendre autour de son axe un mouvement de rotation très prononcée. Outre un choc au départ, qui peut être cause d'une irrégularité du tir, il en résulte, entre ce projectile et la bouche à feu, une pression réciproque assez prononcée. Or cette pression a besoin d'être maintenue dans certaines limites ; on peut donc être obligé de renoncer à donner au projectile la vitesse de rotation la plus convenable, ce qui constitue un autre grave inconvénient. Ce genre de rayures se prête d'ailleurs mal à la production des grandes vitesses, que tous les artilleurs recherchent aujourd'hui ; aussi n'est-il plus guère usité que dans la

---

1. L'invention de la rayure est de beaucoup antérieure aux travaux de Robins. Dès l'an 1498, Gaspard Zollner faisait des rayures droites ; Koller de Nuremberg pratiquait, en 1520, divers systèmes de rayures inclinées sur l'axe de la pièce.

fabrication des armes portatives. Aujourd'hui, pour les bouches à feu, on donne la préférence aux rayures *progressives*, c'est-à-dire dans lesquelles le pas de l'hélice directrice va diminuant progressivement du fond à la bouche de l'âme. Au lieu d'être, comme au cas précédent, une ligne droite, le développement de cette hélice est une ligne courbe (arc de parabole, arc de cercle ou d'ellipse, etc.). Son inclinaison sur la génératrice de l'âme, faible à l'origine et même quelquefois nulle (lorsque l'arc de courbe est tangent à la génératrice en ce point), croît progressivement jusqu'à la bouche, ou, tout au moins, jusqu'à une faible distance de la dite bouche. Cette propriété permet de donner de ce genre de rayure une définition simple qui peut s'exprimer ainsi : *La rayure progressive est celle dont l'inclinaison sur la génératrice de l'âme croît progressivement de la culasse à la bouche du canon.*

Pratiquement, la rayure progressive offre d'incontestables avantages. Le projectile n'a point à subir au départ la pression et le choc signalés plus haut. Il commence son mouvement dans le sens même de l'axe de la bouche à feu, et n'est que progressivement animé d'un mouvement de rotation, mouvement dont la vitesse va croissant avec l'inclinaison de la rayure sur la génératrice. De la sorte, il suffit que l'inclinaison finale de cette rayure corresponde à la vitesse de rotation la plus convenable pour que le projectile possède cette vitesse à sa sortie de l'âme.

On distingue aujourd'hui nombre de modes d'emploi des rayures. Ceux qu'il importe le plus de connaître sont de deux types : les systèmes à *ailettes* et les systèmes à *forcement*. Dans les premiers canons rayés de l'artillerie française, le projectile était dirigé par un ensemble de petits tenons appelés *ailettes*, disposés en couronnes à sa surface, de manière à pouvoir s'engager, par groupes, dans les rayures de la bouche à feu. Ce dispositif porte le nom de *système à ailettes*. Ultérieurement, le fait de l'adoption du chargement par la culasse a permis d'organiser toutes les armes rayées de manière à obtenir le *forcement* des projectiles.

Dans les armes portatives, la mise en mouvement de la balle, faite d'un métal relativement mou, ne réclamait l'adjonction d'aucun organe spécial; pour les projectiles de l'artillerie, qui sont en fonte, il n'en était pas de même. La fonte est un métal trop dur pour que l'on puisse obtenir un forcement sans recourir à l'emploi d'un intermédiaire malléable. Cela étant, on eut d'abord l'idée de revêtir le projectile d'une chemise de plomb — allant de la naissance de l'ogive au culot — et de donner à certaines parties de cette chemise un diamètre au moins égal à celui de l'âme au fond des rayures. Ainsi *emplombé*, le projectile est introduit, par l'arrière de la pièce, dans une chambre lisse, reliée à la partie rayée par un raccordement tronconique. Lors de la mise du feu, qu'arrive-t-il? Les cloisons mordent dans la chemise et en entament le métal; obligé dès lors de conformer son mouvement au tracé des rayures, le projectile prend autour de son axe la rotation voulue. Au cas où l'on adopte ce système, il convient de ne pas exagérer la profondeur des rayures; mais, attendu que le projectile est d'autant mieux guidé que les surfaces mordues par les hélices directrices sont plus considérables, on a pensé devoir multiplier le nombre desdites rayures. Le profil le plus simple qu'on leur puisse donner est le profil rectangulaire avec arrondissement des angles.

Ce mode de forcement par emplombage ne comporte évidemment pas la rayure progressive. Les bouches à feu françaises auxquelles il a été adapté présentent des rayures dont la profondeur va diminuant de la culasse à la bouche, et qui sont *cunéiformes*, c'est-à-dire en forme de coin.

Plus tard, lorsqu'on se fut imposé la condition des grandes vitesses initiales, on ne tarda pas à reconnaître qu'une enveloppe de plomb était incapable de résister aux énormes pressions que le projectile allait être obligé de supporter. Il fallut chercher un métal plus résistant et, en même temps, un dispositif qui permît l'emploi de la rayure progressive, reconnue indispensable. Dans cet ordre d'idées, on a substitué à la chemise de plomb un système de deux ceintures. L'une, disposée à la naissance de l'ogive et formée d'une simple surépaisseur de fonte, est destinée à servir d'appui à la partie antérieure de l'obus; l'autre, ménagée à la partie postérieure et faite d'un anneau de cuivre rouge encastré dans le métal même du projectile, est d'un diamètre plus grand que celui de l'âme au fond des rayures. Lors de la mise du feu, cette ceinture est entamée par l'acier de ces rayures. Guidé par les cloisons incrustées dans le cuivre, le projectile ne peut avancer qu'en tournant autour de son axe; il prend ainsi le mouvement de rotation qui doit assurer la régularité de sa marche dans l'air. On comprend aisément qu'un pareil système exige impérieusement, pour la bouche à feu, l'emploi d'un métal plus dur et plus résistant que le bronze. Telle est en effet l'une des raisons qui ont conduit à l'adoption de l'acier comme métal à canons.

Les systèmes à forcement comportent : un meilleur centrage du projectile et la suppression des irrégularités de son mouvement dans l'âme, d'où résulte une plus grande justesse du tir; — une meilleure utilisation des effets de la poudre, puisque toute déperdition des gaz provenant de la déflagration est rendue impossible du fait de la suppression complète du vent; de là de plus grandes portées; — une organisation plus rationnelle des rayures, attendu que, en supprimant le choc du projectile au départ, on détruit les réactions nuisibles. Enfin, du fait d'un emploi de rayures plus nombreuses et, par suite, moins profondes, résulte un moindre affaiblissement de la bouche à feu.

Les avantages de l'emploi des systèmes à forcement sont donc, à tous égards, incontestables.

CHAPITRE IV

TIR DES BOUCHES A FEU RAYÉES

SOMMAIRE. — Ligne de mire *naturelle*. — Portée de « but en blanc ». — Lignes de mire *artificielles*. — Hausses des anciens canons lisses. — Hausse des premiers canons rayés. — Hausses médiane et latérale. — Hausse latérale des canons actuellement en service. — Niveau de pointage. — Genres de tirs divers : tirs *de plein fouet, plongeant, vertical, en brèche, de démolition, de rupture, à démonter, à ricochet, roulant, d'enfilade, en écharpe*. — Coups *de revers*. — Coups *à dos*. — Tables de tir. — Causes d'irrégularité du tir.

On appelle *ligne de mire naturelle* la ligne que détermine un rayon visuel passant par le cran de culasse et un autre cran pratiqué près de la bouche. L'angle que cette direction forme avec la ligne de tir est dit *angle de mire naturelle*, attendu qu'il résulte naturellement de ce que l'épaisseur de la pièce est plus grande à la culasse qu'à la bouche. (Voy. la fig. 26.)

Le trajectoire coupe deux fois la ligne de mire supposée horizontale : une première fois, en un point A situé un peu en avant de l'extrémité antérieure du canon ; une seconde fois, en un point B dont la distance à la bouche est ordinairement dite *portée de but en blanc*.

Dans l'hypothèse, que nous avons admise, d'une ligne de mire naturelle tenue horizontale, l'angle de mire naturel n'est autre chose que l'angle de tir, ci-dessus défini. Or on sait que, lorsque cet angle est constant, la portée croît avec la vitesse initiale. On est donc autorisé à dire que, pour une arme donnée, la portée du but en blanc est d'autant plus grande que cette vitesse est elle-même plus considérable.

Cependant, quoi qu'on fasse, ladite vitesse a sa limite. Il semble au premier abord que, celle-ci une fois fixée, on ne puisse atteindre un but situé à plus grande distance que la portée du but en blanc correspondant à ladite limite. C'est effectivement ce qui se produirait si l'on n'employait d'autre ligne de visée que celle qu'on désigne sous le nom de *ligne de mire naturelle*. Mais on sait, d'autre part, que, pour une même vitesse initiale, la portée croît avec l'angle de tir. Comment augmenter l'amplitude de celui-ci ? Il suffit évidemment de substituer à la *ligne de mire naturelle* une ligne de visée faisant avec l'axe de la bouche à feu un angle plus grand que l'angle BAZ. De là l'idée des *lignes de mire artifi-*

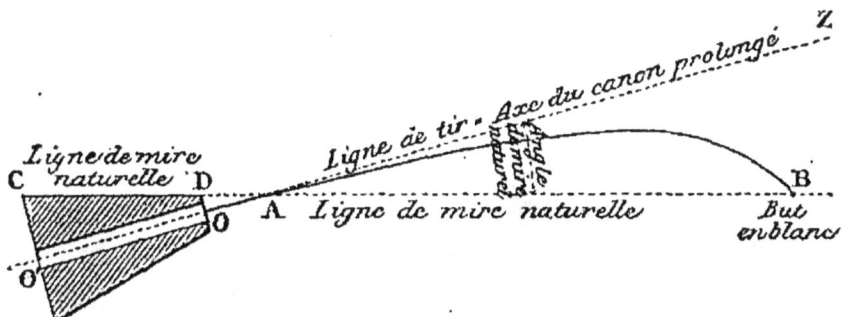

Fig. 26. — Ligne de mire *naturelle* et Portée de but en blanc.

cielles employées aujourd'hui dans les armes de guerre. Pour atteindre un but placé à une distance de la pièce supérieure à la portée du but en blanc, il suffira de substituer au cran de mire C un cran C' (fig. 27) plus élevé que le premier par rapport à la ligne de tir. La distance CC' de ces deux crans constitue ce qu'on appelle la *hausse pratique* de l'arme considérée.

Nos anciens canons lisses étaient pourvus de hausses. Méthodiquement disposée à l'arrière de la *plate-bande de culasse* — de manière que son cran de mire correspondît à une entaille pratiquée sur la génératrice postérieure de cette plate-bande — la hausse du canon lisse donnait une ligne de mire naturelle déterminée par ce cran de mire et un second cran de même profil, taillé dans le *bourrelet en tulipe*. A cette ligne de mire naturelle correspondait une *portée de but en blanc*. En levant la hausse, qui glissait à volonté dans un canal et pouvait se maintenir à la hauteur voulue, on élevait le cran de mire postérieur, et l'on obtenait ainsi des *lignes de mire artificielles*. Le projectile n'étant animé d'aucun mouvement de rotation initiale, il ne se produisait aucune « dérivation » et, par suite, il n'y avait, à cet égard, nul besoin d'un appareil correcteur. Les hausses des canons lisses ne correspondaient, d'ailleurs, qu'à de faibles portées, — six ou huit cents mètres, au maximum.

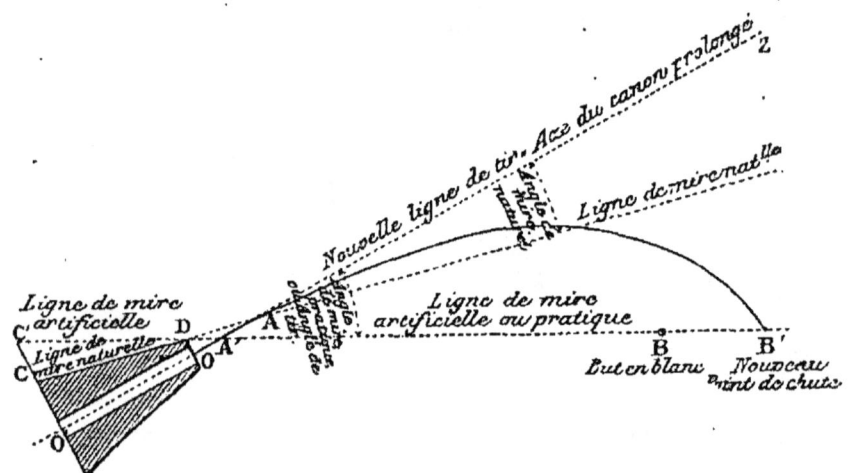

Fig. 27. — Lignes de mire *naturelle* et *artificielle*.

Les hausses des canons rayés devant satisfaire à d'autres conditions, il fallait imaginer un dispositif en harmonie avec les grandes portées qu'on en pouvait obtenir ; il fallait corriger la dérivation.

Les nouvelles pièces furent d'abord munies d'une hausse placée derrière la culasse. Abaissée dans la coulisse, cette hausse, dite *médiane*, déterminait, par son cran de mire et le cran semblable du bourrelet en tulipe, une *ligne de mire naturelle* analogue à celle des anciens canons lisses. A cette ligne de mire naturelle correspondait la portée du but en blanc.

Mais comme, à raison de sa position même, il eût été

difficile de donner à cette hausse médiane une longueur suffisante à l'exécution d'un tir aux grandes distances, on disposa, sur le côté droit, une seconde hausse qui reçut le nom de *hausse latérale*. Celle-ci fut terminée, à sa partie supérieure, par un œilleton fixe dont le centre, conjugué avec un guidon placé sur le tourillon droit, détermina de nouvelles lignes de mire permettant d'utiliser les grandes portées dont les nouvelles bouches à feu étaient capables.

Pour corriger d'une manière simple la dérivation, on admit que, en la supposant *proportionnelle à la portée*, on ne commettait qu'une erreur négligeable, et l'on se contenta d'incliner la hausse latérale (de 1/10 ou de 2/25 selon le calibre) à gauche de la verticale[1].

La hausse des canons rayés actuellement en service consiste en une longue tige métallique graduée que l'on peut engager, à volonté, dans un canal ouvert sur l'un des deux côtés de la culasse (fig. 28). Un curseur métallique glisse le long de cette tige et peut s'y fixer en un point quelconque, moyennant le jeu d'une vis de pression. A la partie supérieure de la tige est adaptée une petite planchette, dite *des dérives*, qu'un pignon permet de faire mouvoir sur la droite ou la gauche. La planchette des dérives porte un *œilleton* dont le centre fait fonction de premier point de la ligne de mire ; le second point est déterminé par le cran d'un guidon annexé au tourillon situé du côté de la hausse. Les divisions dont l'opérateur doit se servir sont indiquées, pour chaque distance, par des *Tables de tir* dont il sera parlé ci-après.

Quand le but à atteindre n'est point visible et que sa distance excède la limite qui correspond à la longueur nécessairement restreinte de la hausse, on donne à la bouche à feu l'inclinaison voulue moyennant l'emploi d'un *niveau de pointage* (fig. 29). Cet appareil, dont le jeu est facile à comprendre, s'applique par sa base sur une

---

1. Les canons modèle 1858 étaient rayés *à droite* ; la dérivation s'effectuait, par conséquent, vers la droite.

petite table pratiquée, pour le recevoir, sur la génératrice supérieure de la culasse.

On appelle tir *de plein fouet* le tir direct, exécuté avec la charge *maxima*, désignée le plus souvent sous le nom de *charge normale*, c'est-à-dire avec la quantité de poudre

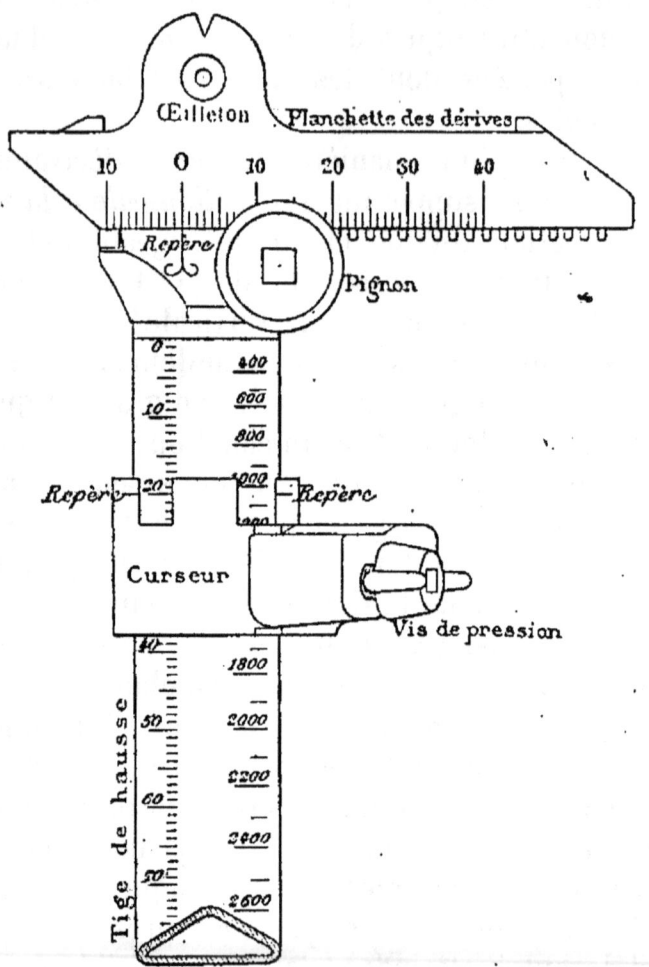

Fig. 28. — Hausse des canons rayés actuellement en service.

contenue dans les gargousses qui forment l'approvisionnement réglementaire de la bouche à feu considérée.

Le *tir plongeant*, qui s'exécute avec de faibles charges, est celui dans lequel la trajectoire affecte une courbure prononcée, et le projectile est animé de peu de vitesse. La justesse et les effets destructeurs de ce projectile sont alors moindres que dans le cas du tir à fortes charges; mais ou peut ainsi atteindre des buts invisibles, qu'on ne saurait frapper de plein fouet.

Dans le *tir vertical*, le projectile, lancé suivant une direction ascendante franchement dessinée, s'élève à grande hauteur et vient tomber sur le but suivant une direction qui se rapproche de la verticale. Il est alors capable d'effets d'écrasement.

L'exécution d'un *tir en brèche* permet à l'artillerie de rui-

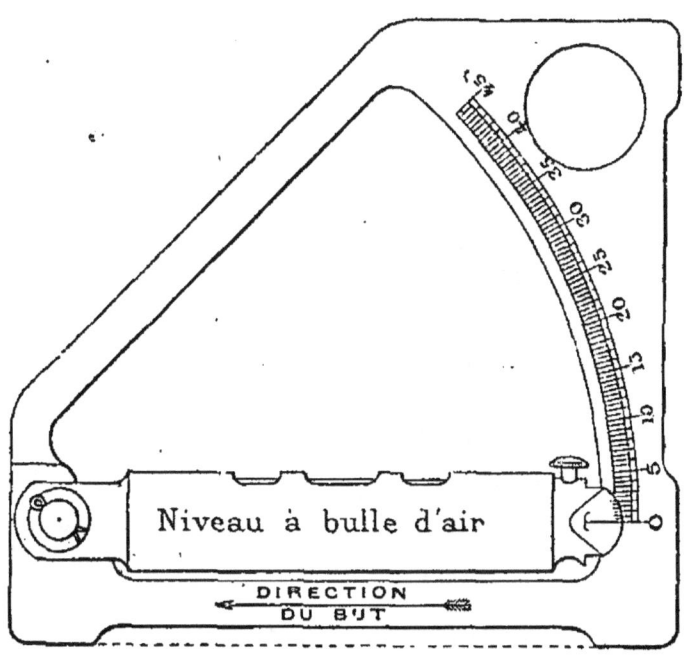

Fig. 29. — Niveau de pointage.

ner un mur d'escarpe, moyennant l'ouverture méthodique de trois coupures de la maçonnerie — dont deux verticales; et la troisième, horizontale, sécante des deux premières.

Quand il est impossible de procéder ainsi par voie de coupures régulières, et qu'on est réduit à l'unique recours au tir plongeant, on exécute un *tir de démolition* sur toute la surface de la maçonnerie à détruire; on crible cette surface de projectiles jusqu'à ce qu'on soit parvenu à la perforer, à la renverser.

Le *tir de rupture*, visant la destruction des cuirasses

métalliques, est exécuté par des bouches à feu de gros calibre, munies de projectiles spéciaux.

Au cours d'une guerre de siège, il est certaines batteries qui reçoivent spécialement mission de ruiner l'artillerie de la place attaquée. En conséquence, elles dirigent leurs projectiles exclusivement sur les pièces de place fonctionnant à ciel ouvert. Ce genre de tir est habituellement désigné sous le nom de *tir à démonter*.

On appelle *tir à ricochet* celui dans lequel on utilise les bonds qu'un projectile peut faire au-dessus du sol après l'avoir, une première fois, touché. Ce tir s'employait souvent, même sur les champs de bataille, alors qu'on faisait usage de boulets sphériques, lesquels rebondissaient d'une façon à peu près régulière. Il est tombé en désuétude à raison de l'irrégularité des bonds des projectiles oblongs.

Autrefois, les gros projectiles sphériques creux — qu'on appelle *bombes* — étaient assez souvent lancés sous de très faibles charges, de manière à *rouler* simplement sur le sol. Eu égard à leur faible vitesse, ils ne pouvaient alors pénétrer les aspérités qu'ils rencontraient sur le terrain et les gravissaient en grimpant. Ils passaient ainsi par-dessus la crête des ouvrages et venaient éclater sur les terre-pleins. Ce genre de tir, dit *roulant*, est abandonné aujourd'hui.

Pour l'exécution du tir plongeant ordinaire, l'artillerie se place, quand elle le peut, sur le prolongement des faces des ouvrages attaqués, de manière à les *enfiler*; elle exécute alors ce qu'on appelle un *tir d'enfilade*.

Quand il lui est impossible de s'établir sur le prolongement même de ces faces, elle fait en sorte de se rapprocher le plus possible de cette direction, de manière à les prendre de biais. Elle exécute alors ce que l'on nomme un *tir d'écharpe*.

Si elle peut, au contraire, dépasser le prolongement de la face visée, on dit qu'elle prend celle-ci *à revers*. Lorsqu'une face est battue tout à fait par derrière, elle est dite prise *à dos*.

Pour chaque bouche à feu, et même pour chaque genre de tir de la bouche à feu considérée, les éléments du tir sont donnés par des tableaux à double entrée, désignés sous la dénomination générique de *tables de tir*. Voici, à titre d'exemple, un fragment de la table donnant tous les éléments du tir de plein fouet du canon de 90, de campagne, actuellement en service en France.

Le sous-titre de cette table indique la charge normale correspondant au tir de plein fouet, le poids du projectile et la vitesse initiale[1].

---

[1]. L'expression *vitesse initiale de 455 mètres* signifie que le projectile devrait parcourir 455 mètres durant la première seconde, comptée à partir de sa sortie de l'âme, si rien ne venait s'opposer à son libre mouvement. On sait qu'il subit, dès sa sortie, l'effet de la résistance de l'air, etc.

TABLES DE TIR DU CANON DE 99ᵐᵐ (MODÈLE 1877),

TIR DE PLEIN FOUET.

Charge : 1ᵏᵍ,900. — Poids du projectile : 8 kil. — Vitesse initiale : 455 m.

PORTÉES	HAUSSES	DÉRIVES	ANGLES de TIR	ANGLES de CHUTE	VITESSES RESTANTES	DURÉE DU TRAJET	DÉRIVATIONS	FLÈCHES MAXIMA de la trajectoire	ZONES dangereuses pour Inf⁽ᵉ⁾ 1.80	ZONES dangereuses pour Cav⁽ⁱᵉ⁾ 2.50	ÉCARTS PROBABLES en PORTÉE	ÉCARTS PROBABLES en DIRECTION	ÉCARTS PROBABLES en HAUTEUR
mèt.	mil.	mil.			mèt.	sec.	mèt.	mèt.	mèt.	mèt.	mèt.	mèt.	mèt.
100	2.0	0.0	0°10'	10'	445	0.25	»	»	100	100	8.0	0.0	0.0
200	0.0	0.0	0°00'	20'	430	0.45	»	»	200	200	8.0	0.0	0.0
300	2.0	0.5	0°10'	30'	419	0.70	»	»	300	300	8.0	0.1	0.1
400	4.0	0.5	0°20'	40'	409	0.95	»	»	400	400	8.0	0.1	0.1
500	6.0	0.5	0°30'	55'	400	1.25	0.5	2.1	165	300	8.0	0.1	0.1
600	8.5	0.5	0°40'	1°05'	392	1.50	»	»	115	190	8.0	0.1	0.2
700	11.0	0.5	0°50'	1°20'	584	1.75	»	»	85	134	8.1	0.2	0.2
800	13.5	0.5	1°00'	1°35'	575	2.05	»	»	70	100	8.1	0.2	0.2
900	16.0	0.5	1°10'	1°50'	567	2.30	»	»	61	86	8.1	0.2	0.3
1000	19.0	1.0	1°20'	2°05'	360	2.60	0.7	8.5	54	76	8.1	0.2	0.3
1100	22.0	1.0	1°35'	2°20'	353	2.9	»	»	48	67	8.2	0.3	0.3
1200	25.0	1.0	1°45'	2°35'	347	3.2	»	»	43	59	8.2	0.3	0.4
1300	28.0	1.0	2°00'	2°50'	341	3.5	»	»	38	53	8.3	0.3	0.4
1400	31.0	1.0	2°10'	3°10'	336	3.8	»	»	34	48	8.3	0.4	0.5
1500	34.0	1.0	2°25'	3°25'	330	4.1	1.8	19.5	31	44	8.4	0.4	0.5
etc.	etc.	etc.	etc.	etc.	etc.	etc.	etc.	etc.	etc.	etc.	etc.	etc.	etc.

La première colonne — placée sous la rubrique *portées* — expose une série de distances du but à atteindre, échelonnées de cent en cent mètres.

Les deuxième et troisième colonnes — respectivement intitulées *hausses* et *dérives* — expriment en millimètres les valeurs qu'il convient de donner à la hausse et à la dérive, à l'effet d'obtenir la ligne de mire correspondant à chacune de ces portées.

La quatrième colonne indique les *angles de tir* qu'il faut employer pour les mêmes distances, lorsque l'inclinaison à faire prendre à l'axe de la pièce doit être obtenue par le moyen du niveau de pointage.

La cinquième colonne donne les *angles de chute* correspondant aux divers angles de tir qui figurent dans la quatrième; c'est-à-dire, pour chaque cas particulier, l'angle sous lequel le projectile rencontre l'horizon à la distance inscrite en regard dans la première colonne. Cette indication est souvent des plus précieuses.

La sixième colonne porte indication des *vitesses restantes* aux diverses distances. Ce document a aussi sa valeur. La pénétration du projectile ou l'ébranlement qu'il produit dépendent, en effet, de la vitesse qu'il possède au moment de son choc contre l'obstacle à renverser ou seulement à perforer.

La septième colonne fait connaître la *durée du trajet* pour chaque distance du but. Cet élément du tir est surtout intéressant à consulter alors qu'on fait usage de fusées *à temps*.

La huitième colonne expose les valeurs de la *dérivation du projectile* correspondant respectivement aux portées de la première colonne.

La neuvième colonne donne les *flèches de la trajectoire*. Outre qu'elle fournit des renseignements sur la forme de la trajectoire moyenne correspondante, cette indication peut servir à l'officier qui conduit le tir d'une batterie, entre laquelle et le but à atteindre se trouvent des troupes amies — ce qui est le cas du champ de bataille.

Les dixième et onzième colonnes indiquent l'étendue des *zones dangereuses* pour l'infanterie et la cavalerie *en avant* du point de chute; mais il est essentiel d'observer que, du fait de l'éclatement des projectiles, il est aussi une zone dangereuse en deçà de ce point.

Sous la rubrique *écarts probables* en portée, en direction, en hauteur, les douzième, treizième et quatorzième colonnes donnent des renseignements qui sont de la plus haute importance pour la conduite du tir. Elles ont été déduites — par le calcul — de la connaissance des *écarts moyens* correspondants. Le calcul des probabilités établit, en effet, que si l'on multiplie l'écart moyen — calculé à l'aide d'un très grand nombre de coups — par le coefficient 0,845, le résultat obtenu représente l'écart qu'on ne dépassera qu'une fois sur deux, au cours d'un tir de longue durée.

Lorsqu'on lit, par exemple, dans la douzième colonne, intitulée *écarts probables en portée*, le nombre $8^m,4$ (en regard de la portée 1500 mètres, inscrite dans la première colonne), il faut entendre que, si l'on tire — avec la hausse correspondante à cette portée — un très grand nombre de coups, la moitié des points de chute seront compris entre deux lignes parallèles tracées, perpendiculairement à la ligne de tir, sur le sol supposé horizontal : l'une à $8^m,4$ en avant; l'autre à $8^m,4$ en arrière du point moyen.

De même lorsque, pour la distance considérée, on lit dans la treizième colonne, intitulée *écarts probables en direction*, le nombre $0^m,4$, cela signifie que si l'on tire, dans les conditions qui viennent d'être indiquées, un très grand nombre de coups, la moitié des points de chute — 50 pour 100 — seront compris entre deux lignes parallèles à la ligne de tir, tracées sur un sol horizontal : l'une, à $0^m,4$ à droite; l'autre, à $0^m,4$ à gauche du point moyen.

Si donc on considère le rectangle formé par les deux perpendiculaires et les deux parallèles à la ligne de tir, tracées de la sorte autour du point moyen, le quart des points de chute, — 25 pour 100 — seront compris dans l'intérieur de ce quadrilatère.

Une explication analogue s'applique à l'*écart probable en hauteur* inscrit dans la quatorzième colonne.

Toutes ces indications ont, on le conçoit, leur importance au point de vue du succès de l'opération dite *réglage du tir*.

Les causes d'irrégularité du tir des bouches à feu sont

essentiellement diverses. D'abord, elles peuvent provenir de la constitution ou de l'état de la pièce. Celle-ci peut être, en effet, soit affectée de certains vices de construction, soit détériorée du fait d'un service prolongé ou d'un mauvais entretien ; soit encrassée par les résidus de la déflagration des poudres.

Le poids de la charge enfermée dans la gargousse n'est pas absolument constant ; cette charge peut être plus ou moins humide ; la poudre dont elle est formée peut être de grain plus ou moins gros. Le poids du projectile est sensiblement variable ; son centre de gravité se trouve placé plus ou moins excentriquement par rapport à l'axe.

Autant de causes d'irrégularité.

L'opérateur peut commettre des erreurs de pointage dues à des jeux de lumière et au peu de netteté qu'affecte souvent le but à atteindre.

Le canon peut prendre une position incorrecte. Il suffit, pour cela, qu'une des roues de l'affût pose sur un sol qui ne soit pas de niveau avec celui qui échoit à l'autre roue ; le coup est, en ce cas, dévié du côté de la roue la plus basse. La résistance plus ou moins grande du terrain sur lequel repose la crosse de l'affût donne lieu à des angles de relèvement très variables.

Nombre de causes d'irrégularité proviennent aussi d'influences extérieures, de l'état du milieu dans lequel se meut le projectile. Le fait de l'action d'un vent latéral régulier ne constitue pas, à proprement parler, une cause d'irrégularité, mais plutôt une cause de déviation générale dont il est possible de combattre l'influence ; mais, abstraction faite de cette déviation générale, il faut considérer que, d'un coup à l'autre, l'intensité du déplacement latéral dû à l'influence du vent est variable et que, par suite, le mouvement de l'air est aussi une cause réelle d'irrégularité du tir.

Enfin, au cours d'un tir prolongé, la température ambiante et la pression barométrique peuvent subir des variations. Et de ce chef il peut résulter [des irrégularités sensibles.

En somme, en ce qui concerne le tir des bouches à feu, il faut admettre une éventualité d'écarts continuels entre les trajectoires successivement obtenues avec une même pièce tirant dans les mêmes conditions. Ce n'est donc qu'à une *trajectoire moyenne* entre toutes ces trajectoires que peuvent se rapporter les éléments que l'on détermine à l'avance avec tant de soin, pour fournir au praticien le moyen de tirer bon parti de sa bouche à feu.

Quant aux causes de déviation générale qui se prononcent indépendamment de toutes les causes d'irrégularité du tir, c'est à l'opérateur qu'il appartient de les bien reconnaitre et d'y remédier par des procédés convenablement choisis. Ce ne sont point là des éléments d'infériorité réelle pour un tireur intelligent et adroit; si ces déviations sont bien déterminées, il lui est possible d'obtenir de son arme un sérieux effet utile.

Là est le talent de l'artilleur.

QUATRIEME PARTIE

TEMPS DE L'EMPLOI DES BOUCHES A FEU RAYÉES

CHAPITRE I

MISE EN SERVICE DES PREMIÈRES PIÈCES RAYÉES

Sommaire. — Le général Treüille de Beaulieu. — Canon de 4 rayé, de campagne, modèle 1858. — Campagne d'Italie de 1859. — Sensation prolongée en Europe. — Les canons Krupp à l'Exposition universelle de 1867. — La France se laisse singulièrement distancer dans la voie du progrès. — Supériorité du matériel prussien au moment de notre déclaration de guerre. — La guerre de 1870-71. — Matériel français. — Canons rayés de 8 et de 12. — Canons à balles. — Mitrailleuse de Reffye. — Canon de 7, modèle de Reffye. — Reconstitution de notre matériel après la guerre. — Parti qu'on tire alors des pièces de 7 fabriquées par l'industrie privée. — Canon de 5, système de Reffye. — Canon de 95, ou « de grande réserve », système Lahitolle. — Cet armement nous assure, pour un temps, quelque sécurité.

C'est à l'année 1857 qu'il faut rapporter l'aurore d'une période historique qui demeurera fameuse dans les fastes de l'artillerie française. C'est alors, en effet, que se produit au grand jour le glorieux résultat des beaux travaux de Treüille de Beaulieu.

Né le 7 mai 1809, à Lunéville décédé à Paris le 24 juillet 1886, Treüille de Beaulieu[1] (Antoine-Hector-

---

1. Le portrait que nous donnons page 115 (fig. 50) est la reproduction d'une photographie exécutée vers l'année 1860, alors que l'illustre inventeur était colonel d'artillerie.

Thésée) était, en 1840, capitaine d'artillerie quand il créa de toutes pièces une machine à rayer les canons de fusil.

Interprétant avec sagacité les résultats de quelques expériences, il adresse, en 1842, au ministre de la guerre un Mémoire exposant une ingénieuse théorie de la rayure, et dans lequel se trouvent en germe la plupart des brillantes inventions dont il doit être ultérieurement l'auteur. Il y préconise déjà l'adoption du système de *fermeture à vis* qui prévaut aujourd'hui et l'idée des *volées ajourées*, c'est-à-dire méthodiquement perforées de trous, — idée qui semble devoir devenir singulièrement féconde. Devançant hardiment son temps, Treüille posait, dès 1856, en principe, que l'acier, considéré comme métal à canons, devait nécessairement se substituer au bronze; que, si l'on voulait obtenir de grandes vitesses initiales, il était indispensable de doter les bouches à feu d'une grande longueur d'âme.

Le problème de l'application des rayures à l'organisation des bouches à feu ne cessait d'être l'objet des méditations de ce chercheur persévérant. Aussi est-ce à lui qu'on eut recours en 1855, alors que, le siège de Sébastopol traînant en longueur, on comprit la nécessité de faire jouer des canons plus puissants que ceux qui se trouvaient en service. S'étant mis incontinent à l'œuvre, Treüille produisit d'urgence deux pièces de 16, dont le tir accusa la remarquable puissance; puis soixante pièces de 24, destinées au bombardement de Kronstadt. Tout ce matériel était prêt, on allait l'embarquer, quand la paix intervint.

Treüille reçut alors mission de procéder à la fabrication d'un matériel d'artillerie rayée *de campagne*, et aussi d'un matériel *de montagne*. Aux premiers jours de 1857, une batterie de montagne, qui venait d'être parachevée, était dirigée en toute hâte sur Alger et, de là, contribuait puissamment à la répression rapide de l'insurrection de Kabylie. Une autre batterie était, en même temps, embarquée à Brest à destination de la Cochinchine. En 1858, la plus grande activité présidait à la fabrication du nouveau matériel de campagne; l'année suivante, c'est à l'emploi de ces pièces rayées, de 12 et de 4, que furent dus, pour la majeure part, nos succès de la guerre d'Italie.

A la même époque, l'infatigable Treüille trouvait le

Fig. 50. — Treüille de Beaulieu.

moyen de renforcer les canons *en fonte* de la marine par l'emploi d'un système de frettage qui est aujourd'hui d'usage courant. Concurremment, il créait un canon *tout en acier*, renforcé de frettes du même métal. Cette pièce tirait *à forcement* un projectile capable de percer, à la distance de mille mètres, des cuirasses de dix centimètres d'épaisseur — épaisseur alors considérée comme maximum possible. Cette pièce de grande puissance, les ouvriers de Rive-de-Gier la baptisèrent *Marie-Jeanne*, et c'est sous ce nom d'atelier qu'elle est restée célèbre.

Cependant les succès de notre campagne d'Italie avaient eu en Europe un long retentissement. Toutes les puissances voulurent avoir des canons *rayés* « à la Treüille de Beaulieu », et l'Allemagne, qui avait ses desseins, n'hésita pas à en commander d'urgence un grand nombre. Les ateliers de M. Krupp ne mirent plus dès lors aucune borne au développement de leur activité fiévreuse. Dix ans plus tard, la guerre éclatait. Nos envahisseurs arrivaient appuyés d'un matériel de campagne frappé à l'image du type français, mais en acier, tandis que, ayant méconnu la valeur des principes si féconds posés par le grand artilleur, notre gouvernement n'avait que des pièces en bronze, et en quantité insuffisante. A l'heure de la déclaration de guerre, le général Treüille de Beaulieu commandait l'artillerie à Douai. Un sentiment patriotique lui fit retrouver son ardeur juvénile; il réussit à constituer, en quelques mois, un matériel considérable qui rendit grand service à notre armée du Nord et dont l'ennemi lui-même apprécia la valeur

Treüille est, en outre, l'inventeur de nombre d'appareils remarquables, tels qu'un mousqueton de cavalerie se chargeant par la culasse et le célèbre fusil des Cent-gardes. L'artilleur était, d'ailleurs, doublé d'un mécanicien, d'un savant. On lui doit, par exemple, une excellente théorie de de la turbine, genre de moteur encore peu répandu à l'époque où, jeune capitaine d'artillerie, il en faisait prévaloir l'usage à la manufacture d'armes de Châtellerault.

Le nom du général Treüille de Beaulieu ne doit point tomber dans l'oubli : c'est celui d'un soldat qui a bien mérité de la France.

Donc, en 1857, apparaît le canon de 4, rayé, de *campagne*. Assez légère pour être trainée par quatre chevaux, cette pièce, encore *en bronze*, était du calibre de

86 millimètres et demi. Rayée « à droite » (six rayures à pas constant) et se chargeant par la bouche, elle tirait, à la charge normale de 550 grammes de poudre, un projectile pesant environ 4 kilogrammes, dont la vitesse initiale était de 343 mètres, et la portée maxima de 3^{km},200. Lançant, d'ailleurs, trois espèces de projectiles : un obus *ordinaire*, un obus à *balles* et une *boîte à mitraille*, elle fut dite bouche à feu modèle 1858 (Voy. la fig. 31).

Pourquoi faut-il que, après ses succès de la campagne d'Italie, la France se soit endormie sur un lit de feuilles

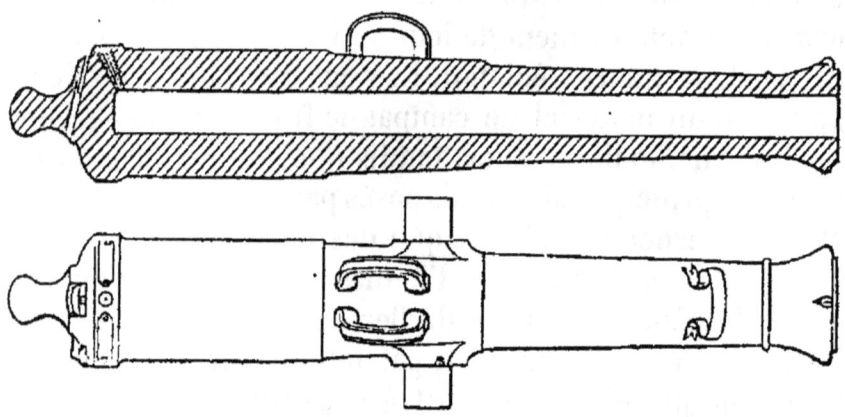

Fig. 31. — Canon de 4, rayé, *de campagne*, modèle 1858.

de laurier? Pourquoi s'est-elle arrêtée dans la voie qu'elle avait si brillamment ouverte?

La Prusse, elle, ne s'arrêtait pas. Munie d'un matériel perfectionné, elle faisait, en 1866, sa campagne de Bohême. En 1867, un de ses industriels, M. Krupp, soumettait à l'examen du jury de l'Exposition universelle des pièces *en acier* dont les propriétés balistiques accusaient déjà certaine supériorité sur notre matériel de 1858. Pourquoi n'avoir pas alors mis fin au temps de stagnation si malheureusement imposé à la fabrication française? Le regretté maréchal Niel avait compris qu'il fallait, à tout prix, se remettre à l'œuvre interrompue, imprimer une activité nouvelle aux travaux de nos ateliers, mais ses efforts furent, à cet égard, impuissants. Il fallait au ministre un crédit de *cent millions* pour la transformation de notre artillerie *lisse* en artillerie *rayée*. Le Corps Législatif ne consentit qu'une allocation annuelle de *trois cent vingt mille* francs. Un chiffre aussi dérisoire allait singulièrement favoriser l'exécution des projets, déjà non équivoques, d'un peuple ambitieux.

Les Prussiens tressaillirent de joie.

Durant le bref intervalle qui court de 1858 à 1870, ils marchèrent d'un pas rapide dans la voie du progrès, tandis que nous dormions toujours et, lors de la déclaration de guerre, ils avaient un excellent matériel, vis-à-vis duquel notre matériel, à nous, semblait frappé d'une insuffisance absolue. Nous en étions encore au canon de 4, *en bronze*, se chargeant par la bouche, à notre pièce modèle 1858!... Il est vrai de dire que nous avions aussi des canons de 8 et de 12 rayés, de campagne[1]. C'étaient d'anciennes pièces lisses en bronze (modèle 1827) qu'on avait rayées à droite, suivant le système alors en vigueur. Du calibre de $106^{mm},1$ et se chargeant par la bouche, le premier tirait, à la charge de 800 grammes de poudre, un projectile pesant environ 8 kilogrammes, dont la vitesse initiale était de 330 mètres, et la portée maxima de $3^{km},400$. Du calibre de $121^{mm},3$, se chargeant aussi par la bouche, le second tirait, à la charge d'un kilogramme de poudre, un projectile du poids de 12 kilogrammes, dont la vitesse initiale était de 288 mètres, et la portée maxima de 3 kilomètres. Les deux pièces lançaient, d'ailleurs, trois sortes de projectiles : l'obus *ordinaire*, l'obus à *balles* et la boite à mitraille. Somme toute, redisons-le bien haut, à raison de l'inintelligente parcimonie du législateur, notre matériel d'artillerie était alors, vis-à-vis du matériel prussien, dans un état d'infériorité flagrante. Or nos envahisseurs savaient à quoi s'en tenir à cet égard. « Dans la campagne de 1870, dit le prince de Hohenlohe[2], l'artillerie prussienne se trouva,

---

1. Nous n'entendons parler ici que du matériel d'artillerie de campagne. Observons néanmoins qu'il fut alors aussi procédé, suivant le même principe, au rayage de l'ancien canon de 24, de place.

2. *Lettres sur l'Artillerie*, lettre II.

au début, dans une situation matérielle très favorable vis-à-vis de l'artillerie ennemie. En effet, toutes les pièces prussiennes étaient rayées et, en outre, construites conformément aux progrès techniques et aux inventions les plus récentes. Les pièces françaises, au contraire, étaient encore ces vieux canons de bronze à âme lisse, transformés d'après le système Lahitte. Cette transformation constituait, en quelque sorte, un palliatif; on avait fait, avec ces pièces, des canons qui n'étaient ni chair ni poisson. Mais on l'avait élevée à la hauteur d'un système et l'on conservait ces pièces parce que, dans la guerre de 1859, on en avait obtenu de bons résultats. Or leur tir était bien plus mauvais que celui des canons autrichiens en 1866. »

Outre les pièces dont il vient d'être fait mention, notre matériel d'artillerie de campagne comprenait certain nombre de *canons à balles* ou *mitrailleuses* du système de Reffye.

Ce nom, que nous avons déjà inséré en cette étude[1], est celui d'un officier d'artillerie à qui il a été donné de rendre à son pays de signalés services. A tous égards, l'habile et dévoué serviteur a droit à une place de premier rang dans notre galerie d'artilleurs célèbres. (Voy. la fig. 52.)

Né à Strasbourg le 30 juillet 1821, décédé à Versailles le 5 décembre 1881, Verchère de Reffye (Jean-Baptiste-Auguste-Philippe Dieudonné) était, en 1856, capitaine en second quand il fut appelé à prendre part aux études de bouches à feu qui se faisaient alors à Saint-Thomas d'Aquin. Ses premiers travaux y furent très remarqués. C'est alors que, sur l'avis motivé du général Morin, Napoléon III le prit pour officier d'ordonnance. Ayant fait part à l'empereur de son projet de mitrailleuse, projet depuis longtemps élaboré, le jeune capitaine fut installé à Meudon et mis à même d'y réaliser sa conception originale. C'est là que, secondé de plusieurs officiers d'élite, il con-

---

1. *Vide supra*, Ire partie, chap. I.

struisit ses premières batteries de mitrailleuses et jeta les bases du projet de son canon de 7. On procédait aux expériences de cette dernière bouche à feu quand éclata la guerre de 1870. Les Prussiens marchaient sur Paris !... Le commandant de Reffye reçut alors du gouvernement de la défense nationale ordre de transférer à Nantes tout l'outillage de ses ateliers de Meudon. La translation effectuée, il créa d'urgence à Nantes — Dieu sait au prix de quels efforts! — de nouveaux ateliers où l'on se mit à fabriquer fiévreusement non-seulement des mitrailleuses, mais encore des canons de 7, des munitions de toute espèce, des artifices, des voitures et jusqu'à des effets de harnachement. L'établissement improvisé réalisait de vrais prodiges[1] quand, sur la fin du mois d'octobre, l'approche des Prussiens le fit abandonner.

Mis derechef en demeure de reculer devant l'invasion menaçante, de Reffye dut diriger sur Tarbes tout son matériel si chèrement acquis, tout son outillage si difficilement organisé. Malgré tout, en dépit d'un concours de circonstances singulièrement défavorables, la nouvelle translation s'opéra dans des conditions satisfaisantes. Le 17 janvier 1871, la nouvelle installation était faite; les nouveaux ateliers fonctionnaient.

A quelques jours de là, les belligérants consentaient, comme on sait, l'armistice.

Cependant ces ateliers de Tarbes, improvisés à la hâte, étaient appelés à se transformer pour constituer ensemble un grand établissement définitif. C'est encore de Reffye qui reçut mission de procéder méthodiquement à cette transformation nécessaire. Là, sans relâche, il créait quantité de bouches à feu nouvelles : canons de 7, canons de 5; il rayait de vieilles pièces lisses telles que l'ancien canon de 16 dont il faisait le 138; il mettait en

---

[1]. Les ateliers de capsulerie, par exemple, étaient arrivés à faire, par jour, jusqu'à 600 000 capsules !... De Nantes, le commandant de Reffye put envoyer à l'armée de la Loire sept ou huit batteries de mitrailleuses et plusieurs batteries de canons de 7.

Fig. 32. — De Reffye.

état les pièces fournies par l'industrie privée au cours de la guerre ; il fabriquait des affûts, des projectiles, des fusées, des gargousses, etc., etc. En 1875, après quatre années de travaux ininterrompus, la France était dotée d'un excellent matériel provisoire et, par conséquent, en mesure de se faire respecter. En présence de ce fait dûment constaté par leurs agents secrets, les Allemands hésitèrent alors à reprendre les hostilités, ainsi qu'ils en avaient si manifestement envie. C'est en partie au zèle du lieutenant-colonel de Reffye que nous devons de n'avoir pas vu recommencer la guerre.

Un ensemble de travaux de cet aloi suffit à faire la gloire d'un homme ; mais nul homme n'est en mesure de résister longtemps aux excès d'une fatigue à la fois intellectuelle et physique. Le général de Reffye était à peine âgé de soixante ans quand il est mort, après avoir sacrifié aux intérêts du pays une large part de son existence[1]. Le pays ne saurait oublier son nom.

Analysons rapidement les propriétés principales du matériel d'artillerie dont il est l'auteur.

Destinée à projeter des balles analogues à celles que lancent les armes portatives, mais à des distances que ne sauraient atteindre le fusil d'infanterie et les boîtes à mitraille, la mitrailleuse de Reffye est un appareil extrêmement ingénieux. Elle est organisée de telle sorte que — le tir ne produisant aucun déplacement du système par suite de la non-simultanéité du départ des différents coups — il n'est pas nécessaire de renouveler le pointage tant que le but ne change pas. C'est un ensemble de vingt-cinq tubes en acier, ouvragés chacun de huit ou dix rayures à pas constant et disposés jointivement sur cinq rangées de cinq. La pièce est établie sur son affût de telle façon que, si l'on fait mouvoir un volant horizontal placé au-dessus de la flèche, on peut lui imprimer, pendant le tir même, un léger mouvement latéral. Lorsque

---

1. De Reffye était usé de fatigues quand il est mort des suites d'une chute de cheval.

le but est rapproché, la dispersion des balles n'étant pas assez considérable, ce mouvement latéral peut l'accroître.

La portée extrême du canon à balles est de 3400 mètres, mais les distances auxquelles le tir de cette bouche à feu est réellement efficace, tout en restant en dehors de la zone des feux de mousqueterie dangereux, sont comprises entre 1200 et 2400 mètres.

Les vingt-cinq coups partent successivement et par rangées horizontales. Dans chaque rangée, les coups se succèdent dans l'ordre suivant à partir de la gauche : 1, 4, 2, 5, 3. L'adoption de cet ordre fait que deux tubes voisins ne s'échauffent pas en même temps et qu'on obtient un refroidissement rapide de chacun des vingt-cinq canons. On procède au tir en faisant faire trois tours et demi à une manivelle adaptée au côté droit de la pièce, et dite « de déclanchement ». Étant donnés des servants exercés, la rapidité du tir peut s'élever à cinq ou six coups, soit un jet de cent vingt-cinq à cent cinquante balles à la minute.

L'ensemble des vingt-cinq balles projetées à la fois forme *gerbe* et le canon est réglé de telle sorte que, à la distance de 500 mètres, il peut envoyer toutes ces balles dans une cible rectangulaire mesurant 4 mètres de haut sur 5 mètres de large. Aux distances de 1400 à 2000 mètres, la gerbe couvre la largeur du front d'un peloton d'infanterie sur une zone d'environ 200 mètres d'épaisseur.

Les munitions se composent de boîtes (en carton et ferblanc) enfermant chacune vingt-cinq cartouches métalliques, disposées de façon à se présenter simultanément aux orifices des vingt-cinq tubes de la pièce. La charge de la cartouche est formée de six rondelles de poudre comprimée, d'un poids total de $12^{gr},6$. Au-dessus de cette charge est étendue une couche de graisse de 11 millimètres d'épaisseur, destinée à lubrifier le canon ; enfin, au-dessus de la couche de graisse, est logée une balle cylindro-conique-ogivale, du poids de $54^{gr},2$.

Bien que ne faisant plus partie du matériel normal de nos corps d'armée, les mitrailleuses peuvent encore rendre de bons services dans certaines circonstances : en campagne, alors qu'il s'agit de battre un défilé; dans la défense des places, s'il faut balayer les fossés d'un ouvrage de fortification.

Nous avons dit que, avant la guerre de 1870-71, de Reffye avait étudié un canon de campagne du calibre de 85 millimètres et se chargeant par la culasse. Cette pièce fut dite *canon de 7 kilogrammes* ou, plus brièvement, *canon de 7*, attendu que son projectile pesait, tout *chargé*, environ 7 kilogrammes. Or, au cours de la guerre, l'industrie privée construisit sur ce modèle quantité de canons[1].

A la paix, notre malheureux pays dut songer à reconstituer d'urgence un matériel d'artillerie réduit, du fait de ses désastres, à des proportions inadmissibles. La situation qui lui était faite par un adversaire encore menaçant voulait, de plus, que la France procédât rapidement à ce travail. Aussi dut-elle improviser un armement de sûreté.

Il était naturel qu'elle cherchât d'abord à tirer parti du stock de canons de 7 fournis par l'industrie nationale ou étrangère. Or ces pièces étaient loin d'être de type uniforme. Les unes étaient en bronze, les autres en acier. D'aucunes avaient été rayées *à droite*; d'aucunes, *à gauche*. Les systèmes de fermeture étaient affectés de différences notables, etc. Les bouches à feu de bronze furent reprises, une à une, à l'atelier de Tarbes et, à part le sens des rayures, habilement ramenées à un modèle unique. Soumises, en 1872 et 1873, à des essais concluants, elles furent adoptées *à titre provisoire*. Les pièces en acier, convenablement frettées, furent également admises à faire partie de l'armement qu'on improvisait. A ces élé-

---

[1]. C'est surtout l'industrie parisienne qui se mit à fabriquer des canons de ce type, sous la direction de quelques officiers d'artillerie qui avaient servi à Meudon, sous les ordres du commandant de Reffye. Ces canons de 7 furent, pour la première fois, essayés sur le plateau de Nogent. Bien que montés sur des affûts ne répondant nullement aux exigences de leur service, ils surprirent et firent reculer quelques batteries prussiennes.

ments on adjoignit, en les répartissant à peu près proportionnellement dans les corps d'armée, ce qui restait de mitrailleuses, système de Reffye. Enfin, l'on adopta, en 1873, un canon dit **de 5** parce que son projectile pesait environ 5 kilogrammes. C'était une bouche à feu en bronze, système de Reffye.

Ainsi se trouva constituéavec une rapidité prodigieuse un armement dont fut dotée l'artillerie des dix-neuf corps d'armée créés en vertu de la loi du 24 juillet 1873. Cet armement provisoire permettait de procéder activement à l'instruction des troupes et, le cas échéant, de figurer convenablement sur de nouveaux champs de bataille. De sérieuses expériences comparatives avaient, en effet, démontré que les pièces de 7 et de 5 pouvaient lutter sans désavantage contre les meilleurs canons alors en service en Europe.

Cependant les différentes puissances travaillaient activement au perfectionnement de leur matériel. On apprenait notamment que la Prusse venait d'adopter de nouveaux canons de campagne, plus puissants que ceux dont son armée avait fait usage en 1870. On ne pouvait, par suite, accepter à titre définitif qu'un système assurant à notre artillerie une supériorité marquée sur les meilleures pièces étrangères.

Les Commissions d'expériences instituées à *Tarbes*, à *Bourges* et à *Calais* reçurent, en conséquence, l'ordre de diriger leurs travaux ultérieurs dans le sens de la recherche d'un système ainsi défini.

Une nouvelle bouche à feu du calibre de 95 millimètres, proposée par le commandant de Lahitolle, fut d'ailleurs adoptée, en 1875, sous le nom de *canon de position* ou *de grande réserve*. Chaque corps d'armée reçut bientôt deux batteries de ces canons de 95, canons qui firent partie de *son artillerie de corps*.

C'est ainsi que la France se trouva parée contre toute éventualité de danger subit.

CHAPITRE II

FABRICATION

Sommaire. — Aciers à canons. — Métallurgie. — Fabrication des tubes. — Martelage. — Trempe. — Recuit et forage. — Usinage des bouches à feu. — Frettage. — Alésage. — Rayage. — Tournage. — Appareils de fermeture. — Usinage des projectiles. — Fabrication des affûts. — Examen et épreuves du matériel. — Ancien dosage des éléments constitutifs de la poudre. — Considérations théoriques. — Adoption de poudres denses, dures et à gros grains. — Dosages divers.

Le matériel français décrit au chapitre précédent était, nous l'avons dit, essentiellement provisoire. La France avait besoin d'un armement définitif; elle se l'est donné. Du reste, depuis la guerre 1870-71, toutes les puissances ont renouvelé leur matériel de campagne en prenant pour bases de cette transformation l'emploi de l'acier *fretté*; le chargement par la culasse; des mécanismes de fermeture perfectionnés, munis d'obturateurs; l'adoption de deux calibres différents.

Avant toute description, quelques explications techniques nous semblent ici nécessaires.

Les aciers à canons doivent être constitués de telle sorte que leur *limite de rupture* soit notablement éloignée de leur *limite d'élasticité;* qu'ils puissent s'allonger et s'étirer, *sans se rompre*, sous l'action des efforts auxquels ils sont soumis[1]. Ils doivent donc provenir de minerais de choix.

---

[1]. Il n'en est pas ainsi de tous les aciers à canons qui s'emploient en Europe. Nombre d'accidents se sont produits en Angleterre et en Allemagne, non seulement dans des tirs à surcharge, mais même avec emploi

Les meilleurs lingots se tirent de fontes obtenues, dans de hauts fourneaux, par le traitement d'un mélange de fer oxydulé magnétique de Sardaigne et du meilleur minerai d'Espagne. Le premier de ces éléments unit au mérite d'une pureté exceptionnelle la propriété de conférer aux aciers une ténacité remarquable; le second leur fait l'apport de la proportion de manganèse utile. Traités au coke, ces éléments combinés produisent d'excellentes fontes, lesquelles ne contiennent plus que des traces d'impureté, soit environ trois dix-millièmes de soufre et cinq dix-millièmes de phosphore.

Celles de ces fontes qui doivent servir à la fabrication des tubes de canons sont soigneusement triées, après une première analyse faite à la sortie du haut fourneau. Elles subissent ensuite un affinage spécial, moyennant lequel la proportion de soufre descend au-dessous d'un demi-dix-millième; celle de phosphore, à deux dix-millièmes. Cela fait, elles sont analysées à nouveau et admises ou rejetées selon qu'elles satisfont, ou non, aux conditions voulues.

Celles qui, ayant été l'objet d'un choix motivé, peuvent passer pour être extra-pures sont alors transformées en aciers sur la sole du four Martin Siemens, moyennant leur mélange avec des fers obtenus par un puddlage de fontes semblables. Le métal en fusion est l'objet d'une série d'analyses qu'on poursuit jusqu'à ce qu'on ait obtenu la nuance cherchée.

Les aciers puddlés pour frettes proviennent de fontes *au bois* spéciales. Les barres n'en sont reçues qu'à la suite d'un examen des plus sévères[1]. L'acier pour affûts est soumis à des essais analogues à ceux que subit l'acier pour tubes. Nous dirons aussi quelques mots du mode de fabrication des tubes pour canons.

---

de charges ordinaires, dans des pièces ayant déjà fourni un assez long service au cours duquel elles avaient bien résisté, et sans que rien pût faire pronostiquer une rupture.

1. C'est la nature du grain de l'acier qui guide l'opérateur chargé du soin de procéder à cet examen.

Aussitôt qu'il tient la nuance d'acier voulue, le maître de forges procède à la *coulée*. Cette opération est conduite avec des soins minutieux, tendant à produire des lingots parfaitement sains. Les lingots réputés tels sont alors soumis à des essais de traction et de choc faits par un jeu de machines spéciales, donnant des éléments d'appréciation de la plus grande exactitude[1].

Vient ensuite le travail de forge proprement dit, destiné à accroître la ténacité du métal. Il y est procédé dans des ateliers savamment outillés au point de vue de la rapidité des manœuvres et des bonnes conditions de chauffage des lingots. Le martelage s'effectue *à cœur*, moyennant un jeu de marteaux-pilons dont la puissance est graduée de 10 à 100 tonnes[2]. Le martelage est suivi de nouvelles épreuves de traction et de choc[3].

Cela fait, il est procédé à la *trempe*, qui, ainsi qu'on le sait, doit accroître la ténacité et doubler l'élasticité du métal. Cette importante opération comporte l'emploi d'un four vertical et d'un puits à l'huile. Ainsi que le martelage, la trempe est suivie d'épreuves minutieuses[4].

Cette suite méthodique d'épreuves et d'analyses donne le moyen de rejeter avec certitude les lingots qui n'ont point les qualités requises.

Des ateliers de trempe les tubes passent dans les ateliers de recuit, puis dans d'autres ateliers où ils sont dégrossis et forés à un diamètre inférieur à celui du calibre.

Les frettes se fabriquent suivant le procédé dit *sans soudure*. On les enroule sur un mandrin; puis on les forge, on les lamine, on les trempe avec un soin particu-

---

1. La section droite moyenne du lingot coulé doit être, au moins, quatre fois plus grande que celle du lingot *brut de forge* qu'on veut obtenir.

2. Le poids de la pièce forgée doit être, au plus, égal à 60 pour 100 de celui du lingot.

3. *Avant la trempe*, le métal à canons doit présenter une résistance de 40 à 56 kilos, avec allongement à la rupture de 18 pour 100 au minimum.

4. *Après la trempe*, la résistance doit être de 54 à 75 kilos, et l'allongement à la rupture, de 14 pour 100 au minimum.

lier. Elles sont ensuite tournées intérieurement et classées par séries; les diamètres en sont mesurés avec une précision mathématique.

C'est dans les arsenaux que s'effectue l'*usinage* des bouches à feu et de leurs projectiles.

Les tubes arrivent aux arsenaux tout forés et trempés; les frettes, trempées, tournées intérieurement et classées par séries suivant leurs diamètres[1].

La première opération d'usinage est celle de la pose des frettes. A cet effet, les tubes, tournés aux dimensions voulues, s'établissent verticalement la bouche en haut. Chaque frette, préalablement chauffée au bleu[2] et, par conséquent, dilatée, est enlevée, à son tour, par le moyen d'une grue et descendue à la place qui lui est destinée. On comprend ce qu'il advient ensuite. Lors de sa contraction due au refroidissement, la frette pince le métal; elle *fait prise*, et la pression qu'elle exerce sur le tube en accroît la ténacité. L'opérateur ne manque point de prendre nombre de précautions extrêmement minutieuses à l'effet d'obtenir la parfaite exactitude des joints d'un même rang de frettes, et de contrarier les joints des rangs superposés. Il a soin de *mater* le métal afin de rendre les joints imperceptibles à l'œil.

Les frettes posées, il est procédé à l'*alésage* du tube. Conduite très lentement, très méthodiquement, cette opération est effectuée par une machine-outil dont le foret s'avance en tournant, tandis que le tube demeure immobile. L'ingénieux appareil est d'un fonctionnement automatique; l'ouvrier-surveillant n'a qu'une chose à faire : constater, à chaque passe, le bon ou le mauvais

---

1. Ces séries correspondent chacune à un tube déterminé qu'on tourne très exactement à la demande des frettes qui lui sont destinées, en tenant compte du degré de serrage que l'on veut obtenir. Nous avons dit plus haut qu'une précision mathématique préside à l'opération préalable de la mesure des diamètres, à l'effet de parer à l'inconvénient des frettes trop étroites ou trop larges.

2. C'est une température à laquelle s'enflamme la sciure de bois mise en contact avec le métal chauffé. Elle suffit à produire la dilatation nécessaire.

état de l'outil. Cet outil n'enlevant chaque fois qu'un mince copeau d'acier, on obtient des résultats très voisins de la perfection. L'alésage de la chambre est soigneusement vérifié à l'*étoile mobile*.

Quand l'écrou de culasse a été fileté, et la chambre à poudre amenée à son diamètre définitif, on exécute le *rayage* du tube, moyennant le jeu d'une autre machine-outil. Ici, encore, la pièce est immobile et c'est l'outil qui se meut pour graver les hélices. La machine porte un guide qui assure l'identité desdites hélices dans toutes les pièces de même type. La profondeur des rayures se vérifie aussi à l'étoile mobile.

Le tube fretté est enfin l'objet d'un dernier tournage, lequel est opéré par une machine-outil dont le burin enlève un copeau d'acier pendant que le tube tourne autour de son axe.

La *ligne de mire* est alors réglée de telle sorte qu'elle soit parfaitement parallèle à l'axe de la pièce ; la longueur en est également soumise à des vérifications rigoureuses.

Tous les organes des appareils de fermeture se font sur des machines spéciales dont le jeu assure à ces pièces une uniformité que ne saurait jamais donner le travail *à la main*. Des calibres vérificateurs de toute espèce permettent d'éliminer celles desdites pièces confectionnées dont les dimensions excèdent les limites de tolérance admises, limites d'ailleurs extrêmement restreintes. La scrupuleuse observation des règles qu'ils se sont imposées à cet égard permet aux arsenaux de produire des organes nécessairement permutables ou *interchangeables*, d'où résulte grande facilité de formation des approvisionnements de rechange. Le remplacement d'une pièce perdue ou détériorée se fait très simplement, sans aucun travail d'ajustage, et l'avantage de cette simplicité est, on le sait, inappréciable en campagne.

Les projectiles à ceinture de cuivre arrivent aux arsenaux bruts de fonte, la ceinture en place, la tranche supérieure dressée, l'œil taraudé et fermé par un bouchon en bois de sapin. Ce bouchon enlevé, on porte l'obus sur un tour ; là, on le centre de manière à faire tourner la partie ogivale aussi rond que possible. On tourne aux dimensions et profils voulus la ceinture de cuivre, puis le renflement (ou couronne antérieure venue de fonte). On adoucit ensuite à la lime (ou à la meule) les ressauts qui peuvent subsister entre le renflement et l'obus, et on *calibre* le projectile. Une fois calibré, l'obus se recouvre, sur toute sa surface extérieure — à l'exception de la ceinture de cuivre — d'une couche de peinture *à la plombagine*. Le joint qui se trouve entre la fusée et le méplat de la partie ogivale est recouvert d'une couche de peinture *à la céruse*, fermant tout passage à l'humidité. On applique

Fig. 35. — Affût de canon de campagne.

enfin sur la ceinture de cuivre une couche d'*oléo-carbure*.

Nous avons dit sur quels principes est basée la construction des affûts, à quels essais est préalablement soumis l'acier dont ces affûts sont formés. Il convient d'ajouter que les plus grandes précautions sont prises en vue de proscrire tout travail qui aurait pour effet de dénaturer cet acier de choix. On perce donc tous les trous au foret ; on recuit avec soin toutes les pièces confectionnées par emboutissage. Observons enfin que le rivetage des diverses parties se fait mécaniquement, de telle sorte que chaque rivet bouche bien son trou, qu'il emplisse exactement son logement. Dans ces conditions, l'affût peut résister aux efforts brusques qu'il doit supporter durant l'exécution du tir.

Quand une bouche à feu est terminée, il est procédé à l'examen le plus minutieux de toutes les parties qui la composent. De nombreuses vérifications concurrentes sont faites en vue d'y découvrir les moindres défauts apparents. On s'assure, en particulier, du bon fonctionnement de l'appareil de fermeture. Enfin, ce n'est qu'après avoir subi des épreuves de *tir à surcharge* que le canon est admis à la mise en service. Ce tir permet d'éliminer sûrement les pièces dont le métal ne serait pas *absolument sain*; toutes celles qui sont entachées de défauts ne résistent pas à l'épreuve. On se ménage ainsi toute garantie de sécurité pour l'avenir[1].

En ce qui concerne les poudres à canon, la proportion de 75 pour 100 de salpêtre, 12,50 pour 100 de charbon et aussi 12,50 pour 100 de soufre avait été longtemps seule usitée; mais on a, de nos jours, reconnu l'utilité d'une modification à cet ancien dosage. En augmentant de 2 1/2 pour 100 la proportion de l'*élément charbon* et diminuant à peu près d'autant celle de l'*élément soufre*, on obtient des poudres plus denses, plus dures et, par suite, propres à imprimer de plus grandes vitesses aux projectiles.

Quelques détails techniques sont ici nécessaires.

La vitesse dont un projectile est animé à sa sortie de la bouche à feu dépend de l'*intensité* et de la *durée* de la pression exercée sur son arrière par les gaz de la poudre. Si la charge brûle *instantanément*, le projectile reçoit instantanément un choc violent; mais, cet effort cessant

---

1. C'est un fait que l'expérience a surabondamment démontré. En France, par exemple, au cours des écoles à feu de 1880, le ministre de la guerre a fait tirer les bouches à feu de campagne à des surcharges considérables, savoir : le canon de 80 millimètres à $1^{kg},800$ de poudre SP_1 au lieu de $1^{kg},500$ de poudre C_1; et le canon de 90 millimètres, à $2^{kg},500$ de poudre SP_1 au lieu de $1^{kg},900$ de poudre C_1. Ces surcharges ont produit un accroissement de vitesse initiale de près de 80 mètres; mais le tir exécuté dans ces conditions fatiguait beaucoup toutes les parties du matériel, notamment les affûts.

ou diminuant aussitôt, la vitesse d'impulsion qu'on lui a ainsi imprimée est, en partie, détruite par les résistances qu'il est obligé de vaincre au cours de son trajet dans l'âme. Si la charge brûle, au contraire, *progressivement*, le projectile est, tout d'abord, chassé avec une moindre vitesse; mais, pendan ttout le temps de son trajet dans l'âme, il reçoit à chaque instant une impulsion nouvelle, à raison d'une nouvelle production de gaz. Finalement, il peut sortir de la pièce avec une vitesse plus grande sans avoir reçu de choc brisant, et sans que ladite pièce ait été fatiguée autant que dans le cas d'une instantanéité de combustion.

On comprend que dans une bouche à feu — surtout si elle est un peu longue — une poudre *lente* soit plus avantageuse qu'une poudre *vive* pour qui veut obtenir de bonnes vitesses. Or, quand une poudre s'enflamme en vase clos, la *vitesse d'inflammation* — c'est-à-dire la vitesse de transmission du feu — est telle que l'on peut considérer les surfaces de tous les grains comme enflammées simultanément. La *vitesse de combustion* de l'un de ces grains — de la surface au centre — est, au contraire, très appréciable. Il suit de là que, si les grains sont de dimensions suffisantes, chacun d'eux mettra certain temps à brûler; que le volume total de gaz à provenir de la charge entière ne se produira pas instantanément, comme cela aurait lieu si les grains étaient petits. Il y a, par conséquent, avantage à faire usage de grains un peu gros, si l'on veut obtenir un effort prolongé sur le culot du projectile.

La vitesse de combustion d'un gros grain n'est, d'ailleurs, pas constante; elle croît avec la pression développée dans le vase clos où ledit grain brûle. D'autre part, la surface en combustion et, par suite, la quantité de gaz produite en un temps donné vont diminuant à mesure que le grain lui-même diminue de grosseur. On conçoit donc que, en donnant à ce grain une forme convenable, on puisse arriver à établir certaine compensation entre ces deux effets contraires et à obtenir une production uniforme de gaz, c'est-à-dire une action uniforme de la poudre. Pour parvenir à ce résultat, on est d'abord tenu de faire en sorte que le grain conserve sa forme. Il est, par conséquent, nécessaire que la poudre soit *dense* et *dure*. C'est pour obtenir des poudres dotées de ces deux qualités qu'on a récemment modifié l'ancien dosage, ainsi que les procédés de fabrication.

On distingue aujourd'hui plusieurs espèces de poudre :

La poudre $M.C_{30}$, servant au tir des mortiers lisses et des canons se chargeant par la bouche, à la confection des rondelles comprimées et au chargement des projectiles creux[1] ; — la poudre F_1 (initiale du mot *fusil*), spéciale au service du fusil modèle 1874[2] ; — les poudres C_1, C_2... affectées au service des canons de campagne ; — les poudres SP_1, SP_2, SP_3..., à celui des bouches à feu de siège et place.

Les poudres C et SP sont *denses*, *dures* et A GROS GRAINS. Elles permettent d'assurer de grandes vitesses initiales aux projectiles que lancent nos nouvelles bouches à feu. Leur dosage *uniforme* est de 75 pour 100 de salpêtre, 10 pour 100 de soufre et 15 pour 100 de charbon noir. Elles ne diffèrent entre elles que du fait de la *densité et de la grosseur* des grains, grosseur qui doit être comprise entre $6^{mm},2$ et $6^{mm},8$, pour la poudre C_1 ; — entre $9^{mm},7$ et $10^{mm},3$ pour la poudre SP_1 ; — entre $12^{mm},7$ et 13 millimètres pour la poudre SP_2.

---

1. Les initiales MC_{30} impliquent la signification suivante, savoir : M, que la poudre est fabriquée aux meules ; C, que c'est une poudre à canon ; 30, que la durée de la trituration est de 30 minutes. Le dosage de cette poudre est de 75 pour 100 de salpêtre, 12,50 pour 100 de charbon, 12,50 pour 100 de soufre. La grosseur des grains doit être comprise entre $2^{mm},5$ et $1^{mm},4$.

2. Le dosage de cette poudre à fusil est de 77 pour 100 de salpêtre, 8 pour 100 de soufre et 15 pour 100 de charbon noir. La grosseur du grain doit être comprise entre $0^{mm},8$ et $1^{mm},4$.

CHAPITRE III

FUSÉES DE PROJECTILES CREUX

Sommaire. — Définition. — Fusées *fusantes*, *percutantes* et mixtes. — Fusées en bois et fusées métalliques. — Fusées de bombe et d'obus. — Fusée de grenade. — Fusée Desmarest. — Fusée percutante de campagne, système Budin. — Fusée percutante de siège et montagne, modèle 1878. — Fusée à double effet, de 25 millimètres. — Fusée à double effet, de siège.

On désigne sous la dénomination générique de *fusée* tout appareil capable de produire l'inflammation de la charge intérieure d'un projectile creux. Les fusées qui peuvent provoquer l'éclatement du projectile pendant sa course, au bout d'un temps déterminé, sont dites *fusantes*. Celles qui n'agissent que du fait du choc subi par le projectile au moment de sa chute sont dites *percutantes*. Il est aussi des fusées *mixtes* dont le jeu peut être, à volonté, fusant ou percutant.

Les projectiles creux sphériques — bombes, obus et grenades — sont armés de fusées fusantes *en bois*; les projectiles oblongs des bouches à feu rayées, de fusées *métalliques*.

Les fusées de bombes et d'obus (fig. 34) se composent d'un corps en bois, dans lequel se loge un tube en laiton renfermant la composition fusante. Un calice de forme tronconique, évasé par le bas et strié sur toute sa hauteur, est pratiqué dans la tête du corps de fusée et empli de composition d'amorce. La tranche de la tête porte deux rainures en creux, dans lesquelles se logent deux brins de mèche à étoupille, fixés dans l'amorce du calice. Le

FUSÉES DE PROJECTILES CREUX 137

massif du petit bout du corps de fusée est foré d'un canal, destiné à faciliter la pose du tube et la mise du feu, en fin de combustion de la composition fusante. Ce canal est rempli d'une petite quantité de poudre F_1,

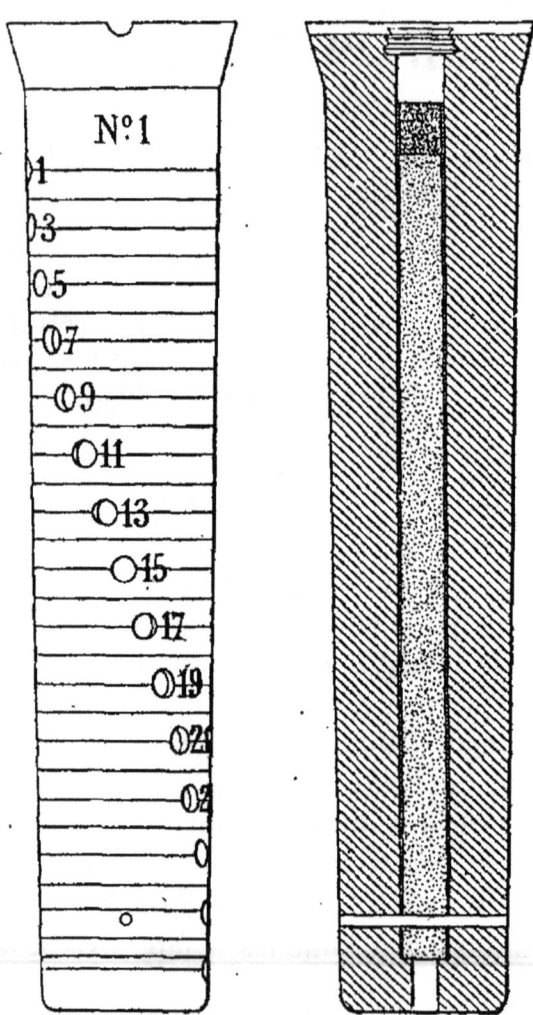

Fig. 54. — Fusée de bombe de 32 centimètres.

maintenue par une rondelle de carton et un bouchon de cire. Le corps de fusée porte, à l'extérieur, des traits circulaires correspondant à des durées de seconde. Des amorces de trous, pratiquées sur les traits impairs, indiquent les points où l'on doit percer latéralement le corps de fusée pour obtenir l'éclatement du projectile, après les nombres de secondes 1, 3, 5, etc.

Avant d'introduire la fusée dans l'œil du projectile, on prolonge d'abord — à l'aide d'une vrille — jusqu'au canal central celui de ces trous qui correspond à la distance à laquelle on veut faire éclater la bombe ou l'obus. On place alors la fusée, on charge et l'on tire. Le fait de l'inflammation de la charge suffit à enflammer l'amorce qui met elle-même le feu à la composition contenue dans le tube en laiton. Lorsque la combustion arrive à la hauteur du trou percé dans le corps de fusée, la flamme pénètre jusqu'à la charge intérieure du projectile et le fait éclater.

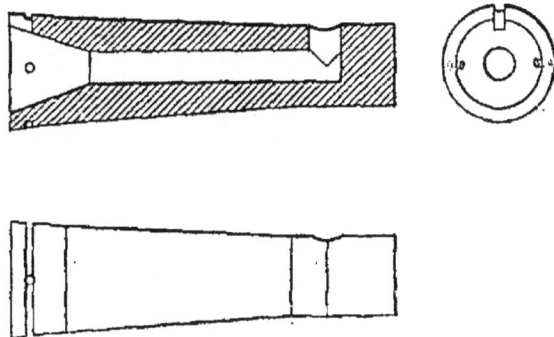

Fig. 35. — Fusée de grenade à *main*, modèle 1876.

La fusée de grenade à *main*, modèle 1876 (fig. 35) se compose d'un corps de fusée en bois, lequel corps sert d'enveloppe à un canal longitudinal contenant la composition fusante. Un calice, évasé par le haut, est foré dans la tête sur le prolongement du canal. Un trait circulaire tracé vers le petit bout, indique le point où doit être percé le trou de vrille au moment du tir, pour produire l'éclatement de la grenade en fin de combustion de la composition fusante, combustion qui dure 4 secondes 2 dixièmes. Une petite gorge, pratiquée sur la surface extérieure de la tête, sert à retenir le fil de laiton qui fixe l'amorce dans la fusée. Ce fil passe dans deux petits trous percés dans cette gorge, sur un même diamètre, et légèrement inclinés vers le haut, de dehors en dedans. Une fente sert de logement à la tige rabattue du rugueux et facilite le coiffage de la fusée. Cette fusée de grenade *à main* est garnie d'une amorce fulminante qui se compose : d'un tube en cuivre rouge, chargé d'une composition au chlorate de potasse, traversée par la tige du rugueux ; d'un rugueux en fil de cuivre, muni d'une boucle de tirage ; d'un chapeau en cuivre rouge, destiné à emboîter l'amorce et à consolider l'attache de celle-ci à la fusée ; enfin, d'une rondelle en caoutchouc, interposée entre l'amorce et le chapeau.

La fusée des grenades à lancer par appareils à mitraille doit prendre feu sous l'action des gaz qui se développent en ces appareils. On l'amorce, en conséquence, par le moyen d'une mèche à étoupille et de certaine quantité

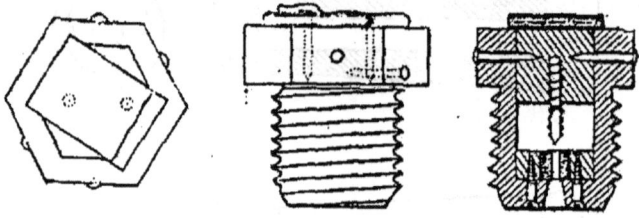

Fig. 56. — Fusée Desmarest.

de poudre écrasée, tassée sous le calice. Elle ne diffère de la précédente que du fait de quelques simplifications résultant de la suppression de l'amorce. Sa durée de combustion est de sept secondes.

Tous les projectiles que lancent les canons rayés de l'artillerie de terre sont, avons-nous dit, armés de fusées métalliques. Analysons rapidement quelques-uns de ces appareils.

Imaginée en vue de provoquer l'éclatement des obus du canon rayé de 4, modèle 1858, la fusée Desmarest (fig. 56) fonctionne sous l'action du choc de la partie antérieure du projectile contre l'obstacle visé.

Le corps de la fusée est en laiton et taraudé à l'extérieur. Il se visse dans l'œil du projectile. La tête, qui fait saillie sur le méplat de l'ogive, est hexagonale. La fusée est traversée, suivant l'axe, par un canal qui s'arrête à 5 millimètres de l'extrémité inférieure. Dans la partie supérieure de ce canal est introduit, à forcement, un tampon en bois de cormier. Un rugueux en acier est vissé dans ce tampon, que quatre pointes en laiton empêchent de reculer au moment du départ du projectile.

A la partie inférieure du canal, une capsule contenant l'amorce fulminante est fixée renversée, à l'aide d'un sabot en bois dur, maintenu en place par deux vis à bois qui traversent le culot de la fusée. Ce culot est lui-même percé d'un canal livrant passage aux gaz provenant de l'amorce. Une rondelle de mousseline, collée sur la tranche supérieure du sabot, recouvre le fond de la capsule. Sur la tête de la fusée se trouve une plaque de fer, destinée à préserver le tampon de tous chocs au cours des transports et des manipulations. Maintenue par deux petites pointes en laiton, cette plaque de sûreté est recouverte d'un ruban de fil.

Avant d'introduire le projectile dans la bouche à feu, on arrache brusquement ledit ruban de fil; les deux petites pointes en laiton cédant à l'effort, la plaque est enlevée; la fusée, *décoiffée*. Le coup part. Lorsque le projectile vient à frapper le sol ou l'obstacle, le tampon s'enfonce sous l'action du choc, le rugueux vient heurter le fulminate, l'amorce prend feu; la flamme, pénétrant dans l'intérieur du projectile, en provoque l'éclatement.

La fusée percutante de campagne, système Budin, modèle 1875, se compose de six parties principales : le corps de fusée; — le bouchon; — la masselotte; — le porte-amorce; — le ressort d'armement; — le ressort de sûreté (voy. la fig. 37).

Le corps de la fusée est en bronze. La tête, tronconique, est disposée de manière à prolonger la pointe de l'ogive de l'obus et porte deux encoches dans lesquelles on engage les dents d'une clef à fusée, quand on veut la visser dans l'œil du projectile. A cet effet, le corps de fusée est taraudé extérieurement sur une partie de sa longueur.

FUSÉES DE PROJECTILES CREUX

La tête et le corps de fusée sont traversés suivant l'axe par un canal de 1,5 millimètres de diamètre, canal qui s'arrête à 6 millimètres de l'extrémité inférieure. Un second canal, de 4 millimètres de diamètre seulement, prolonge le premier jusqu'à la tranche inférieure du corps de fusée. Ce second canal est terminé par une fraisure dans laquelle est serti au balancier une rondelle en cuivre.

Dans la partie supérieure du premier canal est vissé

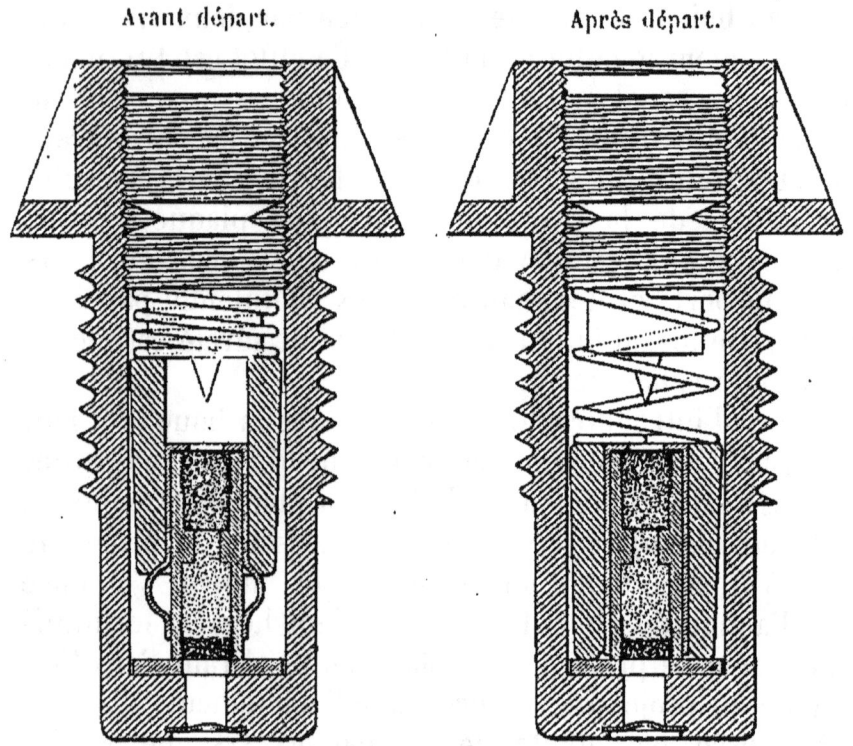

Fig. 57. — Fusée percutante de campagne, système Budin, modèle 1875

le bouchon fileté en laiton ; une entaille pratiquée sur la tête de ce bouchon permet de le visser et de le dévisser aisément, à l'aide d'une lame de tourne-vis. Ce bouchon porte une entaille circulaire assez profonde pour que, si la tête de la fusée est arrachée par l'effet d'un choc, il puisse se briser sans que le rugueux pointu, qui le termine inférieurement, soit lui-même enlevé.

Sur une rondelle de carton placée au fond du canal

central, et percée centralement d'un trou de 5 millimètres de diamètre, repose le porte-amorce en laiton. Extérieurement, ce porte-amorce affecte la forme d'un parallélipipède rectangle. Intérieurement, il est percé suivant l'axe d'un canal cylindrique comportant deux chambres dont les parois sont striées sur une partie de leur hauteur. La chambre supérieure reçoit le fulminate ; la chambre inférieure, une petite charge de poudre.

Une *masselotte* tronconique, en bronze, ouvragée intérieurement d'un canal à section quadrangulaire, emboîte la partie supérieure du porte-amorce et le maintient à distance de la pointe du rugueux. Cette masselotte est elle-même arrêtée, à la partie inférieure, par les deux lames d'un ressort à *pince* qui enveloppe le porte-amorce.

La masselotte s'appuie, à sa partie supérieure, contre un ressort à *boudin* qui tend à la pousser vers le fond de la fusée. Lorsque le coup part, la masselotte, en vertu de son inertie, recule dans l'intérieur du corps de fusée ; elle aplatit les lames du ressort et vient toucher la rondelle de carton qui amortit le choc et empêche la masselotte de rebondir en avant. Le ressort à boudin est alors en partie détendu ; la fusée est *armée*.

Lorsque le projectile, à bout de course, vient à toucher le sol ou à frapper un obstacle, le porte-amorce devenu libre se porte en avant avec la masselotte. Le fulminate, placé à sa partie antérieure, vient choquer la pointe du rugueux, détone et enflamme la petite charge de poudre qui communique le feu à la charge intérieure du projectile.

Le petit ressort à boudin sert à modérer le mouvement en avant du porte-amorce, et rend très rares les départs accidentels ; il est, pour cette raison, dit *ressort de sûreté*.

La fusée Budin fonctionne bien, mais il lui faut, pour s'armer, une vitesse assez considérable. Aussi ne peut-elle être employée pour tirs plongeants à exécuter à charges réduites.

La fusée de campagne de 25 millimètres pèse, toute chargée, 220 grammes[1].

La vitesse initiale des projectiles de siège, tirés à charges réduites, et celle des projectiles de montagne, tirés à charges entières, serait trop faible pour armer la fusée *Budin*. C'est pourquoi ces différents projectiles sont munis d'une fusée particulière dite : *fusée percutante de siège et montagne, modèle* 1878 (fig. 58).

On distingue trois modèles de cette fusée, désignés sous les noms de : *fusée de 25 millimètres, fusée de 30 millimètres, fusée de 40 millimètres*. Les trois modèles n'affectent, d'ailleurs, pour toute différence qu'une légère variante de forme de la tête tronconique, laquelle est d'autant plus effilée que les projectiles sont d'un plus faible calibre.

La fusée percutante de siège et montagne se compose de sept parties principales : le corps de fusée ; — le rugueux ; — la masselotte ; — le porte-amorce ; — le ressort d'armement ; — le ressort de sûreté ; — le bouchon fileté.

Le *corps de fusée* est en bronze ; sa tête tronconique est pleine, et porte deux encoches pour le vissage de la fusée dans l'œil du projectile. Il est percé, suivant son axe, d'un canal destiné à loger le système percutant. Un rugueux en acier étamé est serti dans le fond de ce canal, au-dessous de la tête. A sa partie inférieure, le canal du percuteur est fileté intérieurement sur une hauteur de $10^{mm},50$ pour recevoir le bouchon fileté.

La *masselotte* en laiton, du poids de $20^{gr},7$, est formée de deux parties : l'une cylindrique ; l'autre, tronconique,

---

[1]. Depuis qu'elle a été adoptée pour le tir à charge entière des canons de 90 et 80 de campagne système de Bange, des canons de 7 et 5 système de Reffye, du canon de 95 Lahitolle et du canon de 138, la fusée Budin a été légèrement modifiée. Le fulminate, comprimé directement dans le porte-amorce, a été remplacé par une amorce mobile affectant la forme d'une capsule. La queue de la fusée s'est allongée de 5 millimètres.

reliées par une gorge. La partie cylindrique est fendue suivant deux diamètres perpendiculaires, afin de laisser passer les quatre branches d'une agrafe en laiton. Ces

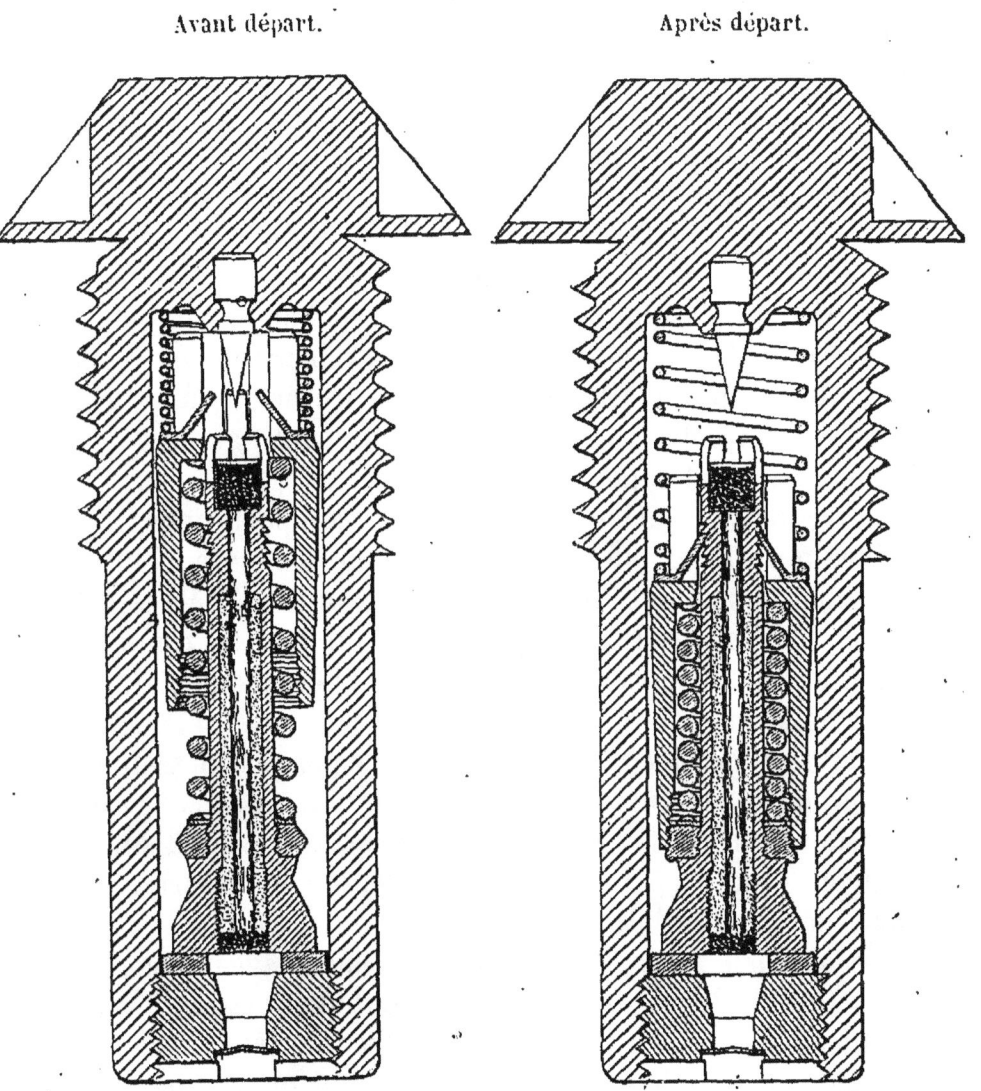

Fig. 58. — Fusée percutante de siège et montagne, modèle 1878.

quatre branches, d'inégale longueur, sont inclinées vers l'axe de la masselotte, sur la gorge de laquelle la rondelle de l'agrafe est sertie. La masselotte est percée de part en part, et suivant son axe, d'un canal présentant un épaulement intérieur; l'extrémité inférieure de ce canal est fortement striée.

Le *porte-amorce*, en laiton étiré, se compose d'un tube cylindrique, portant à sa partie supérieure une petite capsule contenant 0^{gr},1 de fulminate. Il est terminé, à sa partie inférieure, par un talon dont la base est cylindrique, et le corps, formé de deux troncs de cône assemblés par leur petite base. Au-dessus de ce talon on dispose : d'abord, une embase annulaire en plomb, reliée au porte-amorce par des stries pratiquées sur la surface extérieure de celui-ci; puis une rondelle de même forme en laiton laminé. Vers le sommet du tube — extérieurement — sont pratiquées des stries sur lesquelles doivent s'accrocher les branches de l'agrafe. Le canal central reçoit un brin de mèche à étoupilles et une petite charge de poudre en grains; il est fermé : d'un côté, par la capsule contenant l'amorce; de l'autre, par un tampon de cire.

Le *ressort d'armement*, en laiton étiré, comporte des spires qui ne doivent se toucher que sous une pression de 15 kilogrammes. Placé autour du tube porte-amorce, ce ressort prend, par sa partie inférieure, appui sur la rondelle embase; par sa spirale supérieure, sur l'épaulement intérieur de la masselotte.

Le *ressort de sûreté*, en laiton étiré, sépare la masselotte du rugueux. Ses spires ne doivent se toucher que sous une pression de 1^{gr},5. Il s'appuie : d'un côté, sur le fond supérieur du canal du percuteur; de l'autre, sur le ressort extérieur de la masselotte.

Le *bouchon fileté* se visse dans le taraudage ménagé à la partie inférieure du canal du percuteur, lorsque toutes les pièces de ce percuteur sont en place. Entre sa face supérieure et le talon du porte-amorce on place une rondelle en carton, percée d'un trou central. Le bouchon fileté est lui-même percé, suivant son axe, d'un canal de communication, terminé par une fraisure dans laquelle est sertie une petite rondelle en laiton laminé, rondelle qui ferme la fusée à la partie inférieure.

Au moment où le coup part, la masselotte, reculant en

vertu de son inertie, bande le ressort d'armement; le porte-amorce pénètre alors dans le canal de sa partie antérieure. Si la vitesse initiale du projectile est faible, les branches de la rondelle-agrafe viennent simplement s'accrocher dans les stries du porte-amorce; si elle est plus considérable, la masselotte, reculant jusqu'à l'extrémité de sa course, dépasse l'arête en plomb qui se trouve ainsi sertie dans les stries pratiquées sur le fond de la masselotte. Dans l'un et l'autre cas, la fusée est armée.

Pendant le trajet dans l'air, le ressort de sûreté, agissant sur la face antérieure de la masselotte, tient le porte-amorce — qui fait corps avec cette dernière — éloigné du rugueux. Lorsque le projectile, à bout de course, vient à toucher le sol ou frapper un obstacle, le porte-amorce (avec la masselotte), surmontant la résistance du ressort de sûreté, se porte en avant.... Le fulminate vient frapper la pointe du rugueux, détone et met le feu à la petite charge de poudre enfermée dans le canal; les gaz enflammés font sauter la rondelle de la fraisure et communiquent le feu à la charge intérieure du projectile.

Les fusées percutantes offrent cet inappréciable avantage qu'elles facilitent le réglage du tir et assurent l'éclatement dans le voisinage du but à atteindre; mais, le tir une fois réglé, il devient avantageux de faire éclater les projectiles avant leur arrivée à ce but. En effet, la gerbe des éclats, ayant pour axe la portion descendante de la trajectoire, devient extrêmement dangereuse, surtout dans un tir d'obus à balles.

Telles sont les considérations qui ont fait adopter l'usage des fusées *à double effet.*

La fusée à double effet, de 25 millimètres, comporte un corps de usée en bronze, terminé, à la partie supérieure, par un plateau qui sert d'appui au chapeau mobile et au barillet. Inférieurement, ce corps affecte le même dispositif et les mêmes dimensions que le corps de la fusée Budin, de campagne. Le taraudage de la partie supérieure du canal intérieur est destiné à recevoir non

FUSÉES DE PROJECTILES CREUX

plus un simple bouchon, mais une tige-bouchon. Dans l'épaisseur du plateau est percé un canal horizontal, fait pour relier l'appareil fusant à l'appareil percutant.

La tige-bouchon en laiton est vissée — par sa partie médiane — dans le corps de fusée sur lequel elle s'appuie par une embase, laquelle porte en dessous une rainure circulaire ; la partie de la tranche supérieure du plateau, qui lui sert d'appui, en porte une semblable, mais de rayon un peu plus grand. Entre l'embase et le plateau se place une rondelle de toile goudronnée. Lorsqu'on serre à fond la tige-bouchon contre le plateau, cette toile, pénétrant dans les rainures, rend la fermeture hermétique. La partie supérieure de la tige-bouchon est extérieurement de forme cylindrique ; elle présente un ressaut sur lequel repose une rondelle de poudre comprimée, dite *rondelle de transmission*, retenue par une petite ficelle engagée dans une gorge pratiquée sur la surface extérieure de la tige-bouchon. Une partie filetée la termine par le haut.

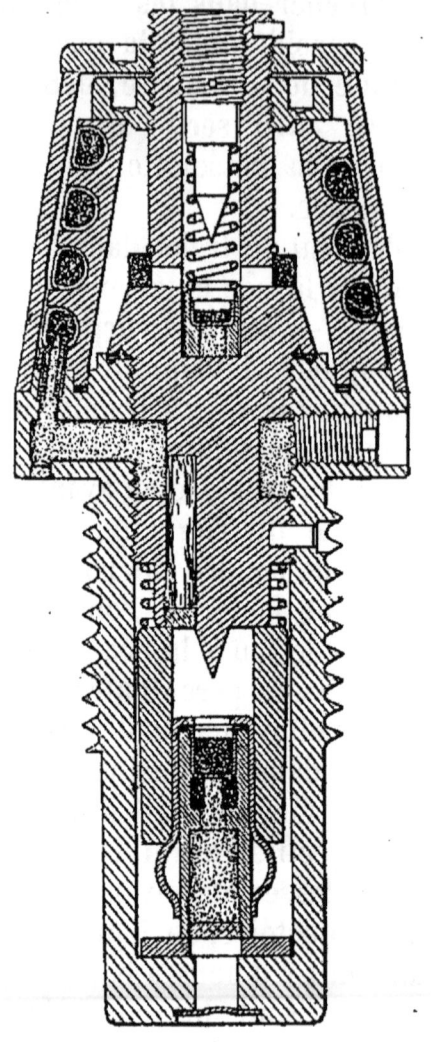

Fig. 39. — Fusée à double effet, de 25 millimètres.

Intérieurement, la tige-bouchon porte, suivant l'axe, un évidement dans lequel est contenu l'*appareil concutant*, composé : d'un porte-amorce, contenant une capsule de fulminate et, au-dessous, une petite charge de poudre ; d'un percuteur ; d'un ressort à boudin qui, pendant les transports, maintient le percuteur éloigné du fulminate.

L'appareil concutant est mis en communication avec la chambre du barillet par un petit canal cylindrique qui traverse, de part en part, la tige-bouchon et vient déboucher sous la rondelle de transmission. Lorsque l'appareil concutant est en place, l'évidement qui lui sert de logement est fermé par un petit bouchon fileté, qu'une entaille permet de visser à fond. Une petite goupille, traversant la vis-bouchon et le petit bouchon, assure le maintien de ce dernier.

Vers le milieu de la partie filetée inférieure, la tige-bouchon présente une gorge circulaire qui correspond au canal horizontal du corps de fusée: Cette gorge et le canal sont, l'un et l'autre, emplis de poudre en grains. La gorge communique avec le canal percutant par trois canaux verticaux, chargés de brins de mèche à étoupilles et débouchant autour du rugueux. La tige-bouchon vissée est maintenue en place par une goupille placée un peu au-dessous de la tête du corps de fusée.

Le *barillet*, support du tube fusant, est en métal mou et de forme tronconique; il repose par sa grande base sur le plateau du corps de fusée auquel il est fixé par un petit goujon en laiton, et par une languette encastrée dans une rainure circulaire du corps de fusée, au fond de laquelle on a préalablement placé une rondelle en feutre plastique. Extérieurement, le barillet présente une gorge hélicoïdale destinée à recevoir le tube fusant; il est maintenu en place par le moyen d'un écrou de serrage en bronze, vissé sur la tige-bouchon et retenu lui-même par une goupille.

Le tube fusant en plomb, étiré à la filière, renferme du pulvérin tassé, qui brûle à la vitesse de 15 millimètres à la seconde. Le diamètre du tube étiré est de 4 millimètres. Après l'étirage, le tube est coupé en morceaux de longueur convenable; chacun de ces morceaux est enroulé sur un barillet et ce barillet est mis en place au balancier. On perce alors le tube fusant près de l'orifice du canal de communication; on introduit dans le trou ainsi obtenu un petit tube en cuivre, dont la base est entourée d'un carré de feutre plastique, pour bien fermer toute communication avec la chambre et avec le vide compris entre le barillet et le chapeau. On colle sur la paroi extérieure du barillet une bande de mousseline, par-dessus laquelle on colle enfin une petite bande de papier brouillard sur la partie voisine de l'orifice du tube fusant.

Le chapeau mobile, en laiton, est percé de vingt trous numérotés de 1 à 20, dont les positions, déterminées par expérience, sont faites pour correspondre aux durées de combustion de 1 à 20 secondes. Il porte, en outre, à la partie supérieure, un trou non numéroté. En face de ce dernier, le barillet est percé d'un trou de même dimension, fermé à l'intérieur par un carré de papier brouillard collé. C'est par ces deux trous, qui se correspondent, que s'écoulent dans l'atmosphère les gaz provenant de l'appareil concutant et de la rondelle de transmission, au cas où le tube fusant et le barillet n'ont pas été percés.

A sa base, le chapeau est évidé sur une longueur égale à la distance des deux évents consécutifs les plus éloignés l'un de l'autre. Une petite goupille, fixée au corps de fusée, s'engage dans cet évidement. On peut donc faire tourner le chapeau, autour de l'axe de la fusée, d'une quantité égale à cette distance, c'est-à-dire arriver à découvrir, à travers l'un ou l'autre des évents, un point quelconque du tube fusant. Dans ce mouvement de rotation, un index gravé sur le chapeau se meut le long d'une graduation qui s'étend de 0 à 10.

Le chapeau est maintenu dans la position de réglage par un écrou qui se visse sur la partie supérieure de la tige-bouchon. Les bords de cet écrou sont striés pour que l'on puisse facilement le serrer ou le desserrer à la main. Une petite goupille, fixée dans le métal de la vis-bouchon et faisant légèrement saillie sur la surface extérieure de cette pièce, s'oppose au dévissement complet.

Placé au-dessous de la tige-bouchon dans le canal

central du corps de fusée, l'appareil percutant est identiquement le même que celui de la fusée de campagne, système Budin.

Lorsque l'on veut employer la fusée uniquement à titre de percutante, il n'y a aucune préparation à lui faire subir.

Lorsqu'on veut l'employer comme appareil fusant, il faut la régler. Comment s'opère ce réglage? Pour obtenir l'éclatement du projectile après un nombre entier de secondes, on s'assure d'abord que l'index de l'évent zéro est en coïncidence avec le zéro de la graduation, et que l'écrou est serré. On introduit alors la pointe du débouchoir à vrille dans l'évent près duquel est inscrit le nombre entier désigné, et l'on perce, avec ce débouchoir, tube fusant et barillet. On place, à cet effet, l'outil perpendiculairement à l'axe de la fusée, et l'on tourne à droite comme avec un tire-bouchon jusqu'à ce que l'épaulement du débouchoir vienne buter contre le chapeau; on retire alors le débouchoir en tournant à gauche, et sans l'arracher violemment.

Si l'on veut produire l'éclatement après le nombre entier de secondes ci-dessus, augmenté par exemple de n dixièmes de seconde, on desserre légèrement à la main l'écrou de serrage; on fait tourner le chapeau jusqu'à ce que l'index de l'évent zéro coïncide avec la division n de la graduation; on maintient le chapeau dans cette position et on l'y fixe en resserrant l'écrou; on perce tube et barillet à travers l'évent correspondant au nombre entier de secondes, comme il vient d'être dit.

Si la fusée doit fonctionner exclusivement comme percutante, aucun des évents numérotés du chapeau ne doit être débouché. L'appareil concutant fonctionne alors au départ du coup; la rondelle de transmission s'enflamme; les gaz provenant de sa combustion et de la charge intérieure de l'appareil concutant se répandent dans la chambre, d'où ils s'écoulent dans l'atmosphère par l'évent non numéroté du chapeau et par le trou du barillet correspondant. Le tube fusant du barillet reste donc intact. L'appareil percutant fonctionne absolument comme dans la fusée

Budin, de campagne. Tout se passe comme si le projectile était armé de cette dernière fusée.

Si la fusée doit fonctionner comme fusante et se trouve réglée en conséquence, les gaz développés au départ dans la chambre du barillet s'échappent par le trou pratiqué à travers le barillet et le tube fusant; ils enflamment la composition de ce tube, qui brûle alors dans les deux sens. Le feu, gagnant de proche en proche dans la partie descendante de la spirale, arrive à la chambre à poudre au bout du temps voulu par le réglage; de là, il gagne instantanément la charge du percuteur et, par suite, celle du projectile.

La fusée à double effet de siège ne diffère de celle qui vient d'être décrite que du fait de son mécanisme percutant, lequel est identique à celui de la fusée percutante de siège, modèle 1878, au lieu d'être emprunté à la fusée Budin.

CHAPITRE IV

SYSTÈMES DE BOUCHES A FEU MODERNES

Sommaire. — Le « système » Krupp. — Renommée du *Rundkeiverschluss*. — Examen rapide du matériel qui se fabrique à Essen (Westphalie). — Prétendus secrets des ingénieurs de cette usine en matière de production des aciers à canons. — Frettage et rayage des pièces. — Mécanismes de fermeture et appareils d'obturation. — Critique sommaire du système.
Le « système » de Bange. — Bases du système. — Bouches à feu. — Conditions de réception des aciers. — Tubes et frettes. — Frettage *biconique*. — Projectiles. — Mécanisme de fermeture. — Obturateur. — Régime des pièces. — Facilités d'exécution du tir. — Affûts. — Freins à pompe. — Résumé critique.

Depuis l'avènement de la bouche à feu rayée, on a vu se produire nombre d'ingénieurs et de constructeurs émérites. Il n'est personne qui n'ait entendu vanter, tour à tour, les procédés Armstrong, Whitworth, Krupp, de Bange, Hotchkiss, Barkovic, etc. En particulier le nom de M. Krupp jouit, depuis trente-cinq ans, d'une célébrité colossale. Il fut un temps où l'on ne parlait que des canons Krupp, où l'on ne jurait que par les canons Krupp, où l'on n'entrevoyait de salut possible que dans la franche et rapide adoption du système Krupp.

Il est temps qu'on se persuade que M. Krupp n'est l'inventeur d'aucun système de canon rayé, se chargeant, ou non, par la culasse. Nous avons dit que le chargement par la culasse apparaît aux premiers ans de l'enfance de l'art, et que l'idée de la rayure s'est théoriquement fait jour vers le milieu du dix-huitième siècle. Exploitée alors par quelques puissances européennes, puis abandonnée, puis bientôt démodée, c'est il y a trente ans seulement que cette idée féconde a été reprise par notre compatriote Treüille de Beaulieu; ce n'est qu'en 1857 qu'il a été donné à l'éminent artilleur d'en tirer des conséquences pratiques. Il aura donc mis plus d'un siècle à faire son chemin, le perfectionnement indiqué par le grand géomètre Robins. C'est, du reste, le sort de la plupart des découvertes, dont le principe ne parvient à s'imposer qu'à la suite d'une longue série d'oscillations de l'opinion.

Telle est la restitution de la vérité historique.

Mais alors, est-on en droit de demander, quelle est l'œuvre de M. Krupp? Quelle est sa part d'invention et d'où vient le renom de ses produits? A cette question la réponse est facile à faire. Le fait de l'adoption du forcement des projectiles imposait à tout constructeur de bouches à feu l'emploi d'un métal plus dur que le bronze; l'acier était indiqué. Or M. Krupp est le premier des industriels européens qui ait réussi à fabriquer des masses d'acier assez grosses pour qu'on en pût former des pièces d'artillerie. Son mérite est d'avoir su tirer parti d'un outillage de grande puissance, que le gouvernement prussien avait mis à sa disposition. Aujourd'hui, elles ne se comptent plus, les usines qui produisent des aciers à canons.

Cependant le chargement par la culasse entraînait nécessairement l'annexion méthodique d'un mécanisme de fermeture et d'un appareil d'obturation. La fermeture, nous l'avons dit, force les gaz de la poudre à porter toute leur action du côté du projectile; l'obturateur empêche les moindres molécules gazeuses de passer au travers des joints de la fermeture et d'en encrasser ainsi le mécanisme.

Ce problème a reçu des solutions diverses, et, à ne parler ici que de l'Allemagne, on y observe la mise en service de quatre genres de mécanisme de culasse : le système Wahrendorff ou *à piston*; le système Kreiner ou *à coins*; le système Krupp *à coin prismatique*; enfin, un autre système Krupp *à coin cylindro-prismatique* (Rundkeilverschluss). Le *Rundkeilverschluss*, voilà ce qu'il est permis d'appeler le système Krupp, simple système de fermeture de culasse dans lequel l'obturation est tirée d'un anneau Broadwell ou d'un appareil Piorkowski.

Malgré tout, le langage ordinaire persiste à attribuer au mot *système Krupp* un sens plus étendu et à désigner sous cette expression l'ensemble des caractères spéciaux au matériel d'artillerie que produit la célèbre usine d'Essen. Il convient donc d'examiner ici les principes généraux qui président à la construction de ce matériel ; d'en soumettre à l'analyse les parties constitutives — tube, frettes, rayures, mécanisme de fermeture, obturateur — d'apprécier la valeur des projectiles ; de mesurer l'étendue de la puissance du tir.

On a longtemps parlé de procédés tenus secrets, suivant lesquels M. Krupp coulait et martelait les aciers dont il tirait ses tubes. Ce sont là des récits fantaisistes. Le prétendu secret est celui de tout le monde. En tout cas, il est certain que ces aciers sont d'une qualité qui est loin d'être irréprochable. Durant la campagne de Bohême (1866), plusieurs canons avaient éclaté ; au cours des événements de la guerre de 1870-71, *deux cents* autres pièces furent également mises hors de service, ainsi que l'observait en 1876 le duc de Cambridge[1]. Et déjà le *Times* avait écrit à ce propos[2] :

« De 70 canons mis en batterie contre les fronts sud-ouest de l'enceinte de Paris, 56 — soit plus de la moitié — furent mis hors de service pendant les quinze premiers jours du bombardement ; et ce, *du seul fait de leur tir*. Si bien que, à Versailles, on pensait que, si les Français avaient tenu une semaine de plus, les batteries de siège allemandes auraient été réduites au silence. Il est également certain que, durant la campagne de la Loire,

---

1. Séance de la Chambre des Lords du 30 avril 1876.
2. Numéro du 18 mai 1875.

24 canons du prince Frédéric-Charles furent aussi mis hors de service *du seul fait de leur tir.* »

Quant au frettage, le mode en est particulier. M. Krupp ne renforce son tube que d'une seule frette-manchon dite « jaquette » (*jacket*), qui porte les tourillons et dans laquelle s'ouvre la mortaise de fermeture. En avant se trouve adaptée une petite frette de calage. Un tel dispositif ne saurait se dérober absolument aux reproches de la critique. L'agrafement qui relie la jaquette au tube constitue, en effet, un mode d'assemblage qui laisse à désirer. Il faut observer, en second lieu, que le coin prend appui sur le bout postérieur de la frette ; que ce coin subit, à chaque coup tiré, l'effet de la pression des gaz ; que, par suite, il tend à opérer une disjonction du tube et de sa jaquette. Quoi qu'il en soit, il est juste de reconnaître qu'une jaquette DE PEU DE LONGUEUR, comme celle des pièces de campagne, se met en place avec assez de précision ; que, pratiquement, elle se comporte bien ; qu'elle opère ce *serrage longitudinal* auquel on attache avec raison tant de prix. — *Vide infrà*, page 162 sqq.

Les pièces que fabrique M. Krupp sont toutes rayées *à droite*. Nombreuses, mais peu profondes, les rayures sont « à pas constant ». Elles sont *cunéiformes* au cas où il doit être fait usage de projectiles emplombés ; à cloisons de largeur constante, s'il s'agit de projectiles à ceinture de cuivre. Quel que soit le parti qu'on adopte à cet égard, l'emploi de l'hélice à pas constant est, il faut en convenir, loin de valoir celui de la rayure progressive.

Le colonel Maitland, directeur de la fonderie de l'arsenal de Woolwich, résumait tout récemment (20 juin 1884) ainsi les considérants du procès fait au Rundkeilverschluss :

« La fermeture à coin implique plusieurs inconvénients : les appareils de fermeture et d'obturation sont, en partie, à découvert ; les poignées latérales sont très exposées aux effets du feu de l'ennemi ; — pour une longueur donnée de l'âme, la longueur de la pièce est fort grande; — la condition du logement de l'anneau Broadwell est pour la chambre une cause d'affaiblissement; — enfin, le tir peut s'opérer alors même que le coin n'est pas en place. »

Ces observations nous semblent judicieuses, mais ce ne sont pas les seules qu'on puisse faire; il est permis d'insister sur ce sujet.

La mortaise transversale qui s'ouvre dans un canon Krupp s'oppose à l'opération d'un cerclage complet, et ce défaut de continuité tend à produire le déculassement.

La lumière de la pièce est, il faut l'observer, formée de trois parties. C'est là une complication d'où résultent nécessairement des fuites de gaz et, par suite, des encrassements. A chaque coup tiré, la rainure supérieure du coin reçoit un dépôt de résidus de la combustion. En glissant dans cette rainure, la *vis-lumière* ramasse lesdits résidus qu'elle balaye vers la droite. Or, un moment arrive où la couche de crasse est assez épaisse et solide pour que l'extrémité inférieure de la vis ne touche plus le fond de son canal, lequel est pratiqué dans le coin de fermeture. Alors il faut la dévisser, enlever le coin et nettoyer la rainure. De plus, après le tir d'un certain nombre de coups, le serrage de l'obturateur devient insuffisant; il est, dès lors, indispensable d'avoir recours à l'interposition d'un matelas de minces rondelles de laiton. De là, obligatoirement, la présence aux batteries de certain nombre d'ouvriers d'art, chargés du soin de nettoyer, d'ajuster, de graisser les différents organes.

Alors même que le fonctionnement correct en est assuré, le système Krupp est d'un maniement délicat. Il exige l'emploi d'un personnel habile, capable d'une attention soutenue et assujetti à l'obligation de prendre des précautions extrêmement minutieuses. C'est ainsi, par exemple, qu'il est prescrit à ce personnel de pousser *lentement* le coin dans son logement et de l'en retirer de même, afin de ne point fausser le bout de la vis-lumière.

Enfin, omettant de mentionner nombre d'inconvénients d'ordre secondaire, nous devons ajouter qu'on fait aux appareils Krupp le reproche de manque d'uniformité. C'est ainsi que, pour les canons de gros calibre et pour les mortiers, les ingénieurs d'Essen ont été conduits à modifier le système ordinaire; à introduire dans les organes de fermeture des *vis de transport*, des chaînes, des *vis-arrêtoirs*, etc. Une telle diversité est essentiellement regrettable.

Pour ce qui est des questions de vitesse initiale, de justesse du tir et de puissance d'effets des projectiles, l'expérience a prononcé. Si l'on établissait par ordre de mérite un tableau des matériels d'artillerie des puissances européennes, le matériel Krupp ne serait vraisemblablement point placé en tête de liste. « Ce matériel si vanté, dit le duc de Cambridge, n'est pas aussi parfait qu'on le croit généralement. »

Procédons comparativement à l'examen sommaire du système d'artillerie d'un de nos compatriotes, le colonel de Bange.

Après les désastres de la guerre de 1870-71, il fallait, avons-nous dit, à la France un armement définitif. Ce principe admis, il fut décidé que le matériel à créer serait tenu d'être, de tous points, supérieur aux meilleurs matériels alors en service dans les armées étrangères. C'est dans ce sens que les commissions de Tarbes, de Bourges et de Calais, arrêtèrent en 1873, les conditions du problème à résoudre. Elles décidèrent que les bouches à feu de campagne à produire seraient, avant tout, dotées de mobilité, de portée, de puissance; qu'elles pourraient exécuter leur tir avec justesse et rapidité; que ce matériel de campagne aurait une résistance suffisante et ne comprendrait qu'un nombre restreint de calibres.

Un concours fut ouvert.

Le colonel de Bange, alors capitaine, fut un des officiers qui s'attachèrent à la recherche d'une solution rationnelle du problème. Il l'emporta sur ses concurrents et les types de canons de campagne qu'il avait présentés furent définitivement adoptés en 1877.

Né, le 17 octobre 1833, à Balignicourt (Aube), de Bange (Charles-Timothée-Maximilien VALÉRAND) a passé dans les Ateliers de l'État dix-sept années de sa carrière d'officier d'artillerie. Il a rempli les fonctions d'ingénieur successivement à l'Arsenal de Brest, aux Forges du Centre (Nevers), à la Manufacture d'armes de Châtellerault, à la Pyrotechnie de Metz. Digne continuateur des travaux de Treüille de Beaulieu et de Verchère de Reffye, il a été sous-directeur, puis directeur de l'Atelier de précision de l'Artillerie. S. M. la reine d'Angleterre l'a fait, en 1884, chevalier de son ordre du Bain.

En quoi consiste donc et d'où vient le mérite reconnu des bouches à feu du *système de Bange?* Quelles sont les bases de ce système ? C'est ce qu'il importe d'exposer en quelques mots.

On sait quel est, en toute question d'artillerie, le prix qui s'attache aux grandes vitesses initiales. Le colonel de Bange ne pouvait négliger la valeur de ce facteur important; il se l'est acquise moyennant un tracé dotant la chambre d'un volume qu'on peut dire considérable par rapport au poids de la poudre. Une telle disposition permet, on le conçoit, l'emploi d'une faible densité de chargement, laquelle implique l'avantage de ne point fatiguer la pièce et d'assurer au tir de celle-ci un régime régulier.

Une *chambre longue*, de petit diamètre, laisse aux poudres la faculté de sortir tranquillement tous leurs effets de choc[1] et, dans le même ordre d'idées, toute pièce de Bange est essentiellement *longue*. Elle est, d'ailleurs, dotée de rayures *progressives*, et se charge par la culasse. Le tube est en acier de choix, fourni par l'industrie privée,

---

1. Ce tracé long, donnant une chambre de grand volume, permet aussi emploi de toute espèce de poudre, et l'avantage d'une semblable latitude est à prendre en considération sérieuse.

Fig. 40. — De Bange.

mais soumis, avant réception, à des épreuves concluantes[1].

1. Voici les principales clauses du cahier des charges accepté par les aciéries :

« Les tubes doivent être en *acier doux fondu*, PROVENANT D'UN MODE QUELCONQUE DE FABRICATION, forgé, foré, trempé à l'huile et recuit.

« Les essais à la traction *avant trempe* doivent donner les résultats suivants : pour les barreaux de culasse, la distance entre les repères est de 100 millimètres ; pour les barreaux de volée, de 50 millimètres seulement ;

	BARREAUX DE RONDELLE de	
	CULASSE	VOLÉE
Limite d'élasticité par millimètre carré de section..	23^{kg}	24^{kg}
Tolérance en plus ou en moins........	5	6
Charge de rupture par millimètre carré de section..	48	49
Tolérance en plus ou en moins......	9	10
Allongement minimum............	18 pour	100

Les essais *après trempe* doivent donner :

	BARREAUX DE RONDELLE de	
	CULASSE	VOLÉE
Limite d'élasticité par millimètre carré de section..	32^{kg}	35^{kg}
Tolérance en plus ou en moins......	5	7
Charge de rupture par millimètre carré de section..	62	65
Tolérance en plus ou en moins......	8	10
Allongement minimum après la rupture..	14 pour	100

En outre, la limite d'élasticité doit être supérieure de 5 kilogrammes au moins à celle qui aura été donnée par l'essai à la traction, avant trempe, des barreaux pris dans la rondelle du même tube.

On procède à l'épreuve au choc en laissant tomber un mouton de 18 kilogrammes sur le milieu d'un barreau carré de 30 millimètres de côté, posé sur deux couteaux distants de 140 millimètres. Le barreau ne doit pas se rompre sous le choc du mouton, tombant une première fois de la hauteur de 2 mètres, puis successivement de hauteurs augmentant de 10 en 10 centimètres, depuis 1 mètre jusqu'à 2^m,50 ; à ce moment, la flèche prise par le barreau est mesurée et notée. On continue ensuite l'épreuve, mais seulement à titre de renseignements, en faisant encore tomber 12 fois le mouton de 2^m,50 de hauteur sur le barreau.

Renforcé de bon nombre de frettes[1] méthodiquement superposées, le tube peut supporter des charges énormes; il est sujet à subir quelques déformations[2], mais les éclatements en sont extrêmement rares.

Le colonel de Bange est, d'ailleurs, l'inventeur d'un nouveau système de frettage, dit *biconique*, dont il convient d'exposer ici le principe.

Chacun sait que le tube d'un canon quelconque est tenu de résister à des efforts de rupture qui se produisent *à la fois* et dans le sens de l'axe et dans le sens perpendiculaire à cet axe. Chacun sait aussi que, pour accroître, dans ce dernier sens, la force de résistance du tube, on a recours au *frettage*. Or, travaillant ainsi transversalement, la frette ne fournit aucun accroissement de solidité dans le sens longitudinal. En ce qui concerne les pièces de faible calibre, l'inconvénient n'est point considérable attendu que, en martelant convenablement le tube, on arrive à lui donner une force qui suffit à dominer les efforts de pression tendant à produire le déculassement. Les pièces de gros calibre se trouvent placées dans

---

[1]. Voici quelles sont, aux termes du cahier des charges, les conditions auxquelles doivent satisfaire les frettes qui se présentent aux examens de réception :

Les frettes sont livrées finies, c'est-à-dire tournées et rabotées sur toutes les faces, rodées à l'intérieur s'il y a lieu; elles sont fabriquées par enroulement, d'après les procédés actuellement en usage dans l'industrie pour les bandages dits « sans soudure ».

Dans chaque lot, certain nombre de frettes sont soumises à des épreuves d'élasticité; d'autres, à des épreuves de résistance. Ces dernières ne doivent pas servir au frettage des canons. Pour les frettes cylindriques et les frettes de culasse, les conditions sont les mêmes; pour les frettes-tourillons, le serrage est un peu plus faible.

		ÉPREUVES	
		D'ÉLASTICITÉ	DE RÉSISTANCE
Serrage par mètre compté sur le diamètre à fretter	Frettes cylindriques ou de culasse	1^{mm},75	3^{mm},5
	Frettes-tourillons . . .	1^{mm},50	3^{mm},0

[2]. Le tir à surcharge produit une sorte de *tassement* du métal, ayant pour conséquence une augmentation de volume de la chambre, mais n'empêchant nullement la pièce de continuer son service.

des conditions très différentes car, étant nécessairement de grande épaisseur, les tubes n'en peuvent être qu'imparfaitement martelés. Dès lors, ces tubes manquent de résistance dans le sens longitudinal ; et, afin de n'en point compromettre l'économie, on est tenu de renoncer aux hautes pressions qui seules permettent d'imprimer à des projectiles lourds une vitesse initiale convenable, c'est-à-dire supérieure à 500 mètres.

Les Anglais ont bien essayé de remédier à ce défaut moyennant l'emploi de cette jaquette dont nous avons parlé ci-dessus (page 155) ; mais l'usage de ce procédé n'a donné que des résultats de valeur médiocre, attendu que, pratiquement, il est assez difficile d'assurer à une *jacket* de plusieurs mètres sa longueur exacte à un dixième de millimètre près. Le serrage longitudinal ainsi obtenu est donc à peu près illusoire. D'où il suit que, jusqu'à ce jour, le problème n'était point résolu pour les bouches à feu de gros calibre.

Or une solution rationnelle vient d'intervenir du fait du système de *frettage biconique* imaginé par le colonel de Bange, et tendant à rendre le tube et les frettes absolument solidaires dans les deux sens, — transversal et longitudinal. A cet effet, le pourtour extérieur de l'âme et les frettes qui recouvrent ce pourtour présentent une succession de formes légèrement tronconiques, disposées de manière à en assurer la connexion intime. Et la solidarité obtenue est telle que la rupture transversale de l'âme tend nécessairement à provoquer celle des frettes destinées à la consolider. En conséquence, chacune des frettes, prise isolément, affecte une forme biconique — environ *un millimètre et demi* de hauteur de cône — forme qui l'oblige à travailler, en même temps que l'âme, dans le sens longitudinal.

On sait que, suivant le mode de frettage ordinaire, c'est le frottement qui — seul — unit longitudinalement le tube et les diverses rangées superposées de frettes. Or il est facile de comprendre que ce frottement peut ne pas suffire à faire obstacle au déculassement. Quelques légères erreurs de construction sont en effet de nature à diminuer ou même à supprimer localement le serrage, de sorte que, lors de sa rupture transversale, le tube glisse dans les frettes qui l'entourent. Le système de *frettage biconique* pare à ce grave inconvénient.

Les projectiles de Bange sont remarquables à raison de leur *justesse*. Quel qu'en soit le calibre, ils ont, à *vitesse initiale égale*, une *portée* supérieure à celle de la plupart des autres projectiles actuellement en usage. Ces qualités exceptionnelles, ils les doivent non seulement à l'annexion de la ceinture de cuivre rouge, qui a détrôné l'emplombage, mais encore et surtout au fait incontestable de leurs formes rationnelles. Le profil qu'ils affectent assure à qui les tire l'avantage de la rupture des culots et celui d'un grand nombre d'éclats, lors de l'éclatement[1]. La fabrication en est facile. Le fait de leur grande vitesse initiale a pour conséquence directe une tension de trajectoire prononcée. Ainsi que toute espèce de projectiles creux, ils admettent l'annexion de telle fusée qu'on voudra[2].

Les détails d'organisation d'une pièce de Bange ont depuis longtemps acquis un renom mérité; chacun a su, par exemple, apprécier la valeur de son mécanisme de culasse. Cet organe original se compose essentiellement d'une vis *à filets trois fois interrompus* portée par un volet mobile et pouvant se visser dans un écrou, lequel est aussi *à filets trois fois interrompus*[3]. Un tel système de fermeture est très supérieur à tous les genres de méca-

---

1. Les canons de Bange peuvent d'ailleurs tirer toute espèce de projectiles creux.

2. Mainte fois l'on a fait à la fusée *fusante* son procès. On a dit qu'elle était de tempérament délicat, de construction et de réglage compliqués; que l'observation des coups fusants était opération difficile, etc.; que, pour ces motifs, il convenait d'accorder la préférence à la fusée *percutante* s'armant automatiquement au départ du projectile. Ce qui est incontestable, c'est que la fusée *à double effet* acquiert grande importance et tend à se substituer à la percutante simple.

3. Pratiqué dans l'épaisseur du métal de la pièce, cet écrou porte le nom de *logement de culasse*.

nismes dits *à coins*, et ce, à raison de sa légèreté[1]. Il se monte et se démonte sans l'aide d'aucun outil. Le manie-

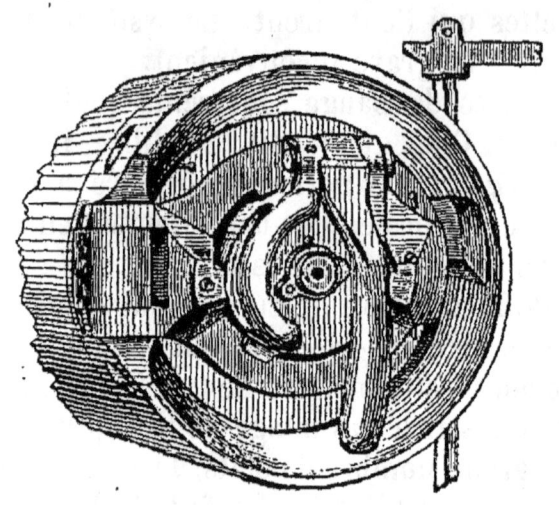

Fig. 41. — Mécanisme de fermeture (*Culasse fermée*).

ment en est facile et pourrait se confier à la main d'un

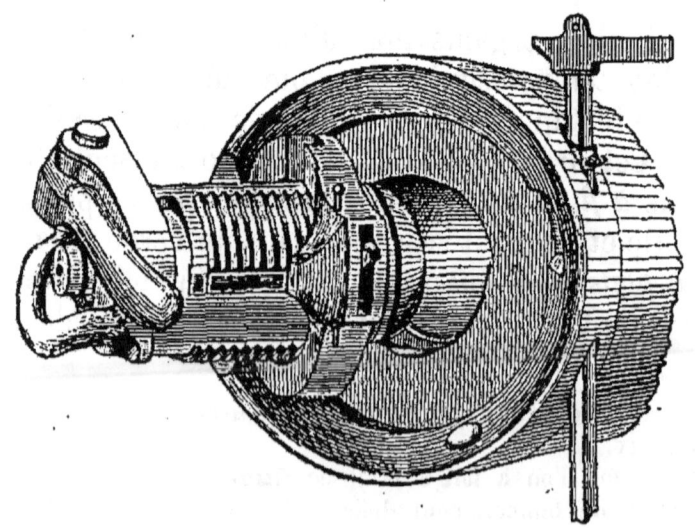

Fig. 42. — Mécanisme de fermeture (*La vis de culasse hors de son écrou*

enfant. Il offre, contre les chances d'accidents, les plus

---

1. Il est léger, attendu qu'il ne nécessite pas, à la culasse, la masse de métal voulue pour le logement du coin.

grandes garanties de sécurité. (Voy. les fig. 41, 42, 43.)

On sait que, pour fermer aux gaz de la poudre toute issue du côté des servants de la pièce, la vis de culasse est munie, à sa partie antérieure, d'un appareil spécial, dit *obturateur de Bange*, appareil qui se compose essentiellement d'une galette en amiante, imbibée de suif de mouton. Cette matière plastique est enfermée sous une enveloppe en toile que protègent — avant et arrière — deux coupelles d'étain, garnies de bagues *fendues* en laiton. Ainsi organisé, cet ingénieux obturateur offre des avantages que

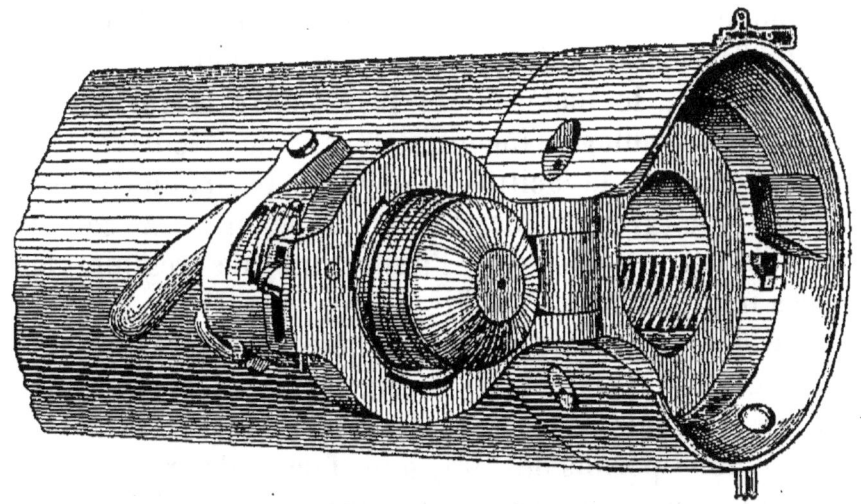

Fig. 43. — Mécanisme de fermeture (*Culasse ouverte*).

ne comporte aucun autre appareil ayant à tenir un rôle analogue à celui qui lui est dévolu. Il fonctionne correctement à toute température; il ne réclame pendant le tir, aucune espèce de lavage; enfin, il dure très longtemps.

Toutes les bouches à feu du système auquel le colonel de Bange a donné son nom sont, de par leur mode de construction, soumises à un régime uniforme; toutes tirent toujours de la même manière[1]. Quant à l'exécution

---

1. Cette uniformité de régime tient surtout au fait de la faible densité de chargement. On comprend quelle est l'importance pratique d'une telle identité, d'où découlent grande rapidité et non moins grande facilité de réglage du tir.

du tir, elle est éminemment simple et facile. Un seul canonnier suffit à faire le service d'une pièce; cet homme n'a besoin de personne pour opérer successivement le chargement, le pointage et la mise du feu.

Les affûts de Bange sont construits de telle sorte que le métal dont ils sont formés travaille *par flexion* et non *par compression*. On voit de suite que, pour un même travail emmagasiné, la flexion donnant lieu à une course plus grande, les pressions des appuis sur le sol sont notablement moindres. Il suit de là que des affûts établis selon ces principes sont, bien que très légers, capables de grande résistance. Le recul en est limité, soit par des *sabots d'enrayage*, soit par des *freins à pompe*.

En somme, le matériel de Bange offre à qui en fait usage des avantages incontestables : la sécurité, une obturation sûre, la facilité d'exécution du tir, une grande portée, une grande tension de trajectoire. A cela il faut ajouter la justesse, l'uniformité de régime des pièces impliquant la rapidité de réglage du tir, la simplicité des projectiles et l'importance extraordinaire de leurs effets d'éclatement. Enfin, comme les affûts, les voitures sont aussi simples que solides

Il est donc permis de dire, sous forme de conclusion, que tout ce matériel se recommande par ses qualités exceptionnelles.

CHAPITRE V

MATÉRIELS D'ARTILLERIE ACTUELLEMENT EN SERVICE

Sommaire. — Matériel français. — Artillerie *de campagne*. — Canon de 90 et de 80 millimètres. — Matériel *de montagne*. — Matériel *de siège*. — Matériel *de place*. — Matériel *de place et côtes*. — Matériel allemand. — Artillerie de campagne. — Canon *lourd* et canon *léger*. — Batteries « montées » et « à cheval ». — Parc de siège et campagne (*Feldbelagerungspark*). — Matériel et équipages de siège. — Matériel de place. — Matériel de côtes.

L'artillerie de campagne a, comme on sait, mission d'engager le combat; de couvrir le déploiement des troupes; de préparer l'attaque par des feux multipliés; de concourir d'une façon spéciale au succès de certaines opérations du champ de bataille. Pour appuyer, en temps utile, les mouvements de l'infanterie ou de la cavalerie, le matériel dont elle dispose, doit être essentiellement *mobile*.

Le rôle de cette artillerie est aussi de contenir et d'occuper l'adversaire, en agissant à des distances auxquelles n'atteignent point les armes à feu dites « portatives »; de contre-battre l'artillerie ennemie; de couvrir les retraites; d'opérer seule, au besoin, une poursuite de l'ennemi. Il faut donc que son matériel ait une *puissance* et une *portée* assez considérables.

Pour remplir les obligations multiples qui lui sont imposées, surtout pour préparer une attaque, l'artillerie de campagne est tenue de produire, à des moments voulus et sur des points donnés, des effets meurtriers irrésistibles. D'où il suit que son tir doit pouvoir s'exécuter vigoureusement, avec *justesse* et *rapidité*.

Il est enfin indispensable qu'un matériel de campagne soit suffisamment *résistant* et ne comprenne qu'un nombre restreint de calibres. Faute d'une solidité suffisante, il serait vite mis hors de service et deviendrait, dès lors, moins utile qu'embarrassant. La diversité des calibres aurait pour conséquence la diversité des munitions ; or celle-ci introduirait dans les conditions du difficile problème du *réapprovisionnement en munitions* des complications qui pourraient entraîner de graves conséquences.

En somme, une bonne artillerie de campagne doit allier, dans de sages proportions, à la *mobilité* la *puissance* et la *solidité*. Son matériel doit être *à la fois* léger, résistant, capable de produire des effets meurtriers, d'exécuter à grande distance des feux de précision rapides. Les qualités qu'elle doit réunir sont, comme on le voit, très diverses, parfois contradictoires et difficilement conciliables.

Voyons comment le problème a été résolu en France.

Le matériel de campagne français comprend deux calibres : un canon de 90 et un canon de 80 millimètres.

Canon de 90, *de campagne* (Voy. la fig. 44). — Rayé à droite (vingt-quatre rayures progressives), le canon de 90 millimètres, de campagne, est d'un poids moyen de 550 kilogrammes. Il tire, à la charge normale de 1^{kg},900, des projectiles dont la vitesse initiale est de 455 mètres ; la portée maxima, de 7 kilomètres. Ces projectiles sont de trois sortes : obus ordinaire, obus à *balles* et boîte à *mitraille*. L'obus ordinaire en fonte est de forme cylindro-ogivale ; il est capable d'une charge intérieure de 500 grammes de poudre ; armé de la fusée Budin de campagne, son poids s'élève à 8 kilogrammes. L'expérience a démontré que de tous les obus *à balles* actuellement en usage en Europe les plus avantageux sont les obus français. Mais, quel que soit le mérite de ceux-ci, on tend à les remplacer dans les approvisionnements de campagne par de nouveaux projectiles, dits obus *à mitraille* ou obus *de la Pyrotechnie* (de Bourges). L'obus à mitraille modèle 1883 est de mêmes forme et dimensions que l'obus à balles de 90. Armé de la fusée à double effet de 30 millimètres, de campagne, il pèse, tout chargé, 8kg,500 et donne, lors de l'exécution du tir, une gerbe de 250 *balles* ou *éclats*. La *boîte à mitraille* consiste en un cylindre en zinc, contenant 123 balles de plomb durci, pesant chacune 44 grammes. Préalablement enduites de vieux oing, ces balles sont méthodiquement rangées par lits successifs et maintenues en place par une coulée de soufre. Ainsi

Fig. 44. — Canon de 90, *de campagne*.

organisée, une boîte à mitraille de 90 pèse en moyenne. 7kg,860. Ce projectile donne des résultats très sérieux jusqu'à la distance de 800 mètres; et cela, grâce au poids ainsi qu'à la grande vitesse initiale des balles.

Les affûts de canons de 90 portent avec eux tous les accessoires que comporte l'exécution du tir. Dans le matériel français, il n'a pas été adapté de siège à l'essieu; on a pensé que les trois servants appelés à prendre place sur l'avant-train suffiraient, avec le chef de pièce, à commencer le feu, en attendant l'entrée en scène de leurs camarades du caisson.

MATÉRIELS D'ARTILLERIE ACTUELLEMENT EN SERVICE 171

Les *avant-trains* et *caissons* sont garnis de rechanges, d'agrès et d'outils divers tels que pelles, pioches, hachettes, cordes à chevaux, piquets, etc.

Les *coffres à munitions* sont confectionnés en bois

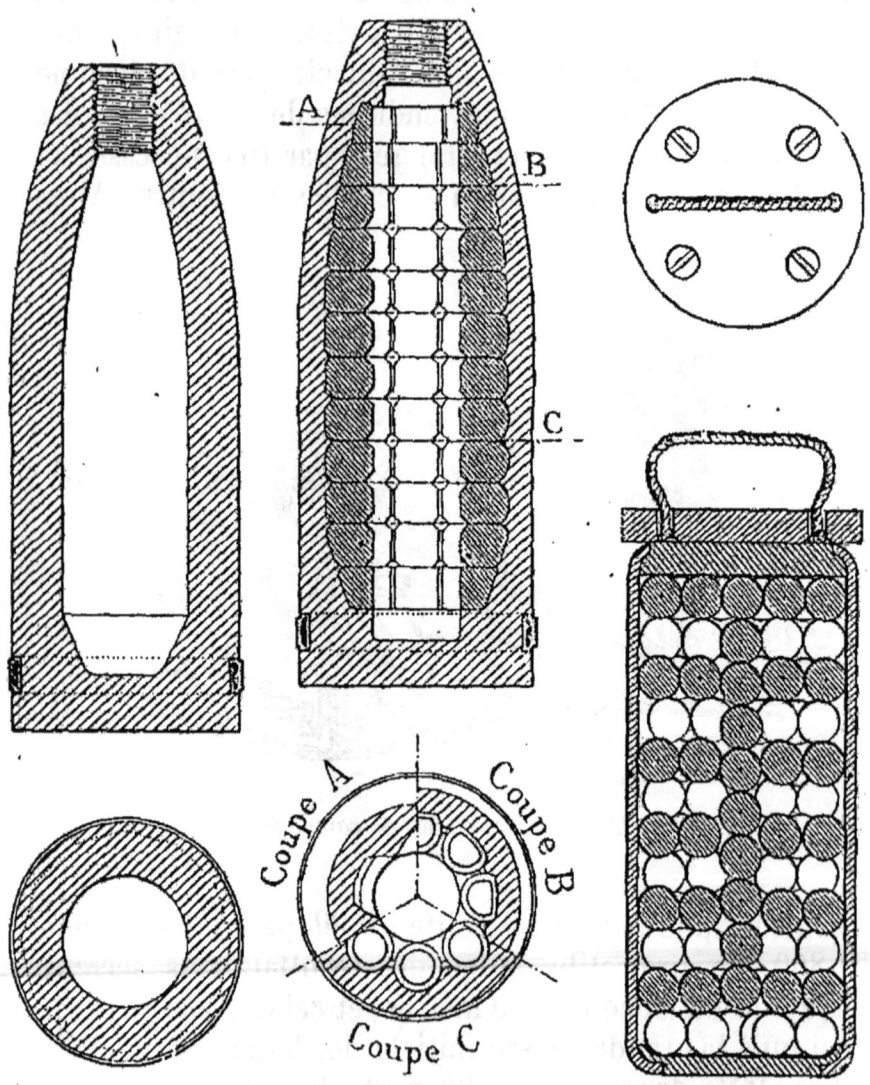

Fig. 45. — Obus ordinaire du canon de 90, de campagne.

Fig. 46. — Obus à balles du canon de 90, de campagne.

Fig. 47. — Boîte à mitraille du canon de 90, de campagne.

doublé de tôle mince. Ils étaient autrefois à couvercle amovible; mais, depuis trois ou quatre ans déjà, la quasi-totalité des batteries est dotée de coffres *à tiroir*.

Aujourd'hui, en France, toutes les batteries d'artillerie *montées* sont uniquement armées de canons de 90, système de Bange.

Canon de 80, de campagne (voy. la fig. 48). — Le canon de 80 millimètres de campagne est également rayé à droite (vingt-quatre rayures progressives) et pèse en moyenne 425 kilogrammes. Il tire, à la charge normale de 1500 grammes, un projectile dont la vitesse initiale est de 490 mètres; la portée maxima, d'environ 7 kilomètres.

Cette pièce est, de tous points, semblable à sa congénère de 90; elle n'en diffère que par les proportions. Son obus ordinaire est capable d'une charge intérieure de 240 grammes; ainsi chargé et armé d'une fusée Budin de campagne, ce projectile pèse $5^{kg},500$. Le canon de 80 lance aussi des obus *à balles* mais ces projectiles doivent, comme pour le canon de 90, être remplacés, dans les approvisionnements de campagne, par des obus *à mitraille* dits *de la Pyrotechnie*. L'obus à mitraille du canon de 80 donne, lors de l'exécution du tir, 175 *balles* ou *éclats*. Sa boîte à mitraille contient 85 balles de plomb durci.

Toutes les batteries à *cheval* de l'artillerie française sont armées aujourd'hui de canons de 80, système de Bange.

Voyons maintenant le matériel de montagne, lequel ne se compose que d'un seul calibre, de 80 millimètres.

Canon de 80, de montagne (voy. la fig. 49). — Le canon de 80 millimètres de montagne est une bouche à feu rayée à droite (vingt-quatre rayures progressives), d'un poids moyen de 105 kilogrammes. Adoptée en 1878, cette pièce tire, à la charge normale de 400 grammes, un projectile de $5^{kg},600$ dont la portée maxima est d'environ 5 *kilomètres*. Plus exactement, les projectiles qu'elle lance sont identiquement ceux que lance sa similaire de campagne, à cette seule différence près que son obus ordinaire s'arme d'une fusée percutante de *siège et de montagne*[1],

---

1. L'affût, tel qu'il est représenté page 173, *se cabre* lors du tir; pour parer à cet inconvénient, on y a annexé une rallonge de flèche en tôle d'acier.

Appelé à passer par des chemins étroits et difficiles, le matériel de montagne est organisé de manière à pou-

Fig. 48. — Canon de 80, *de campagne.*

voir se transporter à dos de bêtes de somme. Le corps

Fig. 49. — Canon de 80, *de montagne.*

du canon de 80 (105 kilogrammes) se campe, à volonté, sur un mulet de bât (voy. la fig. 50.) Les munitions s'arriment dans des coffres, dits *caisses de montagne*, contenant chacun *sept* projectiles et *sept* gargousses. Un mulet porte deux de ces caisses, pesant ensemble environ 120 kilogrammes. L'affût peut se monter sur un brancard, dit *limonière*, dans lequel entre le mulet. Ainsi annexés l'un à l'autre, l'affût et sa limonière forment voiture à deux roues (voy. la fig. 51).

Le matériel *de siège* comprend un assez grand nombre

Fig. 50. — Mulet de pièce de 80, *de montagne*.

de types, savoir : un canon de 95 millimètres; des canons de 120, 155 et 220; des mortiers rayés de 90, 155, 220 et 270 millimètres. Cette nomenclature est, comme on voit, celle d'une série de calibres très divers.

C'est que, pour tenir convenablement le rôle qui lui est dévolu, une artillerie de siège doit être aujourd'hui composée de bouches à feu puissantes, dotées de grande justesse aux plus grandes distances, également propres à

Fig. 51. — Canon de 80, *de montagne* — Attelage à limonière.

l'exécution d'un tir plongeant ou de plein fouet. En ce qui concerne la diversité des calibres, c'est un inconvénient dont il n'y a pas trop lieu de se préoccuper dans l'économie d'un matériel de siège. Il vaudrait mieux sans doute que la multiplicité n'existât point; mais ce qu'il faut avant tout, c'est produire des effets puissants.

Canon de 95. — Le canon de 95 faisait primitivement partie du matériel de campagne. On l'en a détaché afin de parer à l'inconvénient que la multiplicité des calibres comporte au point de vue des approvisionnements. C'est une bouche à feu « système Lahitolle », en acier, rayée à gauche (vingt-huit rayures progressives) et se chargeant par la culasse. Du poids de 700 kilogrammes, elle tire, à la charge de $2^{kg},100$, un projectile de $10^{kg},900$.

Canon de 120 (voy. la fig. 52). — Rayé à droite et d'un poids moyen de 1200 kilogrammes, le canon de 120 millimètres, adopté en 1878, tire de plein fouet, à la charge normale de $4^{kg},500$ de poudre, un projectile du poids de $17^{kg},800$. La vitesse initiale correspondant à cette charge est de 480 mètres; la portée maxima, de plus de NEUF kilomètres[1].

Le mécanisme de culasse et l'obturateur du canon de 120 ne font — sauf quelques détails — que reproduire respectivement, à plus grande échelle, le dispositif des appareils similaires du canon de 90, de campagne.

Les projectiles que lance cette bouche à feu sont de trois sortes : obus *ordinaire*, obus à *balles* et *boîte à mitraille*. L'obus *ordinaire* mesure $0^m,35$ de hauteur; sa charge intérieure est de 800 grammes de poudre. Tout chargé et armé de sa fusée, il pèse, ainsi qu'on l'a vu, $17^{kg},800$. L'obus *à balles* comporte une charge intérieure

---

[1]. Exactement $9^{km},200$. Cette portée maxima correspond à 37 degrés, angle-limite auquel se prête l'affût de 120, reposant sur un sol horizontal.

de 140 grammes et 214 balles. Armé de la fusée à double effet de siège, son poids est de $18^{kg},900$. Enfin, la *boîte à mitraille* contient 282 balles en plomb durci, de 20 millimètres de diamètre et du poids de 44 grammes.

Cette pièce a été mise en service en France, en 1878.

Canon de 155 « long » (voy. la fig. 53). — Rayé à droite (quarante-huit rayures progressives) et d'un poids moyen de 2500 kilogrammes, le canon de 155 millimètres, adopté en France en 1877, tire de plein fouet, à la charge de $8^{kg},750$, un projectile pesant *quarante kilogrammes*. La vitesse initiale correspondant à cette charge est de 464 mètres; la portée maxima, de plus de 9 kilomètres[1].

Cette bouche à feu tire, d'ailleurs, trois espèces de projectiles : l'obus *ordinaire*, l'obus à *balles* et la *boîte à mitraille*. L'obus ordinaire, de forme cylindro-ogivale, mesure $0^m,465$ de hauteur. Le poids de la charge intérieure est de $1^{kg},700$ de poudre MC_{30}. Tout chargé et armé de la fusée percutante de siège, il pèse, ainsi qu'il a été dit, 40 kilogrammes. L'obus à balles, de même forme que l'obus ordinaire, n'en diffère que du fait d'une hauteur plus faible ($0^m,415$) et d'une capacité plus grande. Sa charge intérieure est de 450 grammes de poudre avec 270 balles de $16^{mm},7$ de diamètre et du poids de 26 grammes. Chargé et armé, il pèse 41 kilogrammes. La boîte à mitraille contient 429 balles de $22,^{mm}5$ de diamètre, en plomb durci, pesant chacune $22^{gr},5$. Le poids de la boîte est de 40 kilogrammes, c'est-à-dire égal à celui de l'obus ordinaire.

Canon de 220. — Le canon de 220 est une bouche à feu d'un type analogue à celui des ca-

---

[1]. Exactement $9^{km},100$. Cette portée correspond à l'angle de 28 degrés, angle de tir-limite auquel se prête l'affût de 155, reposant sur un sol horizontal. Les tables de tir sont néanmoins graduées jusqu'à 10 kilomètres, mais cette portée, correspondant à l'angle de $36°,30'$, ne peut s'obtenir que si l'on enterre la crosse de l'affût.

nons de 120 et de 155, mais de puissance notablement supérieure. D'un poids de 5700 kilogrammes,

Fig. 52. — Canon de 120ᵐᵐ, *de siège*, à frein hydraulique.

cette pièce tire, à la charge de 19 kilogrammes de poudre, un projectile de 90 kilogrammes. La vitesse ini-

Fig. 53. — Canon de 155ᵐᵐ « long », *de siège*.

tiale mesure 440 mètres ; la portée maxima, 11 kilomètres.
Affectées à l'exécution d'un tir sous de grands angles, les bouches à feu dites *mortiers* sont dotées d'affûts spé-

ciaux, entièrement métalliques et n'ayant aucune analogie avec ceux des canons.

Mortier rayé de 90. — Cette petite bouche à feu, actuellement soumise à des expériences suivies, tire, à la charge de $0^{kg},270$, un projectile de 8 kilogrammes. La vitesse initiale du projectile est de 190 mètres; la portée maxima, de $2^{km},500$.

Canon de 155 « *court* » (Voy. la fig. 54). — Adopté en France en 1882, le canon de 155 millimètres *court*, —

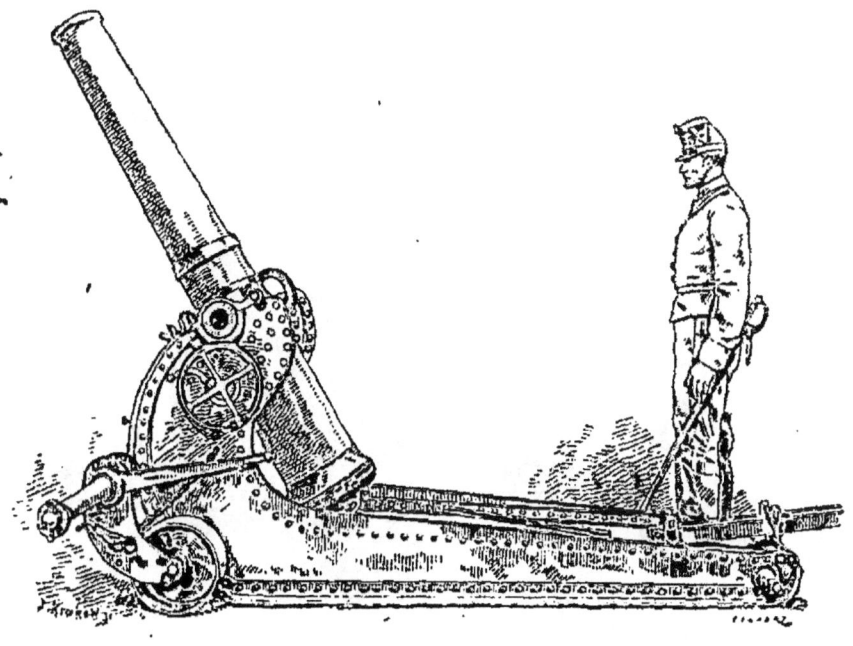

Fig. 54. — Canon de 155^{mm}, « court » *de siège*.

qu'on désigne parfois sous le nom de mortier de 155 — lance, à la charge de 5 kilog. de poudres, un projectile de 40 kilogrammes, d'une vitesse initiale de 300 mètres et d'une portée maxima de 6 kilomètres. Cette pièce est montée sur un affût glissant, lequel permet de tirer sous des angles variant de 20 degrés *au-dessous* à 60 degrés *au-dessus* de l'horizon.

Mortier rayé de 220. — Rayé à droite (soixante rayures progressives) et d'un poids moyen de 3000 kilogrammes, le mortier de 220 millimètres, adopté en France en 1884, tire, à la charge de 9 kilog. de poudres, un projectile de 90 kilogrammes, y compris 6 kilogrammes de charge intérieure. La vitesse initiale est de 300 mètres; la portée maxima (correspondant à l'angle de 38° 10′), de 7^{km},600.

Mortier rayé de 270 (voy. la fig. 55). — Le mortier rayé de 270 millimètres est du poids de 5700 kilogrammes. Adopté en 1884, il tire, à la charge de 16 kilogrammes de poudre, un projectile de 180 kilogrammes, d'une vitesse initiale de 300 mètres, et de 8 kilomètres de por-

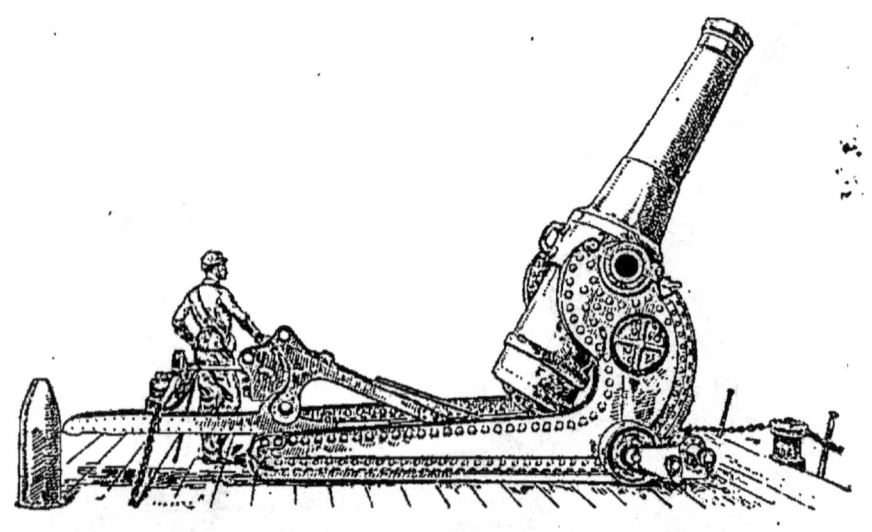

Fig. 55. — Mortier rayé de 270^{mm}.

tée. Ce projectile est capable d'effets de pénétration très puissants. Tiré à la charge de 14 kilogrammes et sous l'angle de 60 degrés, il tombe *verticalement* à 6 kilomètres de distance. Lors de cette chute, il pénètre à six mètres de profondeur dans un sol de la nature de celui du polygone de Bourges.

Pour lutter avec avantage contre l'artillerie de siège, les forteresses doivent être aujourd'hui armées de bouches à feu pouvant exécuter, aux plus grandes distances, un tir *de précision*, capable de grands effets destructeurs. Ici, la qualité dominante doit être la puissance; la condition de mobilité est, on le conçoit, tout à fait secondaire. Le matériel *de place* ne comprenait, il y a quelques années, que trois pièces, savoir : le canon de 138 millimètres, le canon de 24, rayé, *de place*, et le canon de 12, aussi rayé *de place*.

Le canon de 138 n'est autre chose que l'ancien canon de 16 lisse en bronze, transformé, en 1874, suivant le système de Reffye.

Les canons rayés, *de place*, de 24 et de 12 proviennent de la transformation des anciens canons lisses de 24 et de 12 en bronze. Tous deux se chargent par la bouche.

Depuis que la plupart des États ont introduit dans leur matériel de siège des calibres de grande puissance, la France a dû renforcer le sien de ses deux pièces en acier de 120 et de 155 millimètres. Il suit de là qu'une part notable de l'armement des forteresses se trouve aujourd'hui formée de pièces dites *de siège*. Le vrai sens qu'il faut désormais attribuer aux dénominations de *bouches à feu de siège* et *bouches à feu de place* est, à proprement parler, celui-ci : « bouches à feu employées *principalement* dans les sièges; bouches à feu employées *principalement* dans la défense des places.

Canon-revolver. — Le canon-revolver, adopté en 1879, est une petite bouche à feu spécialement affectée au flanquement des fossés des fortifications. Elle consiste en un système de cinq canons d'acier, du calibre de 40 millimètres et ouvragés chacun de 12 rayures à pas constant. Il est essentiel d'observer que le *pas* varie d'un de ces canons à l'autre, d'où il suit que les trajectoires sont différentes et qu'on obtient ainsi une dispersion automatique des projectiles. La cartouche métallique qu'on emploie comprend une amorce fulminante, un culot obturateur et une boîte à balles à culot expansif. La charge est formée de 90 grammes de poudre à canon et de *vingt-quatre* balles, chacune du poids de 32 grammes.

Concurremment avec les pièces ci-dessus décrites, on emploie, dans la défense des places, certains types de bouches à feu plus spécialement affectées en principe à la défense des côtes. Les divers éléments de ce matériel *de place et côtes* peuvent être sans inconvénient de poids considérable, attendu qu'ils sont toujours établis à poste fixe dans des ouvrages de fortification permanente : batteries de côtes, casemates, tourelles à coupole, etc. Destinées à former le principal ressort de la résistance des places, ainsi qu'à défendre aux navires cuirassés de l'ennemi l'accès d'un port ou d'un point d'embossage, ces bouches à feu doivent être extrêmement puissantes et capables d'un tir *de précision* exécuté aux plus fortes charges. De ces divers types, les uns appartiennent au matériel de la marine; les autres ont été créés par l'artillerie de terre. Ceux-ci sont : le canon de 19 centimètres en fonte; le canon de 24 centimètres, également en fonte; un canon de 240 millimètres en acier.

Canon de 19 centimètres, modèle 1878. — Le canon de 19 centimètres est une bouche à feu en fonte, tubée et frettée, se chargeant par la culasse et munie d'un appareil de fermeture de Bange. Cette pièce, qui pèse environ 7850 kilogrammes, lance, à la charge de 16 kilogrammes de poudre, un projectile de $75^{kg},500$. Elle se met en batterie sur un affût semblable à celui du canon de 24 centimètres, dont il va être parlé ci-après.

Canon de 24 centimètres, modèle 1876 (voy. la fig. 56). — D'un poids moyen de 16 200 kilogrammes, le canon de 24 centimètres en fonte, tubé et fretté, tire, à la charge de 28 kilogrammes de poudre, un obus ordinaire de 120 kilogrammes dont la vitesse initiale est de 670 mètres; et la portée maxima, de 10 500 mètres sous l'angle de tir de 30 degrés[1]. Le corps du canon, *en fonte*, est renforcé, à l'intérieur, d'un *tube en acier*; à l'extérieur, de *deux rangs de frettes* également en acier. Le tube intérieur est cylindrique. A l'arrière, dans la partie correspondant au

---

1. Tel est l'angle maximum que permet l'affût à frein hydraulique affecté au service de cette bouche à feu.

logement de la vis de culasse, ce tube présente un renfort également cylindrique, sur la surface duquel un pas de vis rectangulaire fait saillie. Un logement, de même forme générale que le tube, est alésé dans le corps du canon (en fonte), à des diamètres un peu moindres que ceux des parties correspondantes dudit tube. On obtient le serrage réglementaire en procédant ainsi qu'il suit : le canon — maintenu verticalement — est chauffé à une température convenable; on y introduit le tube d'acier *froid*, on visse et on laisse refroidir le tout.

Le filetage du renfort empêchant le tube d'être chassé

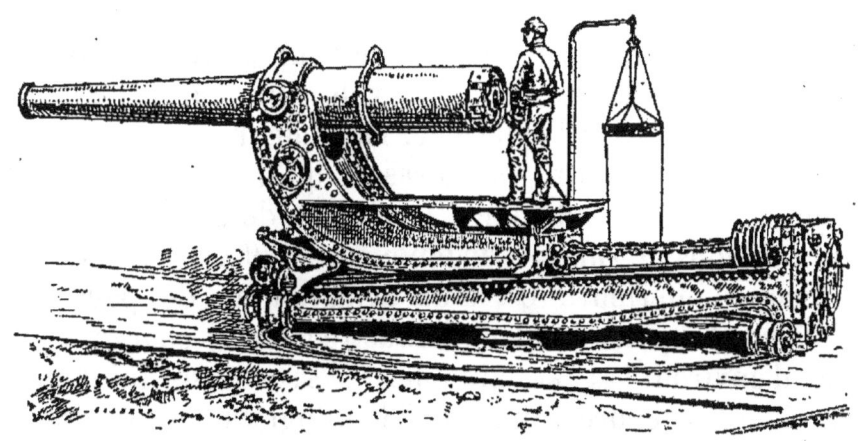

Fig. 56. — Canon de 240^{mm}, *de côtes*.

vers l'arrière pendant le refroidissement, on obtient de la sorte un serrage longitudinal de 1^{mm},81, en même temps qu'un serrage diamétral de 0^{mm},2.

Le frettage intérieur comprend 10 frettes; le frettage extérieur, 8. Les tourillons font corps avec la frette-tourillon qui fait partie du rang extérieur.

Les rayures sont au nombre de 60, tournant de gauche à droite, progressives jusqu'à la tranche de la bouche..

L'obus ordinaire est un projectile cylindro-ogival, en fonte, dont la hauteur est de 650, et le diamètre, de 238 millimètres (partie cylindrique). Sa charge intérieure est de 6^{kg},650. Chargé et armé de la fusée percutante de siège, il pèse environ 121 kilogrammes. L'obus à balles, extérieurement de même forme que l'obus ordinaire, ne diffère de celui-ci que du fait d'une moindre épaisseur de parois. Le vide intérieur est divisé en deux parties par le moyen d'un épaulement qui raccorde les deux épaisseurs distinctes. La partie-arrière, où l'épaisseur des parois est le plus faible, est destinée à recevoir les balles; la partie-avant forme chambre aux poudres. La charge intérieure de cet obus est de 1^{kg}.900 de poudre avec 570 balles de 26^{mm},5 de diamètre et du poids de 70 grammes. Il pèse, tout chargé, 150 *kilogrammes;* sa vitesse initiale (avec la charge normale de 28 kilogrammes) est de 451 mètres.

L'obus *de rupture*[1] se compose de deux parties : l'obus proprement dit et le *culot*. Le vide intérieur est sans communication avec l'extérieur. La chaleur résultant du choc de l'obus contre la cuirasse, qu'il est destiné à perforer, suffit à enflammer la charge de poudre intérieure. L'obus de rupture en fonte pèse 140 *kilogrammes*. La charge intérieure est d'un kilogramme de poudre ordinaire. Le poids total de l'obus (en fonte) chargé est donc d'environ 141 kilogrammes[2]; sa vitesse initiale, avec la charge ordinaire de 28 kilogrammes, est de 440 mètres.

Le canon de 24 centimètres se met en batterie sur un affût *spécial* de côtes, en fonte, monté sur grand châssis aussi en fonte (fig. 56). Chaque côté de ce grand châssis est muni, en son milieu et en dessous, d'une forte jambe de force venue de fonte, obviant aux flexions de la partie médiane; et à l'extrémité-arrière, d'une autre jambe de force empêchant le châssis de basculer autour des roulettes. L'entretoise-arrière porte trois tampons de choc, destinés à arrêter l'affût, au cas d'un recul trop considérable. Les roulettes par l'in-

---

1. Il a été mis en essai des obus de rupture en fonte dure et des obus en acier.
2. L'obus en acier de même modèle pèse 147 kilogrammes.

termédiaire desquelles le châssis repose sur l'arrière de la plate-forme, sont munies d'un encliquetage pour leviers.

L'affût, en fonte de fer, est muni de huit lames de frein, lesquelles glissent entre huit autres lames fixées au grand châssis. Ces dernières sont pressées par deux mâchoires mobiles autour d'axes qui sont mis automatiquement en mouvement du fait du recul de l'affût. Celui-ci porte, à cet effet, sur le côté, un levier qui vient buter contre une came fixée au châssis. Le levier est obligé de tourner à mesure que l'affût recule, et le frein se serre du fait de ce mouvement.

Les roulettes de l'affût sont munies d'un encliquetage, comme celles du grand châssis. A l'aide de leviers engagés par la pince dans les mortaises de cet encliquetage, on remet la pièce en batterie.

La vis de pointage est double. L'écrou de vis de pointage est fixé sur l'entretoise-arrière de l'affût, où il est maintenu par deux goujons. On l'enlève quand on veut tirer sous de grands angles et, en ce cas, l'on soutient la culasse à l'aide de quelques coins.

L'affût est complété par une grue de chargement, laquelle se place dans une crapaudine creusée à l'arrière du flasque gauche; cette grue sert à amener le projectile à hauteur de la culasse. Un marchepied, fixé à l'arrière du châssis, permet d'accéder à celui-ci lors des opérations de chargement et de pointage.

Les angles de tir que permet cet affût sont : avec la vis de pointage complètement développée, 6° *au-dessous* de l'horizon; la vis de pointage à fond, 15° *au-dessus;* l'écrou de pointage enlevé, 31° *au-dessus* de l'horizon (angle maximum).

Canon de 240 millimètres en acier (voy. la fig. 56). — Le colonel de Bange a, en outre, fait un canon de 240 millimètres, *tout en acier*. Cette bouche à feu reproduit, à plus grande échelle, toutes les dispositions du canon de 155, ci-dessus décrit.

Enfin, notre inventeur a fait un canon de 340 qui

Fig. 57. — Canon de 340mm de siège et place, de marine et de côtes

n'est pas encore réglementaire, mais que sans doute, tôt ou tard, la France adoptera.

Canon de siège et place, de marine et de côtes, de 340 en acier (voy. la fig. 57). — Le canon de 340 millimètres pèse 37 tonnes 1/2 — poids relativement faible — et mesure 11^m,20 de longueur. Son diamètre extérieur est de 1^m,04 à la culasse; son diamètre intérieur, de 245 millimètres à la chambre à poudre. Les tourillons ont, comme toujours, un diamètre égal au calibre; leur distance à la tranche postérieure de la culasse est de 3^m,75; un peu en avant d'eux, se trouve le guidon. Telles sont les conditions générales d'établissement du corps du canon. On voit que les dimensions en sont éminemment respectables.

Du mode de fermeture de culasse nous n'avons rien à dire, attendu que ce mode est analogue au type adopté pour les bouches à feu de campagne.

Le projectile est d'un poids qui varie de 420 à 600 kilogrammes suivant son organisation intérieure. Il peut contenir jusqu'à 40 kilogrammes de poudre comprimée. Sa hauteur est de 3 calibres, 74 c'est à dire de 1^m,27. L'ogive en est *très allongée* et, à raison même de cette forme élégante, il tombe toujours sur sa pointe, même pour des angles de chute voisins de 60°.

La charge à employer varie de 180 à 200 kilogrammes, suivant la nature de la poudre.

Pour ce qui est des propriétés balistiques de la pièce, il est permis de les dire remarquables. La vitesse initiale est de 650 mètres; la portée maxima, de 17 à 18 kilomètres — soit la distance de Paris à Montgeron par le chemin de fer de Lyon, ou celle de Paris à Versailles *via* rive gauche[1]. On sait d'ailleurs que, d'une manière générale, la justesse d'une bouche à feu quelconque est *fonction* de son calibre; que cette justesse croit avec le poids *par unité de section* du projectile. Or, le canon

---

1. La pièce a été essayée sous une charge de 150 kilogrammes, correspondant à la vitesse de 500 mètres environ. Une rupture de bielle a interrompu le tir au deuxième coup.

de Bange de 24 centimètres, en acier, est déjà tellement juste qu'aucun de ses projectiles ne saurait manquer un navire en marche, et qu'on est sûr avec lui de jouer, contre l'adversaire ce jeu dont la devise est : *A tout coup, l'on gagne*. La justesse du canon de 34 centimètres doit donc être, s'il est possible, encore plus grande, d'autant plus grande que son projectile *allongé* de $1^m,27$ de hauteur, est affecté, par unité de section, d'un poids relativement considérable.

L'usinage n'a pas duré moins d'une année entière.

Le tube n'avait, au sortir des forges, qu'un diamètre intérieur d'environ 30 centimètres. Pour l'amener au calibre voulu, il a d'abord fallu opérer un forage dont l'exécution a demandé vingt et un jours et vingt et une nuits d'un travail ininterrompu.

Le colonel de Bange a fait l'application de son nouveau système de frettage biconique au canon de 340 millimètres. Le tube dudit canon est renforcé de quatre rangs de frettes qui, du fait de leur biconicité, s'emboîtent les unes dans les autres, en *contrariant leurs joints* à la manière d'un briquetage. La mise en place en est fort simple. Il suffit de les chauffer *à bleu*, c'est-à-dire à 300 ou 400 degrés, pour obtenir le serrage nécessaire.

L'âme de la pièce a été dotée de 144 rayures de $0^m,0015$ de profondeur; d'un pas initial de 30 minutes; d'un pas final de 7 degrés.

Nous dirons maintenant quelques mots de la plateforme du châssis et de l'affût, dont les dimensions et les poids sont, on le comprend, en harmonie avec ceux du tube. La plate-forme se compose de trois cours de gîtes superposés. Ces gîtes, de 30 centimètres d'équarrissage, sont noyés dans le balast; et le balast repose sur un lit de béton. Le grand châssis est du poids de 20 tonnes; celui de l'affût, de 22 tonnes, frein compris. Ces deux appareils à fonctionnements connexes présentent quelques dispositions originales, extrêmement ingénieuses. On y remarque d'abord une *bielle inclinée* reliant l'affût aux pompes, modérant le soulèvement de cet affût et parant à l'inconvénient des soubresauts. L'attention est ensuite appelée sur un *galet excentré* fonctionnant automatiquement à l'arrière et dont on va saisir l'importance. Il convient, en effet, que lors du recul, l'affût *glisse* sur le grand châssis par sa partie arrière. Il est utile, au contraire, que, lors de la rentrée en batterie, cet arrière *roule* sur ledit grand châssis. La condition est remplie par le galet excentré placé sous la crosse de l'affût, et qu'un ressort Belleville sollicite au moment du besoin.

Les regards de l'observateur sont en même temps attirés vers une *chaîne inclinée* qui, disposée à l'arrière de l'affût, est reliée par d'autres ressorts Belleville à l'entretoise postérieure du grand châssis. On sait que, lors d'une rentrée en batterie, la vitesse du mouvement en avant est grande, malgré le jeu des pompes, et qu'il est d'usage d'amortir le choc à l'arrivée au moyen de tampons que le châssis porte à son avant. Ce dispositif, partout employé jusqu'à ce jour, n'empêche pas le système de subir des ébranlements violents, attendu que l'action des tampons s'exerce très bas par rapport au centre de gravité. La nouvelle chaîne a pour effet de ralentir la rentrée en batterie et d'atténuer, par conséquent, les secousses. A l'arrière du grand châssis se trouvent aussi des tampons de choc, placés là en prévision du cas où, par suite de quelque rupture, le frein hydraulique ne fonctionnerait pas.

On remarque enfin la *sellette*, qui est fort large et *dont l'axe prolongé passe par le centre de gravité de tout l'équipage*. La raison de cette disposition toute nouvelle est la suivante : la plupart des grands châssis actuellement en usage reposent sur la plate-forme par l'intermédiaire d'une sellette et d'un jeu de roulettes ou galets. Or l'expérience démontre que ces galets ou roulettes sont de mauvais organes, sujets à se fausser et qui, de fait, se faussent souvent. La sellette adoptée a permis de les supprimer, attendu que le système est en équilibre sur elle, et se prête facilement à tous changements de direction. La cheville ouvrière passant, comme nous l'avons dit, par le centre de gravité du système, le champ de tir de la pièce est de 360 degrés.

L'affût comporte un *palier de chargement* établi à 2ᵐ,50 au-dessus du sol. Quant à l'axe des tourillons, il en est à 3ᵐ,50.

Une grue — manœuvrée à la main — sert à amener le projectile à hauteur de l'entrée de la chambre. Pour le pointage, la pièce porte, à sa partie inférieure, au-dessous des tourillons, un arc denté sur lequel on agit au moyen d'engrenages commandés de l'extérieur. On peut en incliner l'axe de 30 degrés *au-dessus* à 15 degrés *au-dessous* de l'horizon. La pièce, une fois chargée, se trouve en parfait équilibre sur ses tourillons.

La plus grosse bouche à feu qui soit, jusqu'à ce jour, sortie de l'usine Krupp est du calibre de 44 centimètres et ne comporte qu'une vitesse initiale de 450 mètres. Elle vaut environ 1 500 000 francs. La nouvelle pièce de Bange coûte notablement moins cher, et la vitesse qu'elle offre est, ainsi qu'on l'a vu, de 650 mètres. Grâce à l'emploi du système de frettage qui en fait principalement l'originalité, elle remplit toutes les conditions de sécurité, de légèreté et, par conséquent, d'économie qu'on peut vouloir s'imposer ou requérir.

La pièce de 340 millimètres est, avant tout, une pièce de marine, c'est-à-dire pouvant se mettre en batterie à bord d'un navire de guerre, ou concourir utilement à la défense des points les plus vulnérables des côtes d'un État. Elle peut aussi s'employer à titre de bouche à feu de place et bouche à feu de siège. Dans un siège, notamment, on peut en obtenir d'excellents services, attendu que la limite de portée des pièces connues jusqu'à ce jour est de 10 kilomètres et que cette distance de 10 kilomètres n'est pour la pièce de Bange qu'une « belle portée. »

Passons maintenant l'inspection du matériel allemand.

Les bouches à feu de campagne actuellement en service dans l'armée allemande sont le canon *lourd*, modèle 1873, dit *de neuf centimètres*, et le canon *léger*, aussi modèle 1873 et dit *de* 8 *centimètres*. Ces deux pièces en acier sont ouvragées de rayures cunéiformes à pas constant; leur mécanisme de fermeture est du système Krupp *à coin cylindro-prismatique*. Les affûts, avant-trains, caissons à munitions, caissons d'approvisionnements, forges de campagne sont en fer et d'un modèle dit aussi de 1873.

Le canon *lourd* tire, à la charge de 1^{kg},500, un obus pesant plus de 7 kilogrammes, dont la vitesse initiale est de 444 mètres, et la portée maxima, de 7 kilomètres. Il est surtout fait pour appuyer les divisions d'infanterie.

Le canon *léger* tire, à la charge normale de 1^{kg},250 de poudre, un projectile de plus de 5 kilogrammes, dont la vitesse initiale est de 465 mètres; et la portée maxima, de 4 kilomètres. Il est fait pour marcher avec la cavalerie.

Ces deux bouches à feu tirent l'obus ordinaire, l'obus à balles et la boîte à mitraille. On distingue deux obus ordinaires de campagne, tous deux à double paroi. L'un, modèle 1873, est appelé à disparaître; dans l'autre, modèle 1876, la paroi intérieure est formée d'anneaux dentelés superposés. L'obus du canon de 9 centimètres renferme une charge de 280 grammes de poudre; il pèse, avons-nous dit, plus de 7 kilogrammes. L'obus du canon de 8 centimètres ne contient que 195 grammes de poudre, compris lesquels, avons-nous dit aussi, son poids s'élève à plus de 5 kilogrammes. Le *shrapnel* de 9 centimètres contient 210 balles de fusil; celui de 8 centimètres, 123 balles. La boîte à mitraille du canon lourd renferme 76 balles en zinc, pesant chacune 70 grammes; celle du canon léger, aussi 76 balles en zinc, mais du poids de 46 grammes seulement.

L'Allemagne met normalement en ligne 426 batteries *montées* ou *à cheval*. Chacune de ces batteries comporte 18 voitures attelées à six chevaux, savoir : 6 pièces, 8 caissons à munitions, 1 forge et 3 voitures d'approvisionnement. C'est donc un ensemble de 2556 pièces, dont le service exige l'emploi de plus de 45000 chevaux.

L'Allemagne n'a point de matériel *de montagne*. En revanche, elle a conçu le projet de former des batteries de *gros matériel* de campagne, destinées à vaincre les premières résistances opposées par les positions fortifiées et les forts d'arrêt. Dans cet ordre d'idées, à chacune de ses armées en marche serait affecté un parc de « siège et campagne » (*Feldbelagerungspark*), de 20 à 24 bouches à feu de gros calibre.

Le matériel de siège comprend divers calibres : un canon *lourd* de 9 et un canon *lourd* de 12 centimètres, tous deux en bronze mandriné, avec mécanisme de fermeture à coin cylindro-prismatique ; — un canon court de 15 centimètres, modèle 1870, en bronze, avec fermeture à double coin ; — un canon de 15 centimètres, en acier fretté, modèle 1872, avec fermeture à coin cylindro-prismatique ; — enfin, un canon court de 21 centimètres, en bronze mandriné, actuellement à l'étude. Font partie du même matériel : un mortier de 9 et un mortier de 15 centimètres, tous deux en bronze mandriné, avec système de fermeture à vis ; et un mortier *rayé* de 21 centimètres, modèle 1871, en bronze, avec fermeture à double coin. Ce mortier de 21 centimètres lance, à la charge maxima de 5^{kg},500, un projectile de 79 kilogrammes, animé d'une vitesse initiale de 214 mètres.

Enfin, au cours des mois d'août et septembre 1884, les officiers allemands ont expérimenté, au polygone de Meppen, un nouveau mortier du calibre de 24 centimètres. Les rayures de cette bouche à feu, au nombre de 28, mesurent 1^{mm},5 de profondeur, 2 millimètres de largeur. Leur pas, qui est de 45 calibres, comporte en conséquence une inclinaison d'environ 11 degrés. Les cloisons ont 4 millimètres d'épaisseur. Ce mortier lance, à la charge de 5^{kg},400 de poudre à gros grains, un projectile de 136 kilogrammes, animé d'une vitesse initiale de 200 mètres.

L'Allemagne a arrêté en 1880-81 la nouvelle organisation de ses *équipages de siège* sur cette base, généralement admise, qu'un assiégeant ne doit pas avoir sous la main moins de QUATRE CENTS pièces, s'il veut pouvoir attaquer *à la fois*, ainsi qu'il le faut, trois des forts détachés d'une grande place moderne, et immédiatement ensuite l'enceinte du noyau central. Aujourd'hui, nos voisins d'outre-Vosges peuvent, en temps de guerre, mettre sur pied : deux *équipages spéciaux* destinés à suivre constamment l'armée d'opérations, afin de vaincre les résistances que peuvent opposer à la marche de celle-ci les petits forts et les ouvrages de fortification passagère ; trois *grands équipages* de siège ; deux grands *équipages de réserve* et trois sections *de complément*, ensemble 1552 bouches à feu de gros calibre, approvisionnées chacune à un millier de coups.

Les Allemands affectent au service de la défense des places, d'abord tout leur matériel de siège, puis, concurremment : un canon de 12 centimètres, modèle 1873, et un canon de 15 centimètres, modèle 1864, tous deux en bronze, avec mécanisme de fermeture à coin prismatique ; un canon de 15 centimètres long, en acier fretté, modèle 1873, avec fermeture à coin cylindro-prismatique ; enfin, trois mortiers lisses des calibres de 15, 23 et 28 centimètres.

Le matériel spécial à la défense des côtes comprend : un canon long de 15 centimètres, *de place ;* des canons longs de 21 et 28 centimètres, en acier fretté, avec fermeture à coin cylindro-prismatique ; un mortier de 21 centimètres ; des canons de 30 centimètres et demi et 40 centimètres, actuellement en construction.

Le canon Krupp de $0^m,355$, *de côtes*, lance, à la charge de 130 kilogrammes de poudre prismatique, un projectile du poids de 520 kilogrammes. Ce projectile, dont la vitesse initiale est, prétend-on, de 500 mètres, pourrait percer, à la distance de 1800 mètres, des plaques de blindage de 24 pouces d'épaisseur.

Ici, naturellement une question se pose. Quelle est la valeur comparée des systèmes Krupp et de Bange?

Le matériel de Bange offre à qui en fait usage des avantages incontestables : la sécurité, une obturation sûre, la facilité d'exécution du tir, une grande tension de trajectoire, la justesse et l'uniformité de régime des pièces impliquant la rapidité de réglage du tir.

Les propriétés de ce matériel perfectionné proviennent, pour la majeure part, du fait des grandes vitesses initiales qu'on en obtient. Par exemple, l'obus du canon de 80 millimètres, de campagne, dont la vitesse initiale est de 495 mètres, a, sous l'angle de tir de 22 degrés, une portée de 7 kilomètres, avec écart probable de 25 mètres sur cette portée. Le projectile du canon Krupp allemand, de 84 millimètres, de campagne, n'a qu'une vitesse de 450 mètres. Tiré sous le même angle, sa portée n'est que de $5^{km},920$, avec écart probable de 34 mètres. On voit que les différences sont, sous tous rapports, appréciables.

Les expériences de Belgrade, du mois de novembre 1884, ont, à d'autres points de vue, mis en pleine lumière la supériorité du canon français de 80 millimètres. Au cours d'un tir rapide, cette pièce a tiré trente coups en 22 minutes; et cela, sans aucun incident fâcheux. La manœuvre de l'appareil de fermeture était aussi facile au dernier coup qu'au premier. L'obturateur a toujours fonctionné correctement, et il ne s'est produit aucune fuite de gaz.

Dans les mêmes conditions, le canon Krupp de 84 millimètres n'a pu tirer ses trente coups qu'en 54 minutes. Au dixième coup, sa fermeture était devenue difficile à manœuvrer; au vingtième, il fallait l'arroser d'huile, et encore ne fonctionnait-elle plus qu'à grand'peine. De nombreuses fuites de gaz avaient encrassé l'appareil; l'obturateur laissait voir des érosions assez considérables.

En ce qui concerne les effets des projectiles, la supériorité s'est également affirmée pour les deux types d'obus tirés en présence de la commission de Belgrade. Neuf obus à balles, modèle 1880, armés de fusées percutantes, ont donné, à la distance de 1000 mètres, sept cent cinquante-six éclats dans les cibles, tandis que le même nombre de *shrapnels* perfectionnés, à enveloppe d'acier coulé, n'en ont donné que quatre cent soixante-quinze avec le canon Krupp. Toutes les balles lancées par le canon français avaient traversé les cibles, tandis que quantité de balles des shrapnels allemands n'y avaient laissé que de simples empreintes.

Le 23 avril 1885, sur neuf obus armés de fusées fusantes et tirés à la distance de 1000 mètres, le canon de Bange a donné, en moyenne, quatre-vingt-seize atteintes par coup. A 2000 mètres, cette moyenne était encore de soixante-seize. Enfin, à 2500 mètres, les neuf projectiles ont su produire plus de trois cents éclats dans les panneaux, soit une moyenne de plus de trente-trois par coup [1].

Examinons maintenant, à titre de second exemple, deux pièces *de siège et place* comparables : le canon français de 155 millimètres et le canon allemand de 15 centimètres ($149^{mm},1$).

Le premier, qui pèse $5^{tonn},780$, *affût compris*, lance, comme on sait, des projectiles de 40 kilogrammes ; le second, du poids de $4^{tonn},795$, ne comporte qu'un obus de 28 kilogrammes.

Le canon de Bange fournit une vitesse initiale de 470 mètres et développe une force vive de 441 800 kilogrammètres, laquelle force saurait l'élever lui-même, avec son affût, à 78 mètres de hauteur. Dans le canon Krupp, où la vitesse initiale est de 485 mètres, la force vive ne mesure que 329 315 kilogrammètres ; sous l'action de cette force, pièce et affût ne se soulèveraient ensemble qu'à la hauteur de 67 mètres.

Les expériences auxquelles il vient d'être procédé au polygone de Cotroceni, près Bucarest, ont mis en relief les mérites du 155 du colonel de Bange. Nous estimons que son 240 n'a point non plus à redouter la comparaison avec le 355 Krupp.

---

1. Le matériel de Bange vient d'obtenir en Norwège un succès analogue à celui de Belgrade.

CHAPITRE VI

ARTIFICES

Sommaire. — *Artifices de signaux*. — Fusée de signal ou « volante ». — Artifices de garniture. — Étoiles blanches. — Étoiles de couleur. — Étoiles Lamarre. — Étoiles détonantes. — Pluie d'or. — Serpenteaux. — Pétards. — Marrons et saucissons. — Fusée à dynamite. — Fanaux. *Artifices d'éclairage*. — Torche ou flambeau. — Tourteau goudronné — Fascine goudronnée. — Flambeaux Lamarre. — Balle à feu. — Grenade éclairante. — Signal à percussion. — Balles et barils à éclairer. — Fusée éclairante. — Flammes et lances *à parachute*. *Artifices de mise du feu*. — Mèche à canon. — Mèche à briquet. — Allumeur Bickford. — Mèche soufrée. — Fusée lente ou cordeau Bickford. — Mèche à étoupilles. — Allumeur Ruggieri. — Fusée instantanée. — Saucisson. — Canettes. — Détonateur. — Étoupille fulminante. — Amorces électriques. *Artifices incendiaires*. — Pyrobolides. — Flèches ignifères. — Phalariques. — Grenades, pots à feu, boulets rouges antiques. — Feu grégeois. — Boulets rouges modernes. — Roche à feu. — Cylindres incendiaires, modèle 1878. — Pétrole. — Feu fénian. — Composition autrichienne. — Fusées de guerre. *Artifices empoisonnés, asphyxiants, empestants, fumants*. — Globes empoisonnés. — Recettes diverses de Siemienowicz. — Projectiles asphyxiants. — Pots *à suffoquer* modernes. — Projectiles creux à charge empestante. — Recettes diverses. — Artifices fumants. — Balle à fumée. — Artifice à fumée.

ARTIFICES DE SIGNAUX

Les anciens savaient correspondre au moyen de signaux. Pendant le jour, ils allumaient de grands feux dont la fumée pouvait s'apercevoir à distance. La nuit, c'était la flamme de ces feux qui servait de signal. Le feu télégraphique était dit πυρσὸς; l'art des signaux, πυρσεία.

Les *Cestes* de Héron comprennent un traité des signaux dont le titre est : περὶ πυρσῶν. Les armées de l'antiquité n'allumaient pas toujours des bûchers (πυρσὸν ἀνάπτειν); elles employaient aussi des torches ou flambeaux (φρυκτοὶ πολέμιοι).

Comment les anciens variaient-ils ces feux de manière à composer un alphabet qui leur permît de correspondre? Ils avaient recours à la méthode basée sur le principe de la pluralité des reprises d'allumage [1].

Voyons comment opèrent les pyrotechniciens modernes.

Une fusée *de signal* ou *volante* (fig. 58) se compose essentiellement d'un cartouche, d'un pot et d'une baguette. Le cartouche *a* n'est autre chose qu'un cylindre en carton, chargé d'une composition *fusante*, dont la combustion doit donner au signal l'impulsion propre à en déterminer le départ. Le pot *b* consiste en un autre cylindre de carton empli d'artifices dits *de garniture*, et qui constituent les signaux à donner. Ce pot se coiffe d'un cône *d*, dit *chapiteau*, fait pour aider à la propulsion. La baguette *c*, fixée le long du cartouche, a pour objet d'assurer la bonne direction du système lors du mouvement qui lui est imprimé.

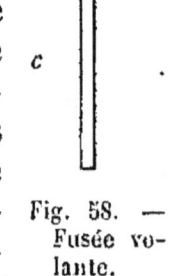

Fig. 58. — Fusée volante.

Le jeu de l'appareil est facile à comprendre. Le cylindre empli de composition fusante est évidé suivant

---

1. « S'il est bien reconnu que ce sont des ennemis qui s'avancent pour nous attaquer, il faut allumer des signaux à trois ou quatre reprises; et même davantage, si les ennemis sont en grand nombre.

« Il est, en effet, possible, *ainsi que cela ressort de très anciens écrits*, de faire connaître, non seulement que les ennemis approchent, mais quel en est le nombre; il suffit, pour cela, d'allumer les signaux autant de fois qu'on croit voir de milliers d'hommes. » (Anonyme de Byzance, *Stratégiques*, chap. VIII, §§ 5 et 6.)

Au dixième siècle de notre ère, on correspondait de France en Angleterre à travers le détroit; et ce, en allumant de grands feux sur la plage de Boulogne. Voyez Richer, *Hist.* II, III.

son axe en forme de cône très allongé, ouvert à sa base. C'est dans ce forage conique, appelé *âme*, que s'opère la combustion (fig. 59). Les gaz qui en proviennent se dégagent par le bas, mais exercent, en même temps, sur le haut de l'âme une pression qui détermine l'ascension de la fusée. En fin de combustion, la composition fusante enflamme une petite charge de poudre désignée sous le nom de « chasse ». C'est cette *chasse* qui projette, en les allumant, les artifices de garniture enfermés dans le pot.

La composition fusante est formée de soixante-quatre parties de salpêtre, douze parties de soufre et vingt-quatre de charbon de bois dur. Telle est la formule en usage dans les services de la guerre. M. Ruggieri admet des proportions différentes, savoir : seize parties de salpêtre, quatre de soufre et de quatre à huit parties de charbon de bois tendre. En tous cas, le charbon ne doit pas s'employer en poussier, mais en grains de grosseurs diverses. Ce mode d'emploi a pour effet de produire, au cours de l'ascension de la fusée, cette longue *traînée de feu* que tout le monde connaît.

La hauteur du massif de la composition doit être arrêtée de telle sorte que les fusées ne projettent leurs garnitures qu'au moment du *summum* de leur ascension.

L'amorçage s'effectue au moyen d'un brin de mèche à étoupilles[1]

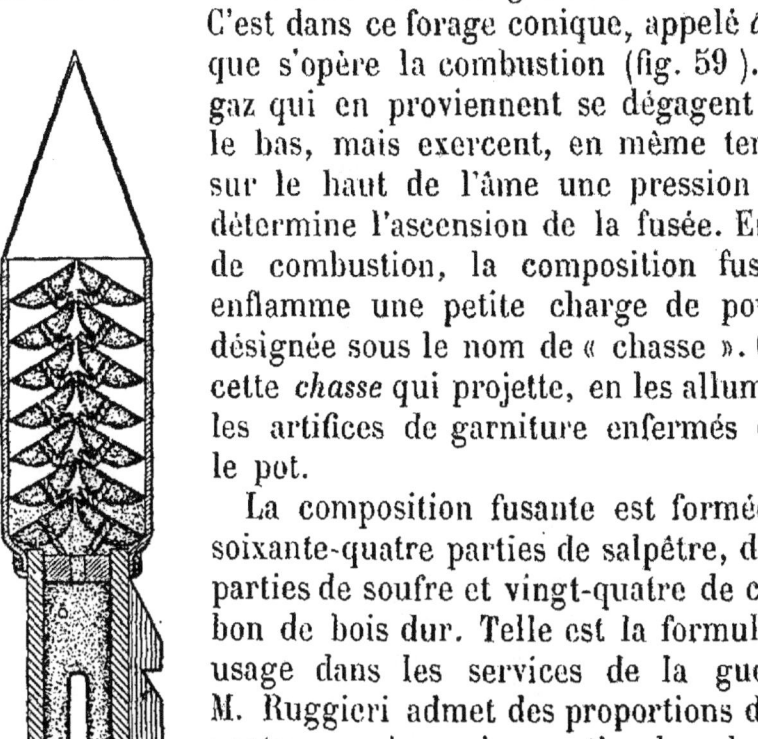

Fig. 59. — Même fusée (coupe à grande échelle). Fusée volante (coupe).

---

1. Voyez ci-après, page 214, la composition de cette mèche.

dont on introduit quelques centimètres dans l'âme.

La *chasse* est formée de 15 ou 20 grammes d'un mélange de quatre parties de pulvérin et une partie de charbon.

Les *artifices de garniture* se disposent dans le pot, *l'amorce en bas* : les *serpenteaux*, debout sur un rang ; les *pétards*, les *étoiles détonantes* et les *marrons*, en deux couches séparées par des brins de mèche à étoupilles.

Il n'est pas hors de propos d'entrer ici en quelques détails touchant ces artifices, dont les plus communément employés sont : les *étoiles*, la *pluie d'or*, les *serpenteaux*, les *pétards*, les *marrons*, les *saucissons*, les *marrons* ou *saucissons luisants*, les *flammes* et les *lances à parachute*.

Les étoiles *blanches* comportent une composition formée de trente-deux parties de salpêtre, seize de soufre, quatorze de pulvérin et trois d'antimoine. Ces matières, préalablement pulvérisées et tamisées, s'humectent d'un liquide formé de mille parties d'eau pure, mille parties d'eau-de-vie et cent-soixante de gomme arabique. La pâte ainsi obtenue sert à confectionner des étoiles *cubiques* ou *moulées*. Les étoiles cubiques se font comme des briques, à l'aide d'un cadre de bois et d'un rouleau ; les moulées, bien entendu, dans un moule. Le fond de celui-ci est formé d'une rondelle mobile qu'on manœuvre au moyen de tiges, afin de dégager les étoiles faites (fig. 60). Ces artifices s'amorcent avec un brin de mèche à étoupilles, brin qu'on engage dans un canal ménagé dans l'axe. On les saupoudre de pulvérin sur toutes leurs faces (fig. 61).

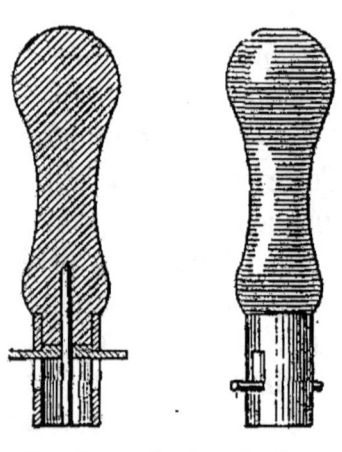

Fig. 60. — Moule à étoiles ordinaires.

Fig. 61. — Étoile moulée.

Pour les étoiles *de couleur*, il faut, suivant le cas, avoir recours à l'une des compositions suivantes : soixante-douze parties en poids de salpêtre, vingt-cinq parties de sulfure d'antimoine et trois de suif donnent la couleur *blanche*; soixante-quinze parties de salpêtre, vingt-cinq de soufre et quarante-huit parties de régule d'antimoine, le *blanc azuré*.

On obtient un beau *vert* en mélangeant soixante parties de chlorate de potasse, cent vingt de nitrate de baryte et trente-neuf parties de protochlorure de mercure. Les artificiers disposent, d'ailleurs, de plusieurs autres *verts* pour étoiles.

Le *jaune clair* résulte du mélange de quarante-huit parties de chlorate de potasse, douze d'oxalate de soude, vingt-quatre de sulfure de cuivre et douze parties de gomme laque. Le *jaune proprement dit* provient d'un composé de douze parties de chlorate de potasse, huit d'oxalate de soude et trois parties de gomme laque.

Nous n'avons parlé jusqu'ici que des étoiles *ordinaires*. Un mot maintenant des *étoiles de composition Lamarre*. Ces artifices se distinguent en blancs et rouges.

La composition *blanche* comporte en poids les proportions suivantes : 375,98 de chlorate de potasse; — 375,98 de nitrate de baryte; — 162,60 de pulvérin; — 89,44 de glu de lin[1].

La composition *rouge* est formée d'un mélange de 564,55 de chlorate de potasse; — 94,10 de carbonate de strontiane; — 94,10 d'oxalate de strontiane; — 15,05 de charbon de bois léger; — 75,27 de glu de lin; — 150,54 de pulvérin; — 4,51 de gomme laque; — enfin, de 1,88 d'huile.

---

1. La glu de lin a, comme la plupart des corps gras, la propriété d'isoler les particules des sels auxquels on la mélange et, par cela même, d'en rendre la manipulation moins dangereuse. On obtient cette glu en faisant chauffer de l'huile de lin, dans une marmite placée sous la hotte, jusqu'à ce que le liquide prenne instantanément feu au contact d'un corps enflammé. On le laisse brûler de huit à dix minutes, puis on l'éteint en recouvrant la marmite d'un couvercle en tôle, sur les bords duquel on place des linges légèrement mouillés. On laisse refroidir complètement la glu de lin avant de la découvrir. Dix litres d'huile donnent environ quatre litres de glu.

L'*étoile Lamarre* affecte la forme d'une demi-lentille de 52 millimètres de diamètre à la base et de 14 millimètres d'épaisseur. Elle se confectionne dans un moule en bronze (fig. 62). La composition est comprimée sous la calotte C. On retire ensuite du moule la tige AB, qui a ménagé un trou dans la pâte, et dans ce trou l'on engage un brin de mèche dont le bout inférieur doit s'aplatir sur la surface de l'étoile. On démoule en pressant sur le bouton H.

Les *étoiles détonantes* consistent en cartouches de carton contenant environ $2^{gr},5$ de poudre à fusil, au-dessus de laquelle on a tassé de la pâte d'étoiles. Celle-ci, en fin de combustion, met le feu à la poudre. Les logements des deux matières sont séparés par le moyen d'un petit étranglement qu'on fait subir au cartouche (fig. 63).

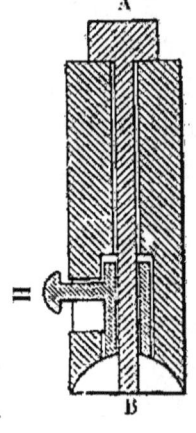

Fig. 62. — Moule à étoiles Lamarre.

La *pluie d'or* est une garniture formée de petits cubes de 10 millimètres de côté, découpés dans une composition formée de cinq parties de pulvérin, une de salpêtre, une de soufre, une d'oxyde de zinc, une de gomme arabique et une de noir d'Allemagne. On humecte le mélange d'une eau-de-vie contenant 15 grammes de gomme arabique au litre, de manière à

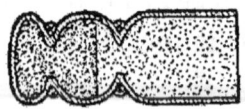 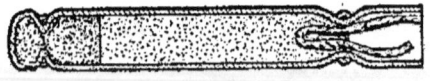

Fig. 63. — Étoile détonante.   Fig. 64. — Serpenteau.

obtenir une pâte ayant à peu près la consistance du mastic de vitrier.

Les *serpenteaux* (fig. 64) consistent en de petits cartouches de papier chargés d'un gramme de poudre et, par-dessus celle-ci, d'une composition formée de six parties de pulvérin et d'une partie et quart de charbon passé au tamis, puis légèrement humecté.

Les *pétards* s'organisent au moyen de cartouches analogues à ceux des étoiles détonantes. On emplit ces cartouches de poudre à fusil tassée, et l'on amorce avec un brin de mèche à étoupilles. Celle-ci, qui émerge un peu de l'enveloppe, est fixée par un étranglement qu'on pratique immédiatement au-dessus de la poudre.

Les *marrons* sont tout simplement des cubes en carton emplis de poudre. On amorce à l'aide d'un brin de mèche à étoupilles qu'on introduit dans un trou pratiqué au poinçon dans l'une des parois de la boîte.

Les *saucissons* consistent en des cartouches emplis de poudre, tamponnés et coiffés aux deux bouts. C'est également un brin de mèche à étoupilles qui sert à l'amorçage.

Les marrons ou saucissons *luisants* diffèrent de leurs congénères ci-dessus décrits en ce qu'ils sont enveloppés d'étoupes imbibées de pâte d'étoiles.

Une *fusée à dynamite* a pour garniture une cartouche de dynamite de 100 grammes, destinée à faire explosion en l'air, et dont la détonation est accompagnée d'un bruit qui se perçoit à grande distance. La dynamite est amorcée par le moyen d'un *détonateur*, ou capsule de fulminate de mercure, armée elle-même d'un bout de cordeau Bickford[1]. Ainsi organisé, cet artifice constitue un excellent signal acoustique.

Toute fusée de signal se tire sur piquet de 2 mètres à $2^m,50$, planté dans le sol. Ledit piquet est muni en haut d'une petite fourche horizontale en fer; et à $0^m,75$ en contre-bas d'une lunette. On engage la baguette dans la lunette et dans la fourche, le culot de la fusée reposant sur le bout du piquet. Cela fait, pour lancer la fusée, il n'y a plus qu'à allumer la mèche à étoupilles.

Les *fanaux* s'emploient à faire des signaux à grande distance. A cet effet, on peut faire usage : le jour, de la *balle à fumée*, ou composition formée de douze parties

---

1. Voyez ci-après, pages 213 et 215, la description du bickford et du détonateur.

de salpêtre, quatre de soufre, deux de charbon de terre pilé, dix de poix et une partie et tiers de résine; la nuit, des *feux de Bengale* (dont nous donnerons plus loin la composition), des tonneaux emplis de goudron, de la paille enduite de poix et de goudron, puis saupoudrée de pulvérin; enfin, du *fanal* proprement dit. Cet appareil (fig. 65) consiste en un morceau de bois dur évidé par le gros bout et dont le creux est empli d'une composition formée de deux parties de salpêtre, une partie et demie de soufre et une demie de pulvérin. Ce mélange a une durée de combustion de sept à huit minutes. Les fanaux se disposent sur des points de grande altitude. On les suspend au bout d'une perche plantée en terre, d'un tronc d'arbre, etc.

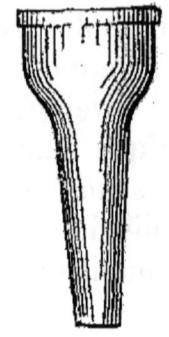

Fig. 65. — Fanal.

ARTIFICES D'ÉCLAIRAGE

Les *torches*, dites aussi *flambeaux*, se composent de certain nombre de brins de fil mal tordu (fig. 66) dont on plonge le faisceau dans un bain spécial, formé de deux parties de cire jaune en poids, huit de poix-résine et une partie de suif. Par un temps sec et chaud, les torches allumées durent deux heures au repos; une heure et quart en marche. On obtient un bon éclairage en les espaçant de 20 à 30 mètres.

Un autre type de *flambeau* consiste en un cylindre de carton — ou cartouche — empli d'une composition formée de cent parties de salpêtre, soixante parties de soufre, huit de pulvérin et trente de verre pilé, le tout passé au tamis et bien mélangé. Ce flambeau, qui brûle un quart d'heure, éclaire très bien dans un rayon de 180 à 200 mètres.

Fig. 66. — Torche.

Le *tourteau goudronné* n'est autre chose qu'une couronne faite en vieille mèche à canon ou en vieilles cordes bien battues au maillet (fig. 67). Cette couronne se trempe : d'abord dans un bain formé de vingt parties de poix noire et une partie de suif; puis dans un second bain résultant d'un mélange, par parties égales, de poix noire et de poix-résine. Un tourteau peut brûler une heure par un temps calme; une demi-heure, au vent. La pluie n'en arrête pas la combustion.

Les tourteaux se disposent ordinairement par couples dans des *réchauds de rempart*[1], et les réchauds s'espacent de cent en cent mètres.

La *fascine goudronnée* est un petit fagot de bois sec

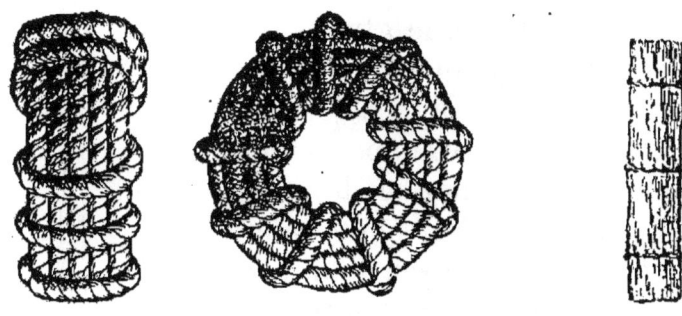

Fig. 67. — Tourteau goudronné.   Fig. 68. — Fascine goudronnée

de 50 centimètres de longueur sur 10 de diamètre et enduit des mêmes compositions que le tourteau (fig. 68). Les fascines ainsi préparées brûlent environ une demi-heure; on les place debout dans des réchauds de rempart; ceux-ci doivent se planter à 20 mètres d'intervalle.

Les *compositions Lamarre* sont toutes formées d'un corps combustible, — glu de lin, — d'un corps comburant, — chlorate de potasse, — et de différents sels colorants.

La *composition blanche*, employée pour le chargement des balles à feu et des flambeaux blancs de 40 milli-

---

[1]. Le réchaud de rempart se compose d'un cul-de-lampe, de deux branches, et d'un cercle supérieur, le tout en fer. On le suspend au moyen d'une fourche à douille dont le pied, terminé en pointe, s'enfonce en terre.

mètres, est formée de cinq cents parties de chlorate de potasse pulvérisé, quinze cents parties de nitrate de baryte, cent vingt de charbon de bois léger et deux cent cinquante de glu de lin.

Une autre composition blanche, servant au chargement des flambeaux de 18 millimètres, comprend mille parties de chlorate de potasse, mille de nitrate de baryte et cent soixante-quinze parties de glu de lin.

La *composition rouge*, qu'on emploie pour confectionner des flambeaux rouges et des signaux à percussion, est formée de dix-huit cents parties de chlorate de potasse, trois cents parties d'oxalate de strontiane, trois cents de carbonate de strontiane, quarante-huit de charbon de bois blanc, deux cent quarante de glu de lin, dix d'huile et quatorze de gomme laque.

Un *flambeau Lamarre* (fig. 69), blanc ou rouge, consiste en une enveloppe cylindrique de tissu caoutchouté, remplie de l'une des compositions ci-dessus. L'extrémité inférieure de ce tube se ferme au moyen d'un bouchon de liège. Le chargement une fois effectué, on amorce le flambeau en enfonçant quelques brins de mèche dans la composition. La mise du feu s'opère très simplement, à l'aide d'une allumette ou d'un charbon incandescent qu'on approche de la mèche. (Nous donnons ci-après la composition de la mèche Lamarre.)

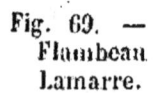

Fig. 69. — Flambeau Lamarre.

Le flambeau Lamarre, de 40 millimètres de diamètre et 75 centimètres de longueur, brûle environ pendant 35 minutes. Le flambeau, de même longueur, de 18 millimètres de diamètre, n'a que la durée d'un quart d'heure.

Une *balle à feu* consiste en un sac de treillis de forme à peu près sphérique, renforcé intérieurement d'une carcasse en tôle et rempli de composition Lamarre blanche. Après l'opération du chargement, on garnit la sphère de tours de forte ficelle jointifs, collés au goudron sur le treillis. Par-dessus la ficelle on colle de la toile. C'est à l'aide de mortiers qu'on projette des artifices de ce genre.

La *grenade éclairante* (fig. 70) consiste en une sphère de caoutchouc vulcanisé, de 6 centimètres de diamètre, chargée de composition Lamarre blanche. La sphère-enveloppe est percée d'un œil de 0^m,006, lequel permet d'introduire et d'amorcer la composition. L'amorçage s'effectue au moyen d'un tube en étain empli d'une composition fusante, formée de trois parties de pulvérin, deux de salpêtre et une de soufre. Les grenades se lancent soit à la main, soit à la fronde; on peut aussi faire usage de mortiers. Chacun de ces projectiles éclaire un cercle de 10 mètres de diamètre durant un temps qui varie, selon le vent, de soixante à quatre-vingt-dix secondes.

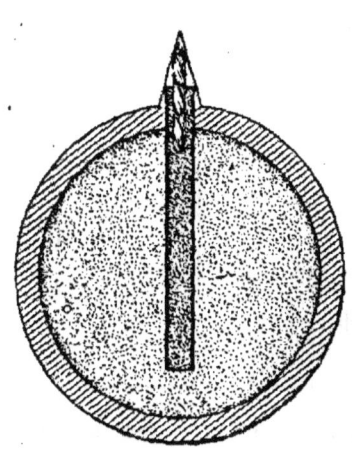

Fig. 70. — Grenade éclairante.

Le *signal à percussion* (fig. 71) consiste en un pot cylindrique en zinc, de 0^m,025 de diamètre et 0^m,035 de hauteur, empli de composition Lamarre rouge. On y adapte un manche en bois. L'amorce est formée d'une capsule que l'on fait détoner par le moyen du choc d'un rugueux. Ce signal brûle à peu près une minute.

Les *balles à éclairer belges* sont des sacs en toile, emplis de diverses compositions.

Les balles *de forme cylindrique*, de 15 centimètres de diamètre et 18 centimètres de hauteur, se chargent d'un mélange de six parties de soufre, deux de pulvérin, une d'antimoine et deux parties de cire jaune coupées en feuilles minces. On les amorce au moyen de quelques brins de mèche à étoupilles. Elles brûlent huit minutes en répandant une lumière vive.

Les balles *de forme sphérique*, de 82 millimètres de diamètre, se chargent d'une composition de douze parties de salpêtre, huit de soufre, quatre de pulvérin, deux de sciure de bois, deux de cire jaune et deux de suif. On les lance à la main. Leur durée de combustion est de six minutes.

Le *baril à éclairer* (fig. 72) consiste en un baril à poudre, empli de copeaux enduits de poix. On ouvre dans chacun des fonds un trou de 4 à 5 centimètres de diamètre, puis un grand nombre d'autres trous de 1 centimètre et $1/2$, disposés en quinconce et répartis uniformément sur la surface des fonds et des douves. Tous les trous se garnissent de bouts de lance à feu (nous donnons ci-après la composition de cette lance).

La *fusée éclairante* se compose d'un cartouche en tôle *a*, renfermant la composition fusante faite pour imprimer le mouvement voulu (fig. 73); d'un pot cylindrique en tôle *b*, coiffé d'un chapiteau aussi

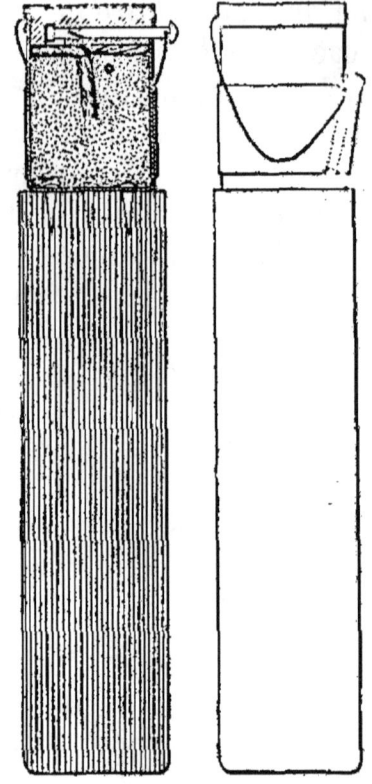

Fig. 71. — Signal à percussion.

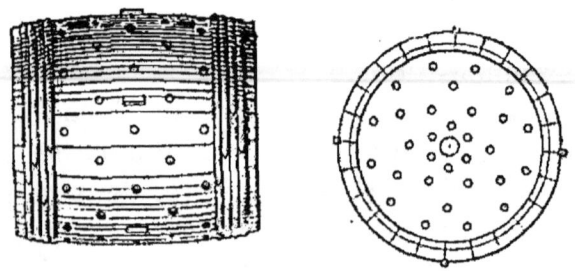

Fig. 72. — Baril à éclairer.

en tôle et renfermant la chasse, ainsi que les étoiles éclairantes en composition Lamarre (fig. 74 et 75); d'une

14

baguette de direction c, laquelle se visse dans une armature du cartouche (fig. 76). Ces divers éléments de l'appareil s'assemblent au moyen d'ajutages à ressort.

L'amorçage se fait à l'aide d'un faisceau de brins de mèche à étoupilles, enfermés dans un tube de carton mis

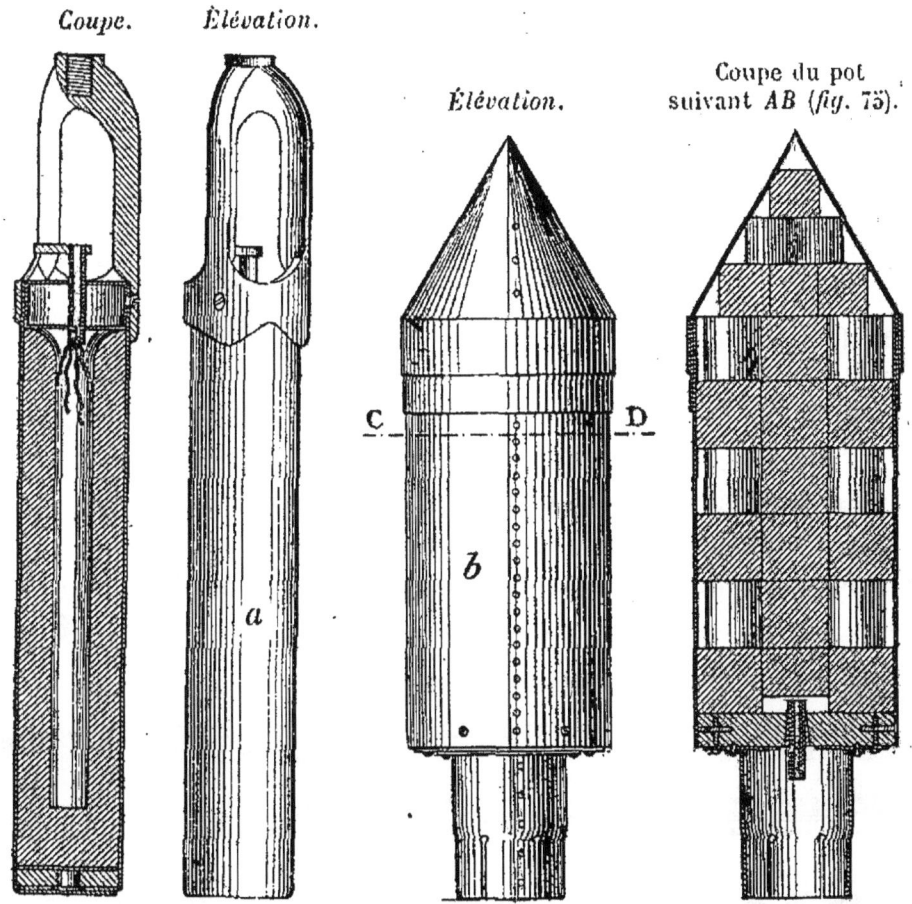

Fig. 73. — Fusée éclairante, modèle de 8 centimètres (cartouche).

Fig. 74. — Fusée éclairante, modèle de 8 centimètres (pot).

en contact avec la composition fusante. Celle-ci est la même que celle dont il est fait usage pour les fusées de signaux; et, de même que dans ces dernières, un vide, dit *âme*, est ménagé dans l'axe du cartouche. C'est le massif de cette composition qui communique le feu à la *chasse* et à la garniture.

Les fusées éclairantes se tirent dans des augets disposés sous l'inclinaison de 50 à 60 degrés. Celles de 8 centimètres, dont nos figures 73, 74, 75 et 76 indiquent toutes les dimensions, éclairent un terrain jusqu'à 900 mètres de distance. Elles peuvent s'employer avantageusement dans le service des signaux.

Une *flamme à parachute* est un artifice de garniture destiné à être projeté hors du pot en fin d'ascension de la fusée, pour descendre lentement en répandant une lumière vive. Cet artifice se compose d'une petite boîte cylindrique en carton *c* (fig. 77), emplie de pâte d'étoiles ordinaire ou d'étoiles Lamarre, et rattachée au moyen d'une chaînette en laiton *d* à un parachute *e*.

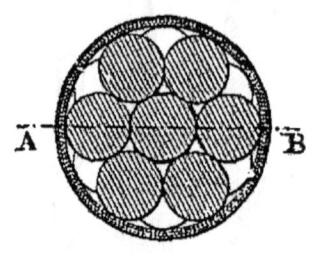

Fig. 75. — Fusée éclairante, modèle de 8 centimètres. (Coupe du pot suivant CD)

Pour confectionner ce parachute on découpe dans une pièce de calicot un cercle — d'un mètre de diamètre — dont on divise la circonférence en dix ou douze parties égales. En chaque point de division on attache un bout de ficelle fine ou de cordonnet de chanvre, d'un mètre environ de

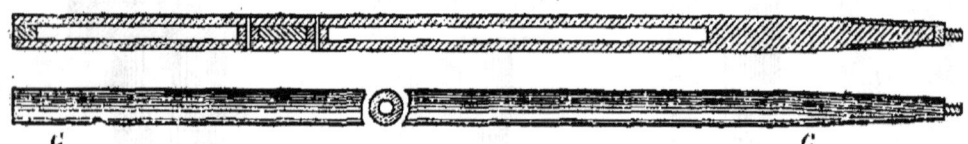

Fig. 76. — Fusée éclairante, modèle de 8 centimètres (Baguette).

longueur. Toutes ces ficelles sont réunies entre elles, ainsi qu'à la chaînette de suspension, par des ligatures qu'on préserve du feu par le moyen de bandes de papier encollé.

Dans les fusées destinées à recevoir une garniture de flammes à parachute on ménage, à l'extrémité du cartouche, une petite cavité qui reçoit une *chasse* de quinze grammes de poudre. Pour garnir le pot on roule la chaînette *d* en spirale sur la boîte *c*. Cela fait, on la recouvre du parachute *e*, qu'on a plié d'abord à la manière d'un parapluie fermé, puis replié sur lui-même dans sa longueur à partir du sommet, dans un sens et dans l'autre, alternativement.

Les *lances à parachute* consistent en tubes de carton de 5 à 10 millimètres de diamètre et de 10 à 12 centi-

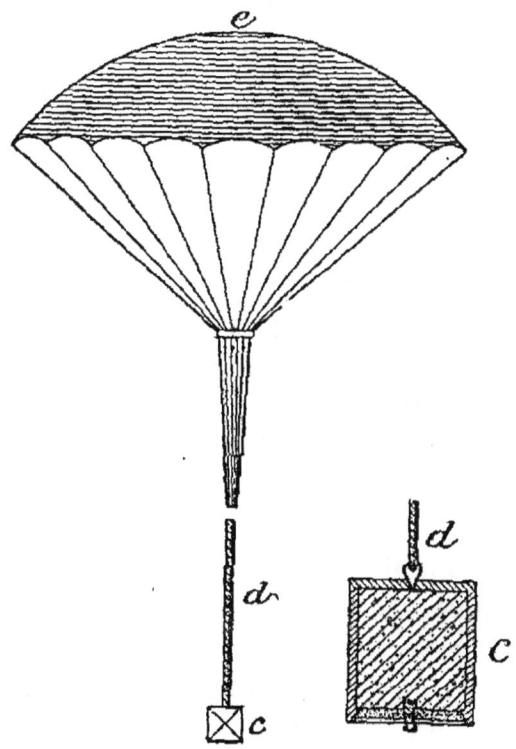

Fig. 77. — Flamme à parachute.

mètres de longueur, tamponnés à l'une de leurs extrémités et emplis de pâte d'étoiles. On les relie, au moyen de fils de laiton, à des parachutes en toile de coton de 20 centimètres de diamètre. Le pot d'une fusée peut contenir vingt de ces lances.

Lances et flammes à parachute s'emploient avantageusement dans le service des signaux.

ARTIFICES DE MISE DU FEU

La *mèche à canon* consiste en une corde en chanvre préparée à l'effet de conserver le feu. On la fabrique en trempant, durant environ dix minutes, de la corde à torons peu serrés dans un bain bouillant formé d'une partie d'acétate de plomb pour vingt parties d'eau. A défaut d'acétate, on peut employer une eau de lessive de cendres de bois, additionnée de 5 pour 100 de chaux vive. Préparée par le premier procédé, la mèche à canon brûle à raison de 16 centimètres à l'heure; suivant le second, de 15 centimètres.

On fait une mèche à canon *lente* en plongeant des feuilles de papier fort dans une dissolution bouillante de 1 kilogramme de salpêtre pour 15 litres d'eau. La feuille, une fois séchée, est roulée sur elle-même. On serre fortement et l'on encolle la dernière révolution.

La *mèche à briquet* consiste en une corde en coton tressé, imprégnée de chromate de plomb. Elle prend feu au briquet et brûle régulièrement à la vitesse de $0^m,40$ à l'heure.

Le *porte-feu*, ou allumeur Bickford, est un cylindre en papier de $0^m,004$ à $0^m,005$ de diamètre, qui brûle très régulièrement à la vitesse de $0^m,010$ par minute. Pour le confectionner, on trempe une bande de papier brouillard dans un bain bouillant d'une partie de salpêtre, une partie d'acétate de plomb et vingt parties d'eau. Cette bande, on l'enroule sur elle-même après dessiccation complète, en en serrant fortement les divers tours.

La *mèche soufrée* se compose de huit brins de coton peu tordus, trempés dans du soufre en fusion. Elle brûle à l'air à la vitesse de $0^m,100$ environ par minute.

La fusée lente, qu'on appelle aussi *fusée de sûreté* ou *cordeau Bickford*, est formée d'un système de deux enveloppes en fil de coton goudronné, à l'intérieur duquel passe un petit canal de $0^m,003$ de diamètre, empli de poudre line. Ce cordeau brûle lentement et régulièrement d'un mètre en quatre-vingt-dix secondes.

La *mèche à étoupilles* se compose de plusieurs brins de coton imbibés d'une eau-de-vie gommée à raison de 15 grammes de gomme arabique par litre. Ainsi préparée, la mèche est recouverte d'un mélange pyrophore aux proportions d'un kilogramme de pulvérin par litre d'eau-de-vie gommée. La bonne mèche brûle à l'air libre à la vitesse de 0^m,065 par seconde. On la rend plus lente en remplaçant l'eau-de-vie par du vinaigre ou en mêlant du soufre au pulvérin. Enfermée dans un tube, la mèche à étoupilles brûle beaucoup plus vite qu'à l'air libre.

L'*allumeur Ruggieri* consiste en un tube en cuivre, de 0^m,006 de diamètre intérieur et de 0^m,020 de longueur, fermé à l'une de ses extrémités par un tampon de composition vive, amorcée par un brin de mèche à étoupilles. On emploie cet artifice pour mettre le feu à la fusée lente.

Le cordeau porte-feu, ou *fusée instantanée*, mesure environ 0^m,01 de diamètre. Il se compose de trois mèches à étoupilles entourées d'une double enveloppe de toile cirée, vernie des deux côtés; cette enveloppe double est revêtue de brins de ficelle maintenus pas un tressage. On fabrique aussi du cordeau porte-feu imperméable, destiné à transmettre le feu sous l'eau ou dans des terrains humides; il ne diffère du précédent qu'en ce qu'il est enfermé dans un tube de caoutchouc au lieu de l'être dans une double enveloppe de toile cirée.

On a tout récemment préconisé l'adoption d'un nouveau cordeau véritablement *instantané*. C'est une sorte de Bickford à enveloppe de caoutchouc ou de métal mou — tel que l'étain — et à charge de fulmi-coton modifié.

On appelle *saucisson* un boyau ou gaine en toile, de 0^m,15 à 0^m,25 de diamètre, que l'on emplit de poudre; l'une de ses extrémités est noyée dans la charge et l'on met le feu à l'autre extrémité. Le saucisson brûle à la vitesse de 5^m,50 à l'air libre; et de 8^m,50, dans un auget. On peut à volonté en ralentir la combustion, en additionnant la poudre de certaine quantité de soufre.

On désigne sous le nom de *canettes* des tubes de papier que l'on enduit à l'intérieur d'une composition formée d'une partie de pulvérin et d'une partie et demie d'eau-de-vie gommée. On prépare ces artifices en faisant couler la composition dans l'intérieur des tubes, puis en saupoudrant de pulvérin l'enduit ainsi formé.

Le *détonateur*, ou *capsule de fulminate*, consiste en un tube de cuivre embouti, de $0^m,006$ de diamètre et de $0^m,045$ de hauteur, chargé de $1^{gr},5$ de fulminate de mercure pur. La charge est maintenue en place par un petit chapeau en laiton, percé à son centre. Une goutte de vernis, déposée sur l'ouverture centrale, garantit le fulminate de l'humidité.

L'*étoupille fulminante*, qui sert à enflammer la charge des bouches à feu, se compose de diverses parties, savoir : un grand tube, un petit tube, une rondelle et un rugueux. Le tube extérieur, dit *grand tube*, en cuivre rouge embouti, est terminé à la partie supérieure par quatre oreilles rabattues formant tête, et fermé intérieurement par un *tampon* de bois, percé d'un petit trou suivant l'axe. Le tube intérieur, dit *petit tube*, est également en cuivre rouge embouti. Celui-ci contient la composition fulminante, formée d'un tiers de chlorate de potasse et de deux tiers de sulfure d'antimoine.

Cette composition, qui occupe le tiers de la longueur du petit tube, est elle-même percée suivant l'axe, pour livrer passage au rugueux. Une rondelle de caoutchouc, interposée entre la partie supérieure du petit tube et le tampon de bois, sert à compléter la fermeture. Le rugueux est en fil de laiton, aplati à l'une de ses extrémités, taillé en queue d'aronde dentelée, et terminé par une partie de peu de largeur, recourbée en crochet. Le fil de laiton est passé dans le trou de la composition du petit tube par le côté libre, et le crochet est assujetti sur l'extrémité dudit petit tube. Ce fil est ensuite passé dans la rondelle de caoutchouc, dans le grand tube, dans le tampon de bois, et poussé à fond, de manière que la rondelle de caoutchouc soit pressée entre la face inférieure du tampon et la tranche supérieure de la composition contenue dans le petit tube. Le fil de laiton est alors tordu sur lui-même, puis replié sur le grand tube. On emplit de poudre fine bien tassée le vide intérieur dudit grand tube et on en bouche l'extrémité inférieure avec un mélange de cire et de poix blanche. A la partie supérieure, on complète la fermeture par le moyen d'une goutte de ce mélange ; cette goutte se dépose dans le petit calice ouvert sur la tranche supérieure du tampon de bois.

Mentionnons enfin, pour mémoire, les procédés électriques de mise du feu. Le matériel des parcs comprend des piles et des amorces spéciales, dont il n'est point difficile de se représenter le jeu.

ARTIFICES INCENDIAIRES

Pour combattre l'ennemi et incendier ses ouvrages, les anciens se servaient de *pyrobolides*, c'est-à-dire de brandons de pin, de sapin ou de quelque autre bois résineux[1]. Ils savaient projeter des tourteaux (*manipuli spartei*), préalablement enduits de poix et enflammés. Ils faisaient également usage de flèches ignifères (*sagittæ igniferæ*)[2]. Virgile, Tite Live, Silius Italicus, Lucain, Végèce mentionnent fréquemment les puissants effets des *phalariques*, ou grandes lances à feu. Ces poutres enflammées — *ardentes hastæ* — étaient projetées par des engins névrotones, mis en batterie sur la plate-forme des tours d'attaque dites *phalæ*. Observons enfin que les anciens connaissaient l'emploi de la *grenade* ou balle creuse, chargée de

---

1.   *Jamque faces... volant...*
               (Virgile, *Énéide*.)
       Hi pinu flagrante cient...
               (Sil. Ital. *Puniques*.)
       Inde faces... volant...
               (Lucain, *Pharsale*.)

2. Le *malleolus* n'était autre chose qu'une flèche à gros fer barbelé, et dont le roseau renfermait une composition incendiaire, allumée au moment du départ.

matières inflammables[1], du *pot-à-feu*[2] et du boulet rouge[3].

Chacun sait de quelle célébrité a joui le *feu grégeois*[4], dont les empereurs de Byzance ont fait si grand usage. De nos jours, il ne se passe guère de saison que quelque inventeur ne prétende avoir retrouvé ce fameux artifice incendiaire; or il n'est pas possible d'en « retrouver » la formule attendu que ladite formule n'a jamais été perdue. On prépare aujourd'hui le feu grégeois en mélangeant à froid six parties de salpêtre, huit de soufre et quatre de naphte (bitume très léger et très inflammable). Le naphte peut être remplacé par de l'essence de pétrole ou essence minérale.

Les modernes, qui copient souvent l'antiquité, n'ont pas toujours dédaigné l'emploi des flèches ignifères. On

---

1.
*... plumbum
Funda jacit, volat illud et incandescit eundo
Et quos non habuit, sub nubibus invenit ignes.*
(Ovide.)

... liquescit excussa glans funda et attritu aeris velut igne stillat. (Sénèque.)

2. *... Sulphur et picem in vasis fundis emittebant* (Romani)
(Appien, *Libyq*, trad. Noizet.)

... Bitumine et pice fervida vasa repleta fundis inferentes.
(Denys d'Halic., trad. Noizet.)

... Amphoras pice et teda plenas... ... jaculatus est.
(Frontin, *Strat.* IV, 7.)

3. *... Ferri crustas quas multo igne candentes reddiderant...*
(Incertus auctor ap. Suidas.)

Tyrios immisisse in Alexandri Magni machinamenta massas magnas ferreas candentes... (Diodore de Sicile, trad. Noizet.)

... Ballistis vectes ferreos candentes in id mittendo totam munitionem coegerunt conflagrare. (Vitruve, X, xxii.)

« C'est une pratique qui n'est pas beaucoup nouvelle que les boulets de fer rouge, puisque longtemps auparavant que nos pièces d'artillerie modernes fussent inventées, le fer chaud et brûlant estoit une arme d'une grandissime deffence parmy les anciens... »
(Casimir Siemienowicz, *Ars magna Artilleriæ*, trad. Noizet.)

4. Consultez sur la question de la préparation du feu grégeois : Marcus Græcus, *Liber ignium ad comburendos hostes*; — Casimir Siemienowicz, *Ars magna Artilleriæ*, passim; — Ludovic Lalanne, *Recherches sur le feu grégeois*, Paris, 1845; — Reinaud et Favé, *Du feu grégeois, des feux de guerre*, Paris, 1845.

les voit encore s'en servir au siège de Chomice[1] et, plus tard, aux sièges d'Ypres et d'Ostende. Casimir Siemienowicz décrit et préconise trois modèles de ces flèches à feu ; mais il faut ajouter que le boulet rouge est l'objet de ses préférences. « Les boulets ardents, dit-il[2], ne sont pas d'une petite utilité dans les occurrences militaires... Dans quelle vogue ont esté nos boulets ardents, depuis l'invention de la poudre à canon ; quels ravages ils ont fait et quelles exécutions dans diverses occurrences de guerre ; il n'y a que ceux qui n'ont jamais porté les armes ou qui n'ont jamais feuilleté les histoires qui en peuvent ignorer les effets.... »

Les projectiles creux que l'on voulait armer en « incendiaires » s'emplissaient autrefois de *roche à feu*, composition formée de : une partie (en poids) de suif de mouton, une partie d'essence de térébenthine, trois parties de colophane (résine), quatre parties de soufre, dix parties de salpêtre, une partie d'antimoine. Les cartouches cylindriques bourrés de cette roche donnaient lieu à de fréquents ratés. On se sert aujourd'hui de *cylindres incendiaires* modèle 1878.

Le cylindre incendiaire dit n° 1 est un artifice composé d'une enveloppe cylindrique en treillis goudronné, consolidé par quelques révolutions d'un fil de laiton recuit et renfermant une composition, formée de :

Nitrate de baryte sec et pulvérisé...	1^k.000
Soufre pulvérisé............	0 .500
Pulvérin.................	0 .400
Dissolution de 1/3 de résine dans 2/3 d'huile de térébenthine.....	0 .200

Le cylindre est amorcé à ses deux extrémités par le moyen d'une mèche formée de plusieurs gros brins de coton, imbibés d'une composition de salpêtre, de soufre et de charbon délayés dans un mélange d'alcool et de gomme arabique.

---

1. Formé en 1466 par le roi de Pologne.
2. *Ars magna Artilleriæ*, trad. Noizet.

Le cylindre incendiaire dit n° 2 se compose essentiellement d'un faisceau de mèches à étoupilles, consolidé par plusieurs révolutions d'une ficelle salpêtrée, et amorcé, tant intérieurement qu'extérieurement, par quelques brins de mèche à étoupilles ordinaire. Ce faisceau, enveloppé de cretonne, est enduit d'une composition incendiaire (poix, résine, cire jaune, pulvérin) et solidement maintenu par un enroulement de fil de laiton recuit.

Les cylindres n° 1 et n° 2, modèle 1878, permettent d'employer comme incendiaires tous les obus ordinaires en service. Pour transformer un projectile ordinaire en projectile incendiaire, il suffit de remplacer une partie de la charge intérieure par un certain nombre de ces artifices. Au moment où le projectile éclate, les cylindres s'enflamment par les deux bouts et brûlent environ deux minutes.

Le pétrole fournit un des plus puissants moyens d'incendie que l'on connaisse. On le répand sur les matières combustibles ou bien on l'enferme dans un récipient (tonneau, dame-jeanne ou bouteille), où plonge une cartouche de poudre ordinaire, à enveloppe imperméable. L'explosion enflamme le pétrole et le répand dans toutes les directions.

Le *feu fénian* est un artifice que l'on obtient en faisant dissoudre du phosphore dans le sulfure de carbone. Cette dissolution — très dangereuse — doit être enfermée dans des flacons hermétiquement bouchés à l'émeri. Il suffit de briser le flacon sur des matières inflammables.... la composition prend feu instantanément.

Une autre composition incendiaire, dite *autrichienne*, est formée de 40 parties de brai sec et 20 de poix noire en dissolution dans l'alcool, 3 de chanvre haché, 40 de soufre, 80 de salpêtre, 80 de pulvérin, 40 de poudre en grains.

« Il est certain, dit Casimir Siemienowicz[1], que l'invention des fusées de guerre (*rochetœ*) est aussi ancienne que

---

1. *Op. cit.*

la construction en est maintenant commune et familière à tous les pyrobolistes et ingénieurs à feu. » La France a, certain temps, fait usage d'un artifice dit *fusée de guerre*, tenant à la fois de la bouche à feu et du projectile et établi sur le principe qui préside à la construction des fusées de signaux ci-dessus décrites. La fusée de guerre consiste en un cartouche en tôle, brasé sur toute sa longueur, fermé à la partie inférieure par un culot de fer forgé. On met le feu à l'amorce placée à la partie postérieure du cartouche; la fusée se met alors en mouvement et acquiert, en peu de temps, une vitesse considérable. Le problème de la direction de cet artifice n'est pas, jusqu'à présent résolu; il ne le sera jamais convenablement, tant que l'on n'aura pas trouvé le moyen d'imprimer à de tels engins un mouvement de rotation autour de leur axe.

ARTIFICES ASPHYXIANTS

On faisait, au dix-septième siècle, grand usage d'artifices capables de donner la mort par asphyxie ou empoisonnement. Siemienowicz, qui écrivait en 1650, parle longuement de « .... globes qui puissent estre jettez dans les places ennemies et, au contraire, des places dans le camp, et dans les cartiers des assiegeans, engendrer un air pestilentiel dans les lieux où ils crèveront pour faire périr les hommes sans apparence de remède.... — .... ie vous supplie d'entendre le sentiment de Joseph Quercetan, médecin fort renommé, *in libello Sclopetario*, touchant la façon et les moyens que l'on doit tenir pour empoisonner tels boulets que l'on voudra; outre cela, comment ces poisons estans diffus par tout le corps humain, ils esteignent et suffoquent entièrement les esprits vitaux et animaux, s'il arrive que quelqu'un en soit percé ou blessé en quelque façon.... »

Animé d'une foi robuste en l'efficacité de la méthode qu'il préconise, l'auteur donne ensuite une recette de poison propre à la charge d'un projectile creux.

« Ceux là donc, dit-il, qui voudront préparer de ces globes empoisonnez pourront, s'ils veulent, suivre les méthodes qu'ont tenu les anciens pyrobolistes ou celles qui sont icy de nostre invention :

« Prenez de l'Aconite licoctome appellé chez les Italiens *Luparia*, chez les Allemands *Wulffvurts;* du Napellus.... Prenez encore, outre cela, trois ou quatre petites Rubetes qui se nourrissent dans les hayes, et qui ont le dos hérissonné par des certaines petites tubercules; c'est une espèce de grenoüillettes assez grandes et peintes de diverses couleurs par toute la peau, que quelques autres appellent *Crapauts*.... laquelle (chaleur) les crapaux venans à sentir vomiront incontinent et rendront le venin dont ils étaient abondamment remplis. S'estant donc ainsi vuidez par ce vomissement, et suans d'ailleurs, et consequemment alterez à cause de cette chaleur estrangère, laquelle ils n'ont pas accoûtumé de ressentir, ils boiront avidement l'huyle (de scorpions) pour estancher l'ardeur de leur altération; puis bien tost après ils revomiront tout le venin qu'ils auront avalé : lequel sera receu dans la phiole suspendüe au bout du tuyau de l'alambique.... Vous arrouserez la composition.... et emplirez les boulets à feu de cette liqueur mortelle, comme aussi du jus tiré de ces herbes dont nous avons fait mention cy dessus et en chargerez vostre boulet suivant l'ordre et la méthode accoutumée.... »

Siemienowicz conseille aussi l'emploi des sucs de quelques simples vénéneux.

« Vous pourrez encore adjoûter à cecy les sucs extraits des herbes suivantes, à scavoir : d'Anémone, de Boüillon sauvage, de Cyguë, d'Herbe impatiente, de Jusquiâme, de pommes insensées de Mandragore, de Napellus blanc et bleu, de Pied d'Oye, de Pulsatille, de Renoncule, de Morelle venimeuse, de Squille, d'If, de Basinet et de quantité d'autres simples de pareille nature.... — .... de la Coloquinthe, de l'Euphorbe, de l'un et l'autre Elebore, du Thymelea grave, du Catapuce, des escorces d'Ezule, des Noix vomiques et plusieurs autres semblables ingrediants qui ont des qualitez nuisibles. »

Voici maintenant des charges de projectiles creux, formées de sels métalliques : « Ces poudres suivantes pourront aussy fort bien servir comme le Mercure sublimé, l'Arsenic blanc, l'Orpiment, le Cynabre, le Minium, la Litharge.... de l'Argent vif.... »

Enfin, voici des recettes diverses dont on appréciera la valeur : « ... Parmy quoy vous pourrez aussi mesler des menstruës de femmes brehaignes et de la cervelle de rats, de chats et d'ours, de l'escume de chien enragé, du sang de chauve-souris, de l'huyle dans laquelle vous aurez fait mourir quantité d'araignées domestiques.... »

Siemienowicz vante ensuite l'effet des bombes à charge formée de matières asphyxiantes.

« Vous pourrez aussi, dit-il, préparer une poudre pyrique en cette façon, qui sera capable d'infecter l'air et de tuer promptement ceux qui seront contraints d'en respirer la fumée. Ensevelissez moy un crapaut dans du salpetre et le fourrez dans du fumier de cheval l'espace d'environ quinze jours : tirez le de là par après et le proportionnez avec du soulphre et du charbon.... Ou, si vous aymez mieux, faites fondre du salpetre dans quelque vaisseau propre à cet effet sur des charbons ardens ; puis jettez dedans force araignées domestiques toutes vives, en sorte qu'elles y soient suffoquées et qu'elles regorgent tout leur venin ; vous pourrez aussi semer par dessus votre salpetre quelque peu d'arsenic.... »

Les modernes se servent également d'artifices asphyxiants. On confectionne un *pot à suffoquer* en comprimant dans un cylindre de bois un mélange de 6 parties de soufre (en poids) contre 5 de salpêtre.

Il est aussi des projectiles simplement empestants ou puants qui, sans donner la mort à l'ennemi, l'incommodent et le font déguerpir de la position qu'il occupe.

« ... Par le moyen de ces globes puans et de mauvaises odeurs ou incommode seulement les assiégez, leur envoyant chez eux des vapeurs puantes, des fuméez desagréables et des brovillards artificiels aussi insuportable au nez et au cerveau pour leur puanteur extraordinaire que dommeageables aux yeux à cause de leur qualité ardente, acre et grossière.... »

Suit une longue série de recettes diverses. En voici une : « Prenez 10 ℔ de poix navale, 6 ℔ de poix liquide ou goudron, du salpetre 20 ℔, du soulfre 20 ℔, de la colophone 4 ℔. Faites fondre tous ces ingredians à feu lent.... Tout estant fondu, jettez dedans 2 ℔ de charbon, de la raclure ou parure de l'ongle d'un cheval ou mulet, etc. 6 ℔, de l'assa fœtida 3 ℔, du sagapenum (que les Italiens appellent *saracenum putidum*), 1 ℔ du spatula fœtida... meslez bien tout et les incorporez ensemble. En fin, jettez dans cete composition des estoupes de lin ou de chanvre suffisamment pour absorber toute la matière. Et, cependant qu'elle sera encore chaulde, vous en formerez des globes... »

Maintenant au tour des matières en putréfaction :

« Les assiegeans peuvent envoïer dans les lieux assiegez... avec des machines antiques... les cadavres des soldats morts, les charoignes des chevaux et autres bestes mortifiées, à demy pourries et pleines d'infection.... »

Enfin, voici un procédé qui était de mode chez les Grecs de Byzance[1] :

« Si les assiégeants se décident, comme cela arrivait souvent chez les anciens, à se servir de tortues légères de comblement, il faut les repousser en jetant sur ces machines des excréments humains (κόπρον ἀνθρωπείαν). Ce moyen sera utilement employé contre toute espèce d'engins, même contre la tortue de boucliers. »

Cette méthode *sui generis* était encore admise par les Liégeois modernes,[2] et Siemienowicz n'hésite pas à en préconiser l'emploi. « ... Outre cela, dit-il, jettez les vuidanges

---

1. Compilation anonyme sur la défense des places fortes, trad. du grec par M. Caillemer.

2. ... *tandem stercoribus etiam injectis*. (Chroniques de la ville de Liège.)

des latrines, renfermées dans des grands tonneaux ou semblables vaisseaux et une infinité d'autres puanteurs et vilenies de pareille estoffe.... »

Il est parfois utile, à la guerre, de produire, tout d'un coup, d'épais nuages de fumée. Notre auteur le sait bien. « .... On a, poursuit-il, de coûtume de faire quantité d'exécutions à la faveur des ténèbres dans les occurances de guerre.... i'entens icy traiter des ténèbres artificielles.... soit qu'on les fasse pour aveugler l'ennemy qui nous veut forcer dans nos places et nous y attaquer de vive force à dessein de nous oster la vie, l'honneur et les biens; ou bien, soit que l'on ait dessein de favoriser le passage aux assaillans, en accablant les assiégez dans leurs forts d'une fumée espaisse et importune, en sorte qu'on les puisse prendre comme des poissons estourdis dans l'eau trouble. Pour cet effet, on prépare des globes qui, pendant leur embrasement, produisent une fumée acre et déplaisante en si grande abondance qu'il est impossible d'en supporter l'incommodité; nous croyons que les Allemands les appellent *Dampf* et *Blend Kugelnen*.... En voici la méthode : « Prenez de la poix navale en pierre ℔, de la poix liquide et du goudron 2 ℔, de la colophone 6 ℔, du soulfre 8 ℔, du salpêtre 56 ℔, Faites fondre toutes ces drogues.... adjoutez-y par apres 10 ℔ de charbon, de la scieure de bois de pin ou de sapin 6 ℔, de l'antimoine crud 2 ℔, et les incorporez bien ensemble; puis, jettez dans cette liqueur de l'estoupe de chanvre ou de lin et la broüillez bien dans cette composition.... formez-en des globes....
— Et voilà le véritable moyen pour faire naître la nuit en plein midy.... »

Les artilleurs modernes connaissent aussi l'usage des artifices fumants. La *balle à fumée* consiste en un sac de toile empli d'une composition formée de 12 parties de salpêtre, 4 de soufre, 2 de charbon de terre pilé, 10 de poix et 1,53 de résine. Un *artifice à fumée* se compose de 48 parties de suif, 36 de poix, 18 de goudron, 8 de soufre, 6 de térébenthine, 4 de pulvérin et aussi 4 d'étoupes.

CHAPITRE VII

ÉTABLISSEMENTS ET TROUPES D'ARTILLERIE

Sommaire. — *Allemagne.* — Arsenaux de construction. — Usines diverses. — Poudreries. — Dépôts et inspections d'artillerie. — Troupes d'artillerie de campagne. — Troupes d'artillerie à pied.
France. — État-major particulier de l'artillerie. — Directions. — Arsenaux. — Poudrerie militaire. — Manufactures d'armes. — Sous-inspections des forges. — Ateliers de construction. — Troupes d'artillerie de campagne. — Troupes d'artillerie de forteresse. — Organisation en temps de paix. — Artillerie d'un corps d'armée mobilisé. — Artillerie d'une division de cavalerie indépendante.

En Allemagne les établissements de l'artillerie sont placés sous la direction d'un certain nombre d'officiers pris parmi ceux qui ont fait trois années d'études à l'Académie des Métiers de Berlin. Les travaux y sont exécutés par des ouvriers civils.

Les arsenaux de construction sont ceux de Spandau, de Deutz-Cologne, de Dantzig et de Strasbourg. A Spandau se trouvent aussi installés un *Laboratoire de pyrotechnie*, une fonderie pour canons en bronze et projectiles, et des ateliers d'usinage pour canons d'acier. Ces bouches à feu d'acier proviennent des usines de Bochum, de Witten et d'Essen. Celle-ci est aujourd'hui seule à fournir des pièces nouveau modèle; la maison Krupp est outillée de façon à en faire elle-même l'usinage. L'artillerie allemande fabrique elle-même tous ses projectiles à Spandau et à Siegburg. Toutefois, les obus de rupture sont fournis par l'industrie privée, notamment par la maison Grüson, de Buckau, près Magdebourg. Les poudreries allemandes sont celles de Spandau, de Metz et de Hanau.

L'Allemagne a des *dépôts d'artillerie* où se conservent toutes les bouches à feu qui ne sont affectées ni au service de l'armement des places ni à celui des batteries de campagne actives. On y garde également en état d'entretien les munitions et les armes portatives qui ne sont pas prises en charge par les corps de troupes.

Ces dépôts sont groupés en quatre *inspections* établies à Posen, Stettin, Cologne et Strasbourg. Chaque inspecteur — officier supérieur de l'artillerie à pied — dirige les dépôts compris dans sa circonscription et assure, dans les limites de ce ressort, la conduite des opérations de mise en état de défense des places.

La plupart des puissances européennes ont admis aujourd'hui ce principe que le personnel appelé à servir les bouches à feu de siège et place doit être distinct de celui qui sert les canons de campagne. Elles ont en conséquence institué un corps spécial dit artillerie *de forteresse* ou artillerie *à pied*. L'armée allemande distingue ses troupes d'artillerie en troupes d'*artillerie de campagne* et troupes d'*artillerie à pied*. En ce qui concerne le service de l'arme, les unes et les autres sont placées sous la direction d'une « Inspection générale de l'artillerie ».

L'artillerie de campagne se compose de trente-sept régiments, répartis en dix-huit brigades. Chaque brigade compte deux régiments, à l'exception de l'une d'elles qui en a trois. L'un des deux régiments est *divisionnaire*; l'autre, *de corps*. Le régiment de corps se compose généralement de trois *Abtheilungen*, dont l'une *à cheval*, de trois batteries. Les deux autres *Abtheilungen*, de quatre batteries chacune, sont *montées*. Le régiment divisionnaire comprend deux *Abtheilungen* de quatre batteries montées. En temps de paix, les batteries montées n'attellent que quatre pièces. Des quarante-six batteries à cheval six attellent six pièces; les autres sont à quatre pièces seulement, comme les batteries montées. En cas de mobilisation, toutes les batteries sont organisées au grand complet en hommes, chevaux et matériel. Chacune d'elles comprend alors dix-huit voitures attelées à six, savoir : six pièces, huit caissons à munitions, une forge et trois voitures d'approvisionnements. Les batteries du régiment *divisionnaire* forment l'artillerie des deux divisions d'infanterie du corps d'armée. Le régiment *de corps* fournit au corps six batteries montées et une ou deux batteries à cheval. Restent disponibles deux batteries montées et une à cheval. Les batteries montées sont affectées à des corps ou divisions de réserve; les batteries à cheval sont attachées aux divisions de cavalerie indépendante.

L'artillerie à pied comprend : en Prusse, onze régiments et deux bataillons isolés; en Saxe, un régiment; en Wurtemberg, un bataillon isolé; en Bavière, deux régiments; ensemble trente et un bataillons ou cent vingt-quatre compagnies. A chaque corps d'armée est attaché, en principe, un régiment ou bataillon d'artillerie à pied portant le numéro du corps et se recrutant sur le territoire de la région. Toutes les troupes d'artillerie à pied tiennent garnison dans les places fortes. Les détachements sont rares; la plupart des bataillons et même des régiments entiers sont stationnés dans une seule et même place. A l'heure de la mobilisation, des réservistes et landwehriens complètent les effectifs des bataillons de l'armée active et forment, en outre, trente et un autres bataillons de landwehr, lesquels sont également affectés au service de la défense des places ou des équipages de siège.

En France, l'état-major particulier de l'artillerie a mission d'assurer : en campagne, le service des états-majors de l'artillerie des armées et des corps d'armée, et la direction générale des divers services de l'arme; à l'intérieur, le fonctionnement de ces services et celui des établissements. Cet état-major se compose d'un certain nombre d'officiers de grades divers, groupés par *directions* sur le territoire de la France[1]. Pour remplir leurs

---

[1] L'état-major de l'artillerie comprend, en outre, des officiers attachés à des services divers, tels que ceux du Ministère de la guerre, de l'École de Fontainebleau, etc.

fonctions, ces officiers ont sous leurs ordres immédiats diverses catégories d'employés militaires, savoir : des gardes d'artillerie ; — des contrôleurs d'armes ; — des ouvriers d'État ; — des gardiens de batterie. Le cadre du personnel de l'état-major particulier de l'artillerie comprend 284 officiers de divers grades ; 540 gardes d'artillerie et 160 contrôleurs d'armes de diverses classes. A ce cadre est adjoint un personnel de fonctionnaires civils, composé de deux inspecteurs du poinçonnage des armes de guerre qui sont dans le commerce et un ingénieur-mécanicien des établissements de l'artillerie.

Écoles d'artillerie. — A chaque corps d'armée est annexée une école d'artillerie. L'école de la 19ᵉ brigade (Algérie) est établie à Vincennes.

École de pyrotechnie. — Il faut comprendre au nombre des établissements de l'artillerie l'*École centrale de Pyrotechnie* militaire de Bourges, laquelle procède à l'étude et à la confection des artifices de guerre.

Directions d'artillerie. — Réparties en trois classes, suivant leur importance, les vingt-neuf directions d'artillerie sont, celles de : Alger, Bayonne, Belfort, Besançon, Bourges, Brest, Cherbourg, Clermont-Ferrand, Constantine, Douai, Dunkerque, Grenoble, la Fère, la Rochelle, le Havre, Lille, Lyon, Nantes, Nice, Oran, Perpignan, Reims, Rennes, Toul, Toulon, Toulouse, Verdun, Versailles et Vincennes. Chaque direction comprend plusieurs *arrondissements*.

Arsenaux. — A six de ces directions sont annexés des *arsenaux de construction* C'est dans l'arsenal de construction que s'effectue l'usinage des pièces et des projectiles ; que se confectionnent le matériel roulant, les coffres à munitions, les armements, assortiments, etc. De cinq autres directions relèvent des *arsenaux de réparation*. Un arsenal de réparation fait, outre les réparations, des transformations de matériel et, au besoin, du matériel neuf. Les arsenaux qui dépendent des autres directions ne sont guère que des dépôts de matériel confectionné et en bon état d'entretien. Ils comprennent ainsi des salles d'armes portatives, des parcs de bouches à feu; des parcs aux projectiles; des docks aux voitures; des magasins de harnachement, etc. Chaque direction comprend aussi des magasins à poudre, salles d'artifices, etc., etc.

Poudrerie militaire. — Le service des poudres et salpêtres est aujourd'hui fait par des ingénieurs civils[1]. Toutefois, il a été conservé une poudrerie militaire, installée au Bouchet.

Manufactures d'armes. — Les armes portatives sont fabriquées dans trois établissements ou manufactures d'armes, fonctionnant à Châtellerault, Saint-Étienne et Tulle.

Sous-inspections des forges. — Les projectiles et les tubes des pièces en acier sont fabriqués par l'industrie privée sous la surveillance des officiers d'artillerie du service des forges. Ce service comprend cinq arrondissements ou sous-inspections qui sont celles du Nord, ayant pour centre Mézières; — de l'ouest, Rennes; — de l'est, Besançon; — du centre, Nevers; — et du midi, Toulouse.

Fonderie. — On trouve aussi à Bourges une fonderie d'où sortent les pièces en bronze des derniers types maintenus en service.

Ateliers de construction. — Quelques directions d'artillerie ont dans leur dépendance des *ateliers de construction*. Ces ateliers sont ceux de Tarbes, Puteaux, Avignon, Angers et Vernon. L'atelier de Tarbes est outillé pour des fabrications diverses, notamment la construction des différentes parties du gros matériel de siège et de place. L'atelier de Puteaux produit surtout les organes déli-

---

[1]. Voici la liste des établissements de ce service :

Le dépôt central des poudres et salpêtres est à Paris. Les poudreries sont établies dans les localités suivantes : Le Ripault (Indre-et-Loire); — Saint-Chamas (Bouches-du-Rhône); — Angoulême; — Esquerdes (Pas-de-Calais); — Saint-Médard (Gironde); — Saint-Ponce (Ardennes); — Pont-de-Buis (Finistère), avec annexe du Moulin-Blanc où se fabrique le coton-poudre; — Sevran-Livry (Seine-et-Marne); — Toulouse; — Vonges (Côte-d'Or), avec annexe pour la fabrication de la dynamite.

Deux raffineries de salpêtre sont installées à Lille et Bordeaux; une raffinerie de salpêtre et de soufre, à Marseille.

cats du nouveau matériel; les ateliers d'Avignon et d'Angers sont chargés de la construction et de l'entretien du matériel des équipages de ponts; l'atelier de Vernon procède spécialement à la construction des voitures du train des équipages militaires.

Aux termes des lois des 13 mars 1875 et 24 juillet 1883[1] l'artillerie comprend : seize bataillons à pied (*artillerie de forteresse*) chacun à six batteries; — trente-huit régiments *d'artillerie de campagne;* — deux régiments *d'artillerie-pontonniers* chacun à quatorze compagnies; — dix compagnies d'*ouvriers d'artillerie;* — trois compagnies d'*artificiers*. En outre, en cas de mobilisation, l'armée territoriale fournit, pour chaque région de corps d'armée, un régiment d'artillerie territoriale, portant le numéro de la région.

Chaque batterie d'artillerie de forteresse est organisée de façon à pouvoir se dédoubler au moment de la mobilisation en *batterie principale* et *batterie bis*. On a pris cette disposition en vue de pourvoir concurremment aux besoins du service des parcs de siège et à ceux du service de la défense des places.

Les trente-huit régiments d'artillerie de campagne sont groupés en dix-neuf brigades à deux régiments, affectées chacune à un corps d'armée. Le premier régiment de chaque brigade, dit *divisionnaire*, est à douze batteries montées, dont deux de dépôt; le second régiment, dit *de corps*, est à huit batteries « montées », dont deux de dépôt, et trois batteries « à cheval. »

Donc l'artillerie de l'armée active est répartie en dix-neuf brigades, commandées chacune par un général de l'arme. Chacune d'elles est en mesure de fournir au

---

[1]. Loi du 24 juillet 1883 portant création d'une artillerie de forteresse et suppression du train d'artillerie. Ces seize bataillons d'artillerie de forteresse ont pour centres de station : le 1ᵉʳ, *Lille;* le 2ᵉ, *Valenciennes;* le 3ᵉ, *Reims;* le 4ᵉ et le 5ᵉ, *Verdun;* le 6ᵉ, *Toul;* le 7ᵉ, *Langres;* le 8ᵉ, *Épinal;* le 9ᵉ, *Belfort;* le 10ᵉ, *Besançon;* le 11ᵉ, *Lyon;* le 12ᵉ, *Grenoble;* le 13ᵉ, *Nice;* le 14ᵉ, *Bayonne;* le 15ᵉ, *Saint-Malo;* le 16ᵉ, *Paris-Rueil*.

corps d'armée dont elle fait partie toutes les batteries et tous les approvisionnements en munitions d'artillerie et d'infanterie qui lui sont nécessaires. Elle comprend, en outre, certain nombre de batteries à cheval destinées à constituer l'artillerie des divisions de cavalerie indépendantes; des batteries et des sections de munitions formant réserve disponible.

Ces divers éléments sont répartis dans les deux régiments de la brigade d'une manière uniforme pour tous les corps d'armée. Le premier régiment de chaque brigade est essentiellement chargé de fournir aux deux divisions d'infanterie du corps d'armée l'artillerie qui fera partie intégrante de ces divisions, au jour de la mobilisation. C'est pour cette raison que ce régiment est dit *régiment divisionnaire*. Il fournit, en outre, au corps d'armée la première partie des sections de munitions formant le *premier échelon du parc* (premier approvisionnement en munitions de toute sorte pour tout le corps d'armée). Ses autres éléments ont des destinations diverses.

Le second régiment de la brigade est particulièrement chargé de fournir au corps d'armée l'artillerie indépendante des divisions, désignée et sous le nom d'*artillerie de corps*. C'est pour cette raison que ce régiment est dit *régiment de corps*. Il fournit, en outre, à l'une des divisions de cavalerie indépendantes, c'est-à-dire organisées en dehors des corps d'armée proprement dits, une des trois batteries à cheval qui doivent en faire partie intégrante au jour de la mobilisation; au corps d'armée lui-même : d'abord, la seconde partie des sections de munitions formant le *premier échelon du parc;* en second lieu, le *second échelon du parc* (second approvisionnement en munitions de toute espèce, pour le corps d'armée, rechanges et objets nécessaires aux réparations du matériel de l'artillerie et des équipages militaires). Ses autres éléments ont des destinations diverses.

Unité administrative du temps de paix, le régiment d'artillerie *se disloque* au jour de la mobilisation du corps d'armée. Cette « dislocation » effectuée, on retrouve dans le corps cinq grands groupes provenant des deux régiments de la brigade. Ces groupes sont :

L'artillerie de la première division d'infanterie, comprenant quatre batteries *montées*, armées de canons de 90 ; — l'artillerie de la seconde division d'infanterie, également quatre batteries *montées*, armées de canons de 90 ; — l'artillerie de corps, huit batteries dont six *montées*, armées de canons de 90, et deux *à cheval*, armées de canons de 80 ; — le parc de corps d'armée, formé en deux échelons ; — l'équipage de ponts du corps d'armée.

Chaque batterie *montée* comprend 18 voitures, savoir : 6 pièces de 90 millimètres, 9 caissons, 1 forge, 1 chariot de batterie, 1 chariot-fourragère. Elle attelle, en outre, trois ou quatre fourgons de vivres et un fourgon à bagages.

Chaque batterie *à cheval* comprend également 18 voitures, savoir : 6 pièces de 80 millimètres, 9 caissons, 1 forge pour le matériel et le ferrage, 1 chariot de batterie, 1 chariot-fourragère. Elle attelle, en outre, trois ou quatre fourgons de vivres et un fourgon à bagages.

Le *premier échelon du parc*, destiné à fournir à l'infanterie et aux batteries du corps d'armée un premier approvisionnement, comprend six sections de munitions, savoir : 2 sections de munitions d'infanterie et 4 sections de munitions d'artillerie.

Les deux sections de munitions d'infanterie comportent chacune 35 voitures, savoir : 32 caissons à munitions d'infanterie, modèle 1858, portant chacun 18144 cartouches modèle 1874 (en trousses) et 36 bissacs pour la distribution ; 1 forge, 1 chariot de batterie, 1 chariot-fourragère.

Les sections de munitions d'artillerie comprennent seulement 22 voitures. La composition et le chargement de ces sections ont été réglés de telle sorte qu'elles puissent servir au réapprovisionnement d'une batterie quelconque du corps d'armée.

Le *second échelon du parc* porte les munitions d'infanterie et d'artillerie pour le réapprovisionnement des sections du premier échelon. Il traîne en outre les rechanges et objets nécessaires aux réparations du matériel d'artillerie et du matériel des équipages militaires. Il comprend 175 voitures réparties en quatre sections, dites sections *de parc*.

L'équipage de ponts de corps d'armée se compose de quarante et une voitures; le service en est exécuté par les soins d'une compagnie de pontonniers, forte de cent cinquante hommes.

En somme, le corps d'armée mobilisé est appuyé de 16 batteries de campagne, dont 14 *montées* et 2 *à cheval*, soit, ensemble 96 bouches à feu.

A chaque division de cavalerie indépendante est attaché un groupe de 3 batteries à cheval, groupe qui fait partie intégrante de la division. Ces 3 batteries sont fournies par 3 régiments de corps différents, et réunies, même pendant le temps de paix, sous le commandement d'un chef d'escadron, pris soit dans un régiment de corps, soit dans l'état-major particulier de l'arme. — Un officier de réserve est attaché à cet officier supérieur, le jour de la mobilisation.

La composition en matériel de ces batteries à cheval de divisions de cavalerie diffère un peu de celles des batteries à cheval de l'artillerie de corps. Chacune d'elles comprend : 6 pièces de 80 millimètres; 8 caissons à munitions d'artillerie; 1 caisson à munitions pour armes portatives; 1 forge; 1 chariot de batterie; 1 chariot-fourragère; total : 18 voitures, toutes attelées à six chevaux.

Le caisson à munitions pour armes portatives est un caisson modèle 1858 (ou modèle de 80 millimètres), dont le coffre d'avant-train est chargé de cartouches de revolver (11 286 cartouches), et les deux coffres d'arrière-train renferment des cartouches d'infanterie, modèle 1874 (12 096 cartouches.)

Dans chaque division de cavalerie indépendante, l'une des trois batteries du groupe possède, en plus, une dix-neuvième voiture, — chariot de batterie, modèle 1858, organisé pour le transport de la dynamite, — attelée à six chevaux.

CHAPITRE VIII

SERVICE DE L'ARTILLERIE DANS LES OPÉRATIONS D'ATTAQUE ET DE DÉFENSE DES PLACES

SOMMAIRE. — Procédés modernes de l'art de l'attaque et de la défense des places. — Rôles d'une artillerie *de siège* et d'une artillerie *de place*.
Personnel de l'artillerie d'un corps de siège. — Opérations. — Batteries *d'investissement*. — Cas du blocus. — Cas du bombardement. — Cas du siège régulier. — Batteries *de première position*. — Batteries *de seconde position*. — Tir en brèche. — Assauts. — Prise de possession de la place.
Armement des places fortes. — Inconvénients du tir *à ciel ouvert*. — Le cuirassement et l'éclipse. — Tourelles à coupole. — Tourelle Mougin. — Tourelle Schumann. — Expériences de Bucarest. — Affûts à éclipse. — Projet de plate-forme roulante du commandant Mougin. — Casemates et batteries cuirassées. — Projet d'un type de « batterie roulante cuirassée. »
Défense des places. — Cas d'une attaque de vive force et d'un bombardement. — Cas du siège. — Opérations de la défense. — Moment de la construction et du tir des batteries *de première position*. — Travaux de réparations. — Riposte aux batteries *de seconde position*. — Fin de la lutte engagée.

On est en droit de se demander si la puissance de l'artillerie actuellement en service n'est point de nature à faire subir de profondes modifications aux procédés de l'art de l'attaque et de la défense des places. Il est certain, professent les Allemands, que tous les organes d'une forteresse exposés au feu seront aujourd'hui détruits plus rapidement qu'autrefois; mais que, d'autre part, l'exécution des travaux d'approche de l'assaillant se heurtera à des difficultés bien plus sérieuses. Les opérations d'attaque et de défense sont appelées à se transformer en grands duels d'artillerie, au cours desquels les partis en présence s'enverront des milliers de quintaux de fonte de fer.

Combattre et réduire au silence la puissante artillerie d'une place assiégée; rendre inhabitable les terre-pleins de la fortification et disloquer les abris que les défenseurs y ont organisés; ruiner tous les organes de la défense; ouvrir, de loin, s'il est possible, une brèche aux remparts; détruire les murs d'escarpe et amener la chute du parapet dans le fossé, de manière à établir une rampe praticable aux colonnes d'assaut, tel est le programme d'une artillerie *de siège*.

Le rôle d'une artillerie *de place* est de s'opposer à la construction des batteries de siège, ainsi qu'à l'exécution des travaux d'approche; de ruiner, si faire se peut, toutes les entreprises de l'assiégeant; de le combattre avec ses armes; de répondre énergiquement au tir de ses pièces. C'est dire qu'une forteresse n'est pas faite seulement pour abriter ses défenseurs; qu'elle est encore et surtout une « batterie » chargée du soin de répondre au feu de l'assaillant, et d'y répondre sans risquer de se faire démonter trop vite par le tir convergent de celui-ci.

Dans la composition d'un *corps de siège*, l'artillerie de campagne entre selon les proportions ordinaires, mais il lui est adjoint de l'artillerie de forteresse, des détachements d'ouvriers et d'artificiers, des compagnies de pontonniers. Il est formé un *état-major du parc*, dirigé par un officier supérieur et comprenant certain nombre d'officiers, de gardes et d'employés militaires. Le parc de siège se compose de pièces de gros calibre, d'un approvisionnement de poudre et de projectiles, à raison d'un millier de coups par pièce. Même on estime à présent qu'on ne saurait plus fixer de minimum à cet égard; que le renouvellement des munitions doit être constant et indéfini.

Parvenu aux environs de la forteresse qu'il se propose d'emporter, l'assiégeant fait choix de quelques bonnes positions, afin d'y retrancher ses batteries de campagne —

lesquelles vont prendre le nom de *batteries d'investissement* — et de couper ainsi à l'assiégé ses communications avec l'extérieur. L'investissement une fois parachevé, l'assaillant peut être conduit à opérer par voie de blocus, de bombardement ou de siège régulier.

En cas de blocus, à aucun moment, son artillerie ne doit engager de lutte avec les ouvrages de la place, mais simplement intervenir à l'heure des sorties et empêcher l'ennemi de conserver ou de reprendre des positions importantes. Ses batteries s'établissent de manière à enfiler les routes qui mènent à la forteresse, à couvrir de leurs feux les lieux propices au déploiement des forces de la défense.

En cas de bombardement, ses batteries s'établissent à la distance de 3 à 5 kilomètres, de manière à échapper à l'obligation d'entrer directement en lutte avec l'artillerie de la défense. L'assaillant s'attache à inquiéter partout à la fois, son adversaire. Quelques pièces concentrent leurs feux sur les principaux édifices et tirent sans relâche sur les points où se déclarent des incendies, afin d'en éloigner les secours. Toutes les pièces entrent en action, mais méthodiquement, sans précipitation ni temps d'arrêt exagérés. On fait cesser le feu par intervalles, afin de ménager les munitions et de laisser aux habitants le loisir d'exercer quelque pression sur l'esprit du gouverneur. A chaque reprise, on accroît l'intensité du bombardement, afin de proportionner l'importance des dégâts à la durée de la résistance. La nuit, quelques batteries mobiles, agissant de concert avec les batteries de position, inquiètent encore les défenseurs par un redoublement de feux destinés à ébranler leur moral.

Les officiers d'artillerie de l'armée allemande essayent aujourd'hui un tir de projectiles d'un nouveau genre. Ce sont de longs obus chargés de rondelles de fulmicoton, obus dont l'éclatement produit, paraît-il, des effets de destruction extraordinaires. Aucun ouvrage de main d'homme, si solidement établi qu'on le suppose, ne saurait, dit-on, résister à l'action d'un tir aussi formidable.

En cas de siège régulier, la première question à résoudre est celle du choix du point d'attaque. Le matériel de siège actuellement en usage est de poids tel qu'il est presque indispensable à l'assaillant d'avoir à sa disposition une voie ferrée conduisant directement de son pays jusques à ses parcs. En conséquence, ledit assaillant pourra parfois se résoudre à l'attaque d'un front de fortification réputé fort, mais à *proximité d'un chemin de fer*, plutôt qu'à celle d'un front faible dont les abords ne seraient desservis que par des routes ordinaires. La puissance de l'artillerie est telle qu'il n'est plus guère aujourd'hui de fronts inattaquables; l'assaillant n'est donc plus, comme autrefois, emprisonné dans des limites restreintes. La forteresse dont il a opéré la reconnaissance lui offrira plusieurs points d'attaque, et il s'empressera d'exercer son choix en faveur de celui non loin duquel passe la voie ferrée[1]. Ce choix fait, il procédera à l'établissement de ses *batteries de première position*.

Les batteries de première position ont pour objet de désorganiser les éléments de résistance de la place; et ce, avant qu'il ne soit procédé aux travaux d'approche. Elles se distinguent en batteries *de bombardement* à tir indirect, destinées à ruiner les magasins, casemates, etc.; — batteries *de démolition* à tir plongeant pour faire brèche et dé-

---

1. Dans l'hypothèse d'un équipage de siège de 500 bouches à feu; en admettant qu'il faille s'assurer le moyen de tirer 50 coups par pièce et par jour, et que chaque coup tiré comporte un poids de 30 kilogrammes, on voit que chaque journée de siège exige l'arrivée de 750 000 kilogrammes ou 750 tonnes de munitions. A l'arrivée, ce poids considérable de 750 000 kilogrammes devra être déchargé, manipulé, transporté, réparti suivant la diversité de ses destinations, ce qui n'exigera pas moins de 6000 hommes à distraire de l'effectif du corps de siège, et d'un nombre encore plus grand de travailleurs, pour peu que les neiges, les boues et le verglas rendent les communications difficilement praticables. Il convient d'observer que, si l'attaque devait restreindre l'action de son artillerie à moins de 50 coups par pièce et par jour, la défense pourrait respirer, se reposer et prolonger sa résistance.

La proximité d'une voie ferrée constitue donc une condition qui s'impose à l'assaillant.

truire les organes du flanquement; — batteries *à démonter* pour mettre hors de service les affûts et bouches à feu de la défense; — batteries *d'enfilade* faites pour rendre intenables les terre-pleins des ouvrages.

Il est de principe en France que ces batteries doivent s'établir à une distance de 2 à 4 kilomètres des ouvrages attaqués. On admet, en Allemagne, les limites plus restreintes de 1700 à 2500 mètres.

Les batteries de première position seront, autant que possible, construites en grand secret et bien défilées des vues de la défense. On les dérobe à ces vues par le moyen de masques bien choisis : plis de terrains, murs, bouquets de bois, jardins ou haies, dont la situation soit difficile à repérer du haut des observatoires de la place investie. Quand les circonstances locales ne permettent pas de défiler une batterie, il faut l'*enterrer* à 1 ou 2 mètres de profondeur; régaler les déblais en avant; recouvrir ce glacis de gazons, de branches ou de broussailles.

Les batteries doivent être réunies par groupes de deux à six. Les plus importants de ces groupes sont reliés télégraphiquement au quartier général.

Il faut user des précautions les plus minutieuses afin de ne point éveiller l'attention de la défense au moment de l'armement des batteries de première position. Cette opération doit, autant que possible, s'accomplir en une nuit. A l'aube du jour qui succède à cette nuit, commence la période des attaques. Le feu s'ouvre simultanément sur toute la ligne et brusquement, de manière à surprendre la défense. L'assaillant doit tirer sans trêve ni merci, de manière à prendre immédiatement sur son adversaire une supériorité marquée.

Bien engagée dès le début, une lutte d'artillerie, aura pour effet d'amener chez le défenseur un premier état d'affaissement, et cet état s'accentuera bientôt si l'attaque ne cesse pas *un seul instant* son feu; si elle empêche ainsi la défense de procéder au remplacement de ses pièces démontées, à la réparation de ses plates-formes, à tous les travaux de rechange dont, une fois revenue de sa surprise, elle constatera, non sans préoccupation, l'urgence.

Le tir des batteries de première position doit se poursuivre sans interruption une huitaine de jours. Pendant que la première parallèle s'organisera, l'artillerie devra procéder à l'établissement de ses batteries *de seconde position*. Celles-ci ont pour objet de compléter, par un tir soutenu et précis, les résultats qui n'ont été qu'incomplètement obtenus par l'effet du tir des batteries de première position, trop éloignées des remparts pour être capables d'en anéantir les moyens d'action. Elles doivent ruiner l'armement qui subsiste; réduire et maintenir au silence, par ce tir *de précision*, toutes les pièces de la défense qui peuvent prendre des vues sur une partie quelconque du terrain des attaques. Ces batteries seront : *à démonter, à ricochet, à tir plongeant, de brèche, à démolir*, ou feront office de *contre-batteries*. Presque toutes auront à poursuivre, concurremment ou successivement, plusieurs buts. Elles se construisent à peu près à mi-distance de la place et des batteries de première position ou, si l'on veut, à des distances variant de 1500 à 600 mètres des ouvrages attaqués. Elles doivent se soutenir réciproquement et agir de concert avec les batteries de première position, — qui continuent leur tir.

Faire brèche, c'est rendre, en un point donné, le profil de la fortification praticable aux colonnes de l'assaillant. On peut ouvrir cette communication militaire soit à la mine, soit au canon. La mine n'est plus guère en usage et semble ne plus devoir s'employer que dans des cas tout à fait exceptionnels; quand on ne pourra faire autrement, en désespoir de réussite par le moyen du tir des bouches à feu.

On fait brèche au canon de deux manières différentes : *de près* et *de loin*. De près, c'est-à-dire, du couronnement des chemins couverts, un tir méthodique, dit *tir en brèche*, permet de pratiquer dans la maçonnerie de l'escarpe deux coupures verticales et une coupure horizontale combinées, ayant pour effet d'ensemble la chute d'un pan de muraille. De loin, un *tir plongeant*, comportant l'angle de chute *du quart* ou *du tiers* et une vitesse restante de 150 à 200 mètres, peut également amener la ruine des maçonneries.

Les batteries de brèche proprement dites se construisent, avons-nous dit, dans le couronnement du chemin couvert. Les batteries de brèche à tir plongeant sont au nombre des batteries de première ou de seconde position, mais ne doivent pas s'établir à moins de 750 mètres de l'ouvrage à battre. La bonne distance est de 1000 à 1800 mètres.

Quand elles voient directement le cordon de la maçonnerie, ou que leur tir indirect est guidé par des renseignements précis que fournissent des observateurs, les batteries à tir plongeant ne tardent pas à éventrer l'escarpe. Aussitôt qu'il est fondé à croire que des brèches y ont été réellement ouvertes, l'assaillant doit s'attacher à en faire une exacte reconnaissance. S'il les juge *praticables*, il ne doit pas hésiter à tenter l'assaut, malgré les quelques obstacles auxquels il court encore risque de se heurter.

Quand les batteries ne voient pas la maçonnerie et que les renseignements font défaut, on ne peut exécuter qu'un tir *de démolition*. La brèche pourra s'ouvrir encore, mais l'assaillant ne sera pas en mesure de juger de l'effet produit. Cela étant, il lui sera impossible de lancer de loin ses colonnes, et il devra poursuivre les approches jusqu'au couronnement du chemin couvert. Une fois ce couronnement opéré, l'assiégeant pourra *de là* observer les effets de son tir plongeant, le rectifier et, par suite, arriver à faire brèche *de loin*. En somme, on peut presque toujours faire brèche de loin, par le moyen du tir plongeant et le concours des renseignements précis venus soit d'un observatoire, soit d'un ballon captif, soit du couronnement du chemin couvert. Il sera donc presque toujours *inutile d'établir des batteries dans ce couronnement*. Ce n'est plus qu'exceptionnellement qu'on sera conduit à faire de telles batteries, soit pour ouvrir la brèche, soit pour rendre praticable la brèche faite de loin.

La brèche *de loin* offre l'avantage d'être opérée de bonne heure ; de se prêter à des tentatives d'action de vive force ; de ne point nécessiter des constructions de batteries spéciales ; de pouvoir se multiplier de telle sorte que la place se voie entamer sur nombre de points à la fois ; d'affaiblir, de ce fait, le moral de la défense. Un tir soutenu peut empêcher la garnison de réparer ses brèches, de se retrancher en arrière et, bien qu'il soit difficile de juger des effets produits, il est permis de dire qu'il sera toujours avantageux d'essayer la brèche *de loin* : *au quart* sur les escarpes attachées ; *au tiers* sur les murs détachés. La largeur d'une brèche doit mesurer, au minimum, 60 mètres.

L'heure la plus propice à l'entreprise d'un assaut tombe à la fin du jour, si l'on suppose qu'on doive être dans l'obligation de se retrancher dans l'ouvrage conquis ; car on peut ainsi profiter de l'obscurité pour l'exécution des travaux. Selon toute autre hypothèse, il convient de s'interdire les marches et les combats de nuit, dont le succès est toujours compromis par d'inévitables désordres. Avant l'heure fixée, l'artillerie bombarde vigoureusement les environs du fort, afin de parer à une offensive de la garnison ou à quelque attaque du corps mobile. Puis, sur un signal convenu, elle cesse brusquement son feu..
... les colonnes s'élancent.

Lorsque la place a capitulé ou qu'elle a été emportée de haute lutte, le service de l'artillerie prend possession du matériel et des établissements qui ressortent de ses attributions, désarme et démolit les batteries de siège, passe la revue du matériel, en dresse l'inventaire ; procède à la vérification des bouches à feu, exécute les réparations nécessaires. Il doit commencer par réorganiser l'armement de la place, en vue de parer à l'éventualité d'un retour offensif de l'ennemi qui s'est rendu.

La valeur défensive d'une place forte dépend, en grande partie, de l'importance de son armement. Tout fort de camp retranché doit battre directement le terrain des attaques; d'écharpe, les batteries et les tranchées construites devant les forts collatéraux; de flanc et à revers, les colonnes de troupes qui chercheraient à pénétrer dans le camp ou à s'emparer des batteries qui en défendent les intervalles. Chaque front est donc armé de bouches à feu installées *à ciel ouvert*, mais il est à considérer que ces pièces seront, peu à peu, réduites au silence par les batteries de l'attaque, plus nombreuses et moins vulnérables. On ne saurait révoquer en doute la nécessité où l'on est de placer les bouches à feu les plus importantes de la défense à l'abri des coups de plein fouet, plongeants et verticaux. Pour les préserver des coups de revers et d'enfilade, on les encadre ordinairement de traverses et de parados qui aggravent encore l'effet du tir ennemi. De récentes expériences, confirmant ce que la pratique des sièges avait déjà fait connaître, ont, en effet, démontré que l'explosion des obus de gros calibre, éclatant dans les talus de ces traverses et de ces parados, produit un tourbillon de gaz enflammés qui, dans un rayon d'action de plusieurs mètres, peut renverser les servants et les mettre hors de combat. Ces explosions soulèvent, en outre, dans les terres argileuses, — surtout en temps de gelée, — des gerbes de mottes de terre et d'éclats, gerbes qui s'élèvent très haut et vont retomber au loin, blessant ou tuant servants et hommes de garde au rempart. Mais le plus grave danger que court le matériel d'artillerie de la défense est celui qui provient des coups directs ou de plein fouet, à raison de la justesse extrême du tir des bouches à feu de siège et de la facilité avec laquelle l'assiégeant peut en observer les effets. Comme il est bien peu d'ouvrages qui voient complètement leurs propres abords, on doit prévoir que l'attaque réussira, sans trop de peine, à mettre du gros canon en batterie à une distance de 2000 à 3000 mètres des forts attaqués. Connaissant d'avance la distance exacte de leur objectif, ces pièces auront, en quelques coups, réglé leur tir et mis hors de combat l'artillerie assiégée, à moins que la défense n'ait été pourvue à l'avance d'une organisation qui lui permette de dérober rapidement son matériel, sans d'ailleurs en interrompre le service.

L'adoption des pièces à feux courbes, cachées aux vues de l'ennemi, ne constituerait probablement pas un remède bien efficace à cette situation fâcheuse. La précision du tir plongeant, — à pointage indirect, — qui permet à la défense d'employer avec succès les feux courbes, donne à l'attaque la même facilité pour détruire le matériel ennemi, lorsqu'elle est parvenue à en déterminer l'emplacement exact; et c'est ce qu'elle réussira presque toujours à faire assez rapidement, au moyen d'une observation attentive de la fumée produite par le tir ou des indications fournies par les observatoires.

A ces inconvénients indéniables du tir à ciel ouvert on ne connaît encore que deux remèdes : le *cuirassement* et l'*éclipse* celle-ci obtenue du fait d'une grande mobilité dans le sens horizontal ou vertical.

Commençons par analyser les propriétés du cuirassement. L'emploi des batteries *cuirassées* s'impose à la défense, et la valeur de la *tourelle* est très supérieure à celle de tous les cuirassements *fixes*. Son nom vient de l'analogie de formes qu'elle présente avec le type des blockhaus blindés qui s'élèvent aujourd'hui sur le pont des navires de guerre. Elle consiste en un abri *mobile* autour d'un axe vertical, en un grand cylindre métallique reposant sur de solides substructions en maçonnerie, par l'intermédiaire d'une couronne de galets analogue à celle d'une plaque tournante de chemin de fer. Moyennant le jeu de ce dispositif, le cylindre peut prendre un mouvement de rotation autour de son axe. Protégé, sur la majeure partie de sa hauteur, par des massifs de maçonnerie et de terre, il est coiffé d'une calotte — courbe ou plane — appelée *coupole*. L'appareil est percé d'étroits sabords livrant passage aux bouches de deux canons de gros calibre, en batterie dans l'intérieur. Un mécanisme très simple permet de faire tourner le système.

Militairement, le jeu de la tourelle est celui-ci : le défencœur, qui observe les mouvements de l'ennemi, peut à volonté ralentir, accélérer ou arrêter le mouvement de rotation; il peut en renverser le sens. Au moment opportun, il fait feu.... et la tourelle, qui tourne toujours, présente de suite à l'assaillant sa carapace invulnérable, c'est-à-dire la portion de muraille cylindrique qui n'est point percée de sabords, de sorte que ceux-ci échappent aux dangers de la riposte. Lesdites embrasures ont peu de chance d'être atteintes si l'on a soin de ne point tirer à des intervalles de temps égaux, de ne point imprimer au cylindre un mouvement de rotation uniforme. Les tourelles jouissent, en outre, de la propriété inappréciable de comporter un champ de tir de 360 degrés et de se prêter à l'exécution d'un tir d'une rapidité extrême.

Examinons de près deux types de tourelle à coupole.

Construite dans les ateliers de Saint-Chamond, la tourelle Mougin affecte la forme d'un cylindre en fer laminé, de 45 *centimètres* d'épaisseur, recouvert d'un toit plat. D'un poids de 190 tonnes, elle se manœuvre à l'aide d'engins hydrauliques. Son armement consiste en deux canons de 155 millimètres, système de Bange, montés sur affûts également hydrauliques; le pointage en est toujours indirect; le recul en est limité par des freins à glycérine. C'est par l'électricité que s'effectue la mise du feu. Le type est surtout remarquable en ce que le constructeur a su rendre indépendants des déformations possibles du cuirassement proprement dit tous les organes métalliques qui, pour bien fonctionner, réclament impérieusement un montage de précision.

Construite à l'usine de Buckau, près Magdebourg, la tourelle Schumann est également en fer laminé. Elle se compose essentiellement d'une calotte sphérique de 20 *centimètres* d'épaisseur, seule partie de l'appareil qui émerge au-dessus de l'avant-cuirasse. Son armement consiste en deux canons Krupp, de 15 centimètres. Le constructeur s'est attaché à proscrire systématiquement l'intervention de tout engin hydraulique. Il a supprimé le recul des pièces, qui sont toujours pointées directement;

il admet une liaison intime entre ces pièces et le cuirassement protecteur.

Des expériences récentes ont permis d'apprécier comparativement la valeur de ces deux types de tourelle à coupole.

On sait que le gouvernement roumain a confié à M. le général Brialmont le soin d'élaborer un projet d'organisation défensive du territoire national. Or, ce projet donnerait lieu à l'établissement d'un grand nombre de

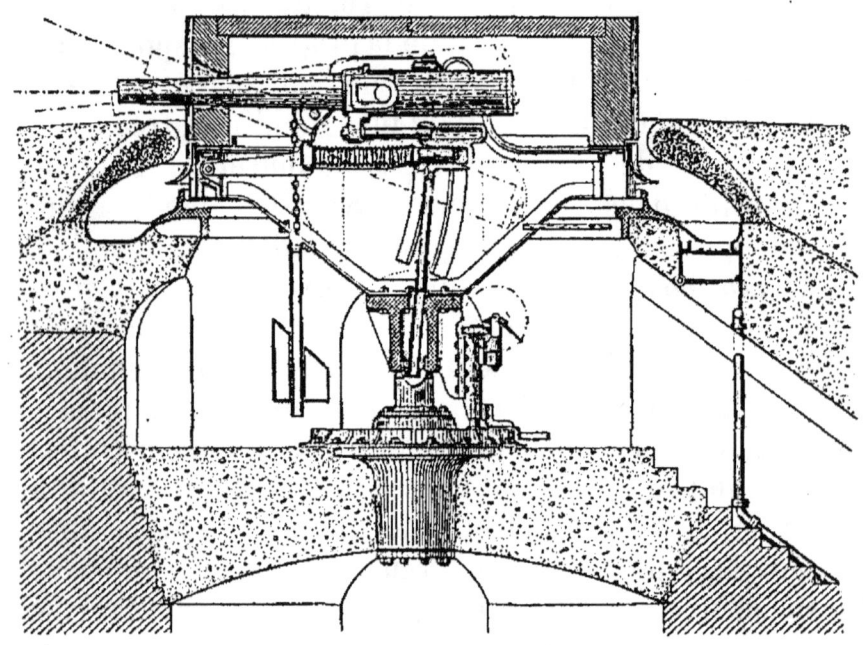

Fig. 78. — Tourelle cuirassée, système Mougin.

tourelles cuirassées. Les défenses de Bucarest n'en comprendraient pas, à elles seules, moins de *cinquante-sept*.

Afin d'exercer et d'arrêter son choix en connaissance de cause, la Roumanie résolut de soumettre à des expériences comparatives les deux types de tourelles qui, parmi tous les modèles présentés, lui semblaient avoir, *à priori*, un droit incontestable à ses préférences. Elle crut donc devoir ouvrir un concours entre l'usine française de Saint-Chamond et l'usine allemande de Buckau,

M. de Montgolfier fut admis à produire une tourelle conforme au type du commandant Mougin; M. Grüson, un exemplaire de l'appareil imaginé par le major Schumann. Livrées en 1885, les deux coupoles ont été montées au polygone de Cotroceni, près Bucarest. C'est là qu'elles sont entrées en lice pour subir la série d'épreuves publiques qui doivent décider de l'adoption de l'un ou l'autre système.

Commencées le 18 décembre 1885 en présence du roi et du général Falcoyano, son ministre de la guerre, les expériences comparatives de Bucarest se sont terminées dans le courant de janvier 1886. Or, de ces expériences techniques il appert irréfutablement que le type de coupole Mougin est, à tous égards, supérieur au type de coupole Schumann; que l'industrie française, représentée par M. de Montgolfier, directeur de Saint-Chamond, vient de remporter une victoire éclatante sur l'industrie allemande, représentée par M. Grüson, directeur de Buckau.

Parallèlement au procédé du cuirassement, l'*éclipse*, avons-nous dit, offre un moyen de soustraire le matériel d'artillerie de place aux dangers du feu de l'assaillant. On a donc conçu dans cet ordre d'idées nombre de types *d'affûts à éclipse* permettant aux pièces d'apparaître au-dessus du parapet — juste à l'instant du tir — et de disparaître, — l'instant d'après — au-dessous de la crête du massif protecteur. Toutefois, les affûts de ce genre n'ont point donné tous les résultats qu'on était en droit d'en attendre, et l'on préconise aujourd'hui diverses méthodes de défilement rapide dans le sens horizontal.

Le seul procédé qui, en dehors de l'emploi des cuirassements métalliques et des affûts à éclipse, semble capable de rendre à l'artillerie de la défense quelque supériorité sur celle de l'attaque, consisterait à donner une grande mobilité à son matériel, pour lui permettre — aussitôt que les batteries ennemies auraient réglé leur tir et commenceraient à devenir dangereuses — de se déplacer rapidement et d'aller s'établir *à droite* ou *à gauche*. Ce procédé, fréquemment essayé, a toujours donné de bons résultats. Combien ces résultats seraient-ils plus considérables si, au lieu de recourir à des manœuvres de force improvisées sous le feu de l'ennemi, — avec les ressources nécessairement restreintes dont on dispose dans une place assiégée, — les défenseurs avaient été pourvus, dès le temps de paix, de l'outillage propre à l'exécution de ces mouvements de matériel, en quelque sorte instantanément et sans dépense d'efforts exceptionnels !

Dans cet ordre d'idées, le commandant Mougin propose l'emploi d'une *plate-forme roulante* sur voie ferrée. Le projet qu'il a étudié comporte la mise en batterie d'un canon de 155, système de Bange, monté sur affût de siège et place, muni d'un frein hydraulique. La plate-forme proprement dite est, expose-t-il, essentiellement constituée par un châssis formé de quatre poutres, en tôle et cornières, poutres qui se recoupent deux à deux à angle droit, et dont les extrémités sont reliées par une enveloppe en tôlerie. Le châssis porte un chenal circulaire — en tôle et cornières — dont le centre est le pivot fictif de l'affût. Extérieurement à ce chenal, la plate-forme est recouverte d'une tôle striée; intérieurement, d'un plancher de bois.

Dans le chenal se meut une circulaire en acier coulé, laquelle circulaire est centrée par le moyen d'un système de roulettes-guides, et repose sur le fond du chenal par l'intermédiaire de cinq galets : deux, sous les roues de l'affût; un, sous la crosse; les deux autres à égale distance des précédents. Quand l'affût est en batterie, les deux roues et la crosse portent sur la circulaire, ce qui permet de donner rapidement à la pièce toutes les positions possibles de pointage dans le sens horizontal.

La plate-forme est portée par quatre paires de roues, les essieux de deux paires étant établis rectangulairement au sens des essieux des deux autres paires. Grâce à un mécanisme très simple, on peut, à volonté, faire porter chacune de ces roues sur le rail qui lui correspond ou la relever de quelques centimètres au-dessus de ce rail. De cette disposition il résulte d'abord que la plate-forme peut changer de direction sur une croisée de deux voies à angle droit et, par suite, cheminer avec grande facilité au fond d'une tranchée tracée en crémaillère; en second lieu, qu'elle présente, au moment du tir, grande stabilité, tout en manœuvrant sur un système de voies ferrées établies à l'écartement ordinaire (1^m,50) des chemins de fer. On pourra donc, pour l'établissement de ce dispositif au moment du besoin et pour les réparations, faire usage des ressources en quelque sorte inépuisables que les voies ferrées existantes fourniront en rails et en traverses. Lorsque la plate-forme est en marche d'arrière en avant, par exemple, les roues d'arrière et d'avant sont en prise, celles de droite et de gauche étant relevées. Quand on arrive à une croisée de voies sur laquelle doit s'effectuer le changement de direction, on met en prise les roues de droite et de gauche, puis on relève celles d'avant et d'arrière, ce qui rend le système mobile de gauche à droite, les mentonnets des roues d'avant et d'arrière n'étant plus arrêtés par les rails qui leur correspondent.

Les positions de tir sont marquées sur la voie principale par une petite croisée, analogue à celle des changements de direction. Lorsque la pièce doit faire feu, on met à la fois les huit roues en action, ce qui supprime les porte-à-faux, donne au système une large et solide base d'appui et empêche tout mouvement de recul du chariot.

L'ensemble du chariot, de l'affût et du canon ne pesant pas plus qu'un wagon de chemin de fer lourdement chargé (18 000 kilogrammes), il suffit de quelques servants pour le déplacer avec rapidité sur une voie ferrée de type courant.

L'organisation proposée par le commandant Mougin consiste en une voie ferrée ordinaire, se développant parallèlement à la direction générale des forts, le long du glacis et sous le feu des fronts de gorge; à partir des points où elle est démasquée par la masse d'un fort, cette voie ferrée suit une sorte de tranchée de siège, dont le fond doit être tenu à peu près horizontal. Un revêtement en gabions et fascines soutient vers l'intérieur un glacis à pente douce, planté de broussailles et de taillis. De distance en distance (tous les 15 ou 20 mètres, par exemple), la voie principale est pourvue d'une croisée où l'on peut mettre en batterie une pièce mobile; à proximité se trouve un petit magasin de siège construit sous le glacis. Au moment du besoin, on élaguerait les broussailles au droit de ces emplacements de combat, de manière à voir suffisamment les travaux de l'ennemi, sans être vu soi-même. Établie dans ces positions, l'artillerie jouirait donc de tous les avantages des batteries de l'attaque : comme ces dernières, elle ne présenterait d'autre objectif que les bouches à feu elles-mêmes; encore l'ennemi n'en pourrait-il reconnaître l'emplacement qu'en observant le nuage de fumée produit par le tir. Les servants n'auraient pas à craindre, comme dans l'intérieur du fort, l'éclatement des obus sur les talus des parapets et des traverses; la plupart des projectiles ennemis qui ne toucheraient pas directement le matériel passeraient outre, sans produire d'effet utile. Lorsque l'assiégeant serait parvenu à régler son tir d'une manière inquiétante, ces pièces mobiles se transporteraient de 40 à 50 mètres à droite ou à gauche, obligeant ainsi l'assiégeant à modifier incessamment son pointage.

Si la forme du terrain ne permettait pas de développer une longue tranchée en ligne droite sans qu'elle fût en prise à l'enfilade, on en briserait le tracé *en crémaillère* en couvrant les parties en retour d'équerre par de hautes traverses en terre, de formes systématiquement irrégulières.

Enfin, il ne faut pas perdre de vue que les affûts employés comportent un champ de tir indéfini dans le sens horizontal; que les pièces pourraient, à l'occasion, faire face en arrière et appuyer énergiquement les feux du fort, dans le cas où l'ennemi tenterait un coup de main sur la gorge.

Au lieu de continuer la voie ferrée sur toute l'étendue de la ligne des forts attaqués, on pourrait se borner à ne construire que des bouts de voie de 200 à 300 mètres de longueur à droite et à gauche de ces forts, et à créer ainsi des batteries avec pièces mobiles qui remplaceraient avantageusement les *batteries annexes* armées de pièces immobiles. Il est admissible qu'un canon qui peut être déplacé aussitôt que le tir de l'ennemi est réglé soit capable de produire autant d'effet que trois canons occupant un emplacement fixe; en d'autres termes, qu'un tel canon finisse par réduire au silence trois canons de l'attaque.

Il suffit quelquefois au défenseur d'un fort d'arrêt de disposer de deux ou trois canons cuirassés à l'effet de battre, par exemple, une route d'accès au fort. La mise en batterie de ces canons ne comportant qu'un champ de tir d'amplitude restreinte, on peut faire l'économie d'une coupole et se contenter de batteries cuirassées[1]. Il importe que ces casemates soient pourvues de *verrous* qui ferment les embrasures après le départ de chaque coup et les démasquent pendant le temps très court qui doit être consacré à la rentrée en batterie et au tir du coup suivant. Les casemates à cuirasse en fer laminé sont préférables aux casemates à cuirasse en fonte durcie. Conformément aux propositions du commandant Mougin, — propositions qui ont été admises en France, — le corps de la batterie est formé d'une voûte cylindrique en béton de ciment, dont les génératrices sont perpendiculaires à la direction générale du tir. Cette voûte principale est recoupée d'une voûte conique, au-dessus de chaque bouche à feu. La tête et les piédroits de celle-ci sont revêtus d'une chemise de tôle épaisse, sur toute la hauteur correspondant au cuirassement[2].

Chaque travée est protégée par une plaque de cuirasse

---

1. Au cas où son armement se réduit à une pièce, la batterie prend le nom de *casemate cuirassée*.

2. La compagnie de Saint-Chamond a construit plusieurs casemates de ce type pour l'armement de nos forts d'arrêt de la Haute-Moselle.

verticale, rectangulaire, en fer laminé, adossée à un matelas élastique en sable fortement bourré et hermétiquement emprisonné dans un caisson en tôle. Le sabord est entouré d'une pièce en acier coulé, fixée par des boulons à la tôle verticale intérieure. La plaque de cuirasse s'appuie sur cette pièce par l'intermédiaire d'une garniture en plomb soigneusement *mattée*.

Les joints verticaux des plaques correspondant à chaque

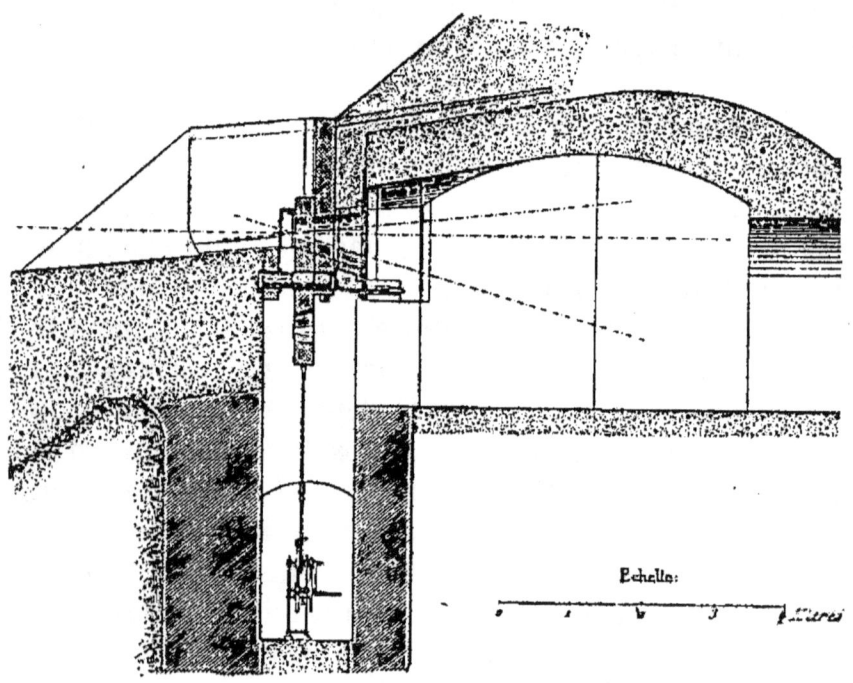

Fig. 79. — Batterie casematée cuirassée

bouche à feu sont protégés par des caissons en tôle épaisse, emplis de béton de ciment fortement pilonné. Les caissons extrêmes sont en partie noyés dans un terrassement en sable, terrassement qui se raccorde avec le parapet de la fortification. La batterie est recouverte d'un massif de sable, d'une épaisseur suffisante pour la mettre à l'épreuve des plus gros projectiles tirés en bombe.

Cette protection faisant défaut à l'avant, le commandant Mougin a disposé sur l'extrados de la voûte en béton de ciment deux plaques en fer laminé, reposant sur un matelas en sable bourré et dont les épaisseurs sont telles que leur résistance, augmentée de celle de l'onglet de sable qui les recouvre, corresponde à la puissance de pénétration des projectiles les plus redoutables. Ces plaques sont fixées par le moyen de certain nombre de boulons de scellement, convenablement répartis.

La plus grande difficulté qui se présente dans l'œuvre d'organisation d'une batterie cuirassée consiste en l'établissement d'une bonne fermeture d'embrasure. Cet organe doit être tout à la fois très mobile et très lourd; car on sait qu'une pièce métallique exposée directement au choc des projectiles ne présente de résistance qu'autant que la masse en est considérable. Il est acquis, en outre, que le fer martelé se brise aisément; que le fer laminé seul peut supporter l'action du boulet sans se rompre. On sait enfin que les projectiles qui frappent le bouclier fixe en meurtrissent la surface et même y restent plantés lorsque leur vitesse est considérable. Il est donc nécessaire que la partie de ce bouclier sur laquelle glisse l'obturateur soit soustraite à l'action des projectiles.

La fermeture d'embrasure du commandant Mougin se compose d'un disque taillé dans une plaque épaisse en fer laminé et mobile autour d'un arbre horizontal, sur lequel il est en équilibre indifférent. Ce disque est percé de deux sabords symétriques, dont les centres se trouvent sur le diamètre vertical au moment du tir. Il suffit de le faire tourner de 90 degrés pour obturer l'embrasure. Ce mouvement s'obtient avec grande facilité de l'action d'une chaîne dont les deux extrémités sont accrochées en un point sis à 45 degrés du diamètre joignant les centres des sabords, et qui, passant par trois poulies de renvoi, s'enroule sur la roue à empreintes d'un treuil à manivelle.

Aux quatre extrémités des deux diamètres du disque, qui sont à 45 degrés des diamètres principaux, on a pratiqué des trous taraudés, dont trois sont protégés par des bouchons à vis, à tête fendue et noyée. Dans le quatrième est vissé un anneau sur lequel s'accrochent les deux extrémités de la chaîne motrice. Lorsque la partie de l'obturateur qui supporte les coups a été meurtrie par un nombre suffisant de projectiles, on déplace l'anneau à vis de manière à attacher les extrémités de la chaîne, successivement en chacun des quatre points de la circonférence à 45 degrés des diamètres principaux. On utilise ainsi la totalité de la surface de l'obturateur. Ce déplacement du point d'attache se fait, d'ailleurs, *en dessous*, sans aucun danger pour l'homme chargé de cette opération. Enfin, lorsque le disque est complètement criblé et tombe en morceaux, on le laisse descendre en dévissant les douze grosses vis qui maintiennent les chapeaux de palier de son arbre, et on y substitue un disque de rechange. Il suffit d'une nuit pour faire cette manœuvre, qui n'expose à aucun danger les hommes qui y prennent part.

La partie du bouclier fixe qui recouvre l'obturateur ne peut être touchée par les projectiles; on n'a donc pas à craindre qu'il se produise à sa surface des déformations de nature à gêner le mouvement de rotation du disque.

La majeure partie du bouclier fixe est soustraite aux coups, soit par l'obturateur, soit par les caissons latéraux, et la portion exposée correspond précisément à la voûte en béton de ciment. La plaque fixe sera donc meurtrie et traversée par les projectiles longtemps avant que les servants de l'ouvrage s'aperçoivent des progrès du tir ennemi.

La partie inférieure de la batterie cuirassée est protégée par une plongée en béton de ciment noyée dans un massif de sable.

Les dimensions générales de l'ouvrage sont en rapport avec celles du matériel d'artillerie dont il est armé. Les épaisseurs des plaques de cuirasse sont déterminées d'après la puissance de perforation des projectiles dont on suppose l'assaillant muni.

Le commandant Mougin a, d'ailleurs, pensé qu'il est possible de combiner les deux moyens de résistance aux coups de l'artillerie ennemie, c'est-à-dire le cuirassement et la mobilité dans le sens horizontal. Il propose, en conséquence des *batteries roulantes cuirassées*, et pour ainsi dire indestructibles. Cet officier supérieur estime que l'adoption d'un système de trains de canons ainsi protégés permettrait de réduire considérablement le matériel d'artillerie nécessaire à l'armement de défense d'une place à forts détachés.

Ces batteries seraient remisées, en temps de paix, dans un magasin sis en un point de l'enceinte convenablement choisi, et amenées sur le « front d'attaque » du noyau central, dès que ce front serait manifestement indiqué par les premiers travaux de l'ennemi. Le reste de l'enceinte n'aurait besoin que d'un armement de sûreté, composé d'un petit nombre de pièces légères, prêtes à tirer à mitraille au cas d'une attaque de vive force.

Chaque batterie roulante serait armée de trois canons de 155 millimètres, longs ayant un champ de tir de 60 degrés dans le sens horizontal, et de $-5°$ à $+20°$ dans le sens vertical.

Ces batteries pourraient aussi s'employer à la défense des intervalles des forts attaqués.

Enfin, si des succès obtenus au début d'une campagne permettaient à l'armée nationale de passer la frontière pour aller assiéger les places ennemies, de pareilles batteries roulantes constitueraient un parc de siège d'une incomparable puissance. On pourrait, en effet, les faire circuler sur tous les chemins de fer à double voie, en empruntant les deux rails gauches ou les deux rails droits, et les amener aux emplacements des batteries de première position par des embranchements qui n'auraient souvent qu'un développement d'étendue restreinte. Les ouvrages cuirassés de la défense se trouveraient ainsi en prise aux feux d'ouvrages aussi résistants qu'eux-mêmes, et la lutte s'engagerait à armes à peu près égales.

Il convient de remarquer que pour ces trois services de guerre, — le long du parapet d'une enceinte continue, entre deux forts voisins et comme engins de siège, — le faible champ de tir horizontal des batteries roulantes proposées ne constituerait pas un inconvénient sérieux.

Le parapet au pied duquel est disposée la voie ferrée sera muni, de distance en distance, de traverses ou de bonnettes à grand relief, en arrière et à l'abri desquelles on ramènera les batteries roulantes toutes les fois qu'on sera obligé d'en suspendre le tir, pour quelque cause que ce soit. Lorsque le feu de l'ennemi sera assez bien réglé pour devenir inquiétant, on déplacera ces batteries de quelques mètres et, comme on aura eu soin de planter un épais rideau de végétations arborescentes en avant du parapet, il faudra que l'ennemi fasse une énorme consommation de projectiles avant de réussir à les mettre hors de combat.

Nous n'avons plus qu'à donner ici une description sommaire de la batterie roulante cuirassée du commandant Mougin. Cette batterie peut être considérée, dans son ensemble, comme une poutre creuse, cuirassée sur quatre de ses faces, capable de supporter extérieurement des chocs considérables sans se déformer, et qui serait fixée sur un fort tablier porté par neuf essieux suspendus, permettant le mouvement de translation de l'ensemble.

Les neuf essieux sont en acier et montés sur des centres en fer de 1 mètre de diamètre, cerclés de bandages en acier dur de $0^m,055$ d'épaisseur; leurs fusées, de $0^m,200$ de diamètre, sont munies de boîtes à graisse en acier coulé, liées à des ressorts de suspension de 25 tonnes, adaptés au tablier de la batterie.

Ce tablier est composé de deux longerons réunis — à leurs extrémités et entre les essieux — par dix poutrelles, reliées elles-mêmes, deux à deux et suivant l'axe longitudinal du tablier, par dix entretoises. Le tout, en tôles et cornières, recouvert d'un plancher composé de tôles juxtaposées et soigneusement rivées aux longerons, poutrelles et entretoises.

Deux panneaux extrêmes et deux chevalements intermédiaires divisent la batterie en trois compartiments, recevant chacun un canon. Le cuirassement de front se compose de deux plaques de 0^m,450 en fer laminé, réunies sur toute leur hauteur par un assemblage à tenon et mortaise, percées de trois embrasures minima distantes deux à deux, d'axe en axe, de 4 mètres et munies — dans le haut et sur toute leur longueur — d'une feuillure de 0^m,150 de profondeur. Le prix de revient d'une batterie roulante cuirassée ne s'élève qu'au chiffre de 400 000 francs; chiffre auquel il faut ajouter le prix de trois canons de 155 millimètres.

Quel qu'en soit l'armement, comment une place forte doit-elle et peut-elle se défendre. Quel est le rôle dévolu à son artillerie?

Au cas d'une attaque de vive force, la défense doit riposter au feu de l'ennemi par le tir des pièces qui constituent l'armement de sûreté et quelques pièces légères que l'on amène vivement sur les terre-pleins. Dès qu'on aperçoit les colonnes d'assaut, il faut diriger sur elles tous les feux d'artillerie dont on dispose. On tente de les arrêter au chemin couvert et au fossé; d'empêcher l'escalade; de défendre l'accès des portes ou poternes.

Au cas d'un bombardement, l'artillerie de la place doit riposter aux batteries de l'attaque, engager avec celles-ci une lutte vigoureuse; mais c'est surtout en cas de siège que le rôle de l'artillerie se définit nettement. En ce cas, le chef de service de l'artillerie fait partie du conseil de défense et du comité de surveillance des approvisionnements de siège. Dans l'hypothèse d'une grande place entourée de douze forts détachés et de 13 kilomètres de diamètre, on peut apprécier et résumer ainsi qu'il suit les décisions que prendra le gouverneur : en ce qui concerne l'armement, si l'on suppose une attaque combinée de trois forts et des deux collatéraux, en tout cinq forts, dont chacun comporte un armement de 40 pièces, on peut dresser cet état : Pour les 5 forts attaqués (à 40 pièces l'un), 200; pour les intervalles de ces forts, 150; pour les 7 forts non attaqués, 150; pour le corps de place, 100. Soit ensemble 600 bouches à feu; non compris dans ce total le nombre des pièces de campagne du corps mobile. Pour ce qui est des munitions, chaque pièce doit être approvisionnée à 800 ou 1000 coups; de là résulte un approvisionnement total de 480 000 à 600 000 projectiles. En admettant qu'il faille 8 hommes par pièce, on voit que le service de l'artillerie réclame — auxiliaires d'infanterie compris — un personnel de plus de 5000 hommes.

Le siège commence.... l'assaillant procède à l'établissement de ses batteries de première position. Le gouverneur pourra peut-être surprendre la construction de quelques-unes de ces batteries et, en ce cas, il fera tomber sur les travailleurs une pluie de projectiles. Toutefois, il réservera son feu le plus intense pour la nuit de l'armement, s'il peut en connaître la date, car c'est alors qu'il y a le plus de monde *à la fois* dans les batteries de l'ennemi.

Malgré tout, ces premières batteries finissent par se construire et s'armer. Leur feu vient de s'ouvrir.... Que doit alors faire le gouverneur? S'il a pu régler son tir à l'avance, il riposte aussitôt.

Puis, quand il se croit sûr de procéder avec la précision voulue, il accentue ce tir et le rend aussi rapide que faire se peut. Il lui importe essentiellement de remplir cette dernière condition, attendu que, à ce moment, une bonne organisation fait encore défaut à l'assaillant, dont les parapets sont faibles; les batteries, mal situées ou mal groupées. Il est possible que l'artillerie de la défense prenne un instant la supériorité sur l'adversaire et force celui-ci à recommencer certains travaux. De là, pour l'attaque, une phase de mécontentement, de découragement, de perte de temps, c'est-à-dire une phase de succès pour la défense.

Telles sont les règles généralement admises, mais — il n'est pas inutile de l'observer ici — le problème de la défense des places soulève, plus que toute autre question militaire, nombre de sentiments contradictoires.

Nombre d'officiers veulent aujourd'hui que, au lieu d'exposer au feu de l'assaillant des défenses *fixes*, essentiellement *vulnérables*, le gouverneur donne, quelques instants avant l'ouverture du feu des batteries de première position, l'ordre de désarmer les forts attaqués; d'en mettre provisoirement tout le personnel et tout le matériel à l'abri. Dans ces conditions, que va-t-il se passer? Les batteries de première position tirent avec fureur sur les forts. Soit. Tous les hommes, sauf quelques vigies, sont abrités; toutes les bouches à feu sont remisées sous voûtes, à l'exception de quelques pièces exécutant un tir indirect.

Mais, pendant que les batteries de première position usent ainsi leur poudre et leurs projectiles, les forts attaqués vont se servir du chemin de fer qui les relie ensemble, en deçà de leurs gorges — et doter de mobilité leurs bouches à feu de place.

Conformément aux dispositions d'ensemble adoptées par le gouverneur, les commandants des forts embarquent un soir partie de leur matériel et vont, durant la nuit, armer *dans les intervalles desdits forts*, des batteries préparées à l'avance et soigneusement dissimulées jusqu'au dernier moment. A l'aube, tout est prêt[1]. Ces batteries de pièces *de gros calibre* criblent de feux convergents les batteries de première position de l'assaillant.

Celui-ci, qui ne peut se défendre de certain saisissement, va, pour un instant, lâcher prise. Il laisse respirer les forts et se tourne vers ces adversaires nouveaux qui lui semblent sortis de terre aux termes de quelque loi de génération spontanée. Mais alors le gouverneur fait désarmer les batteries qui viennent de surgir.

Le matériel est remis sur rails, soit pour rentrer aux

---

1. Il convient d'observer ici que tout mouvement de gros matériel est difficile et que, par conséquent, l'armement des batteries d'intervalles constitue, en l'état de choses actuel, une opération singulièrement ardue. Le problème est à l'étude. Il recevra tôt ou tard quelque solution rationnelle, car l'idée de ce mode de défense ne cesse de s'accentuer à raison des énormes accroissements de puissance que prennent les projectiles.

forts, soit pour aller armer d'autres *batteries d'intervalles* dont les emplacements ne sont pas, plus que les premiers, repérés par l'ennemi. Et ainsi de suite.

En procédant ainsi, le gouverneur restitue de la *mobilité* à la défense; ses batteries de gros calibre voltigent de position en position; ses forts ne sont plus que des *appuis*, des *abris défensifs*. Mais, pour s'être modifié, le rôle de ces ouvrages permanents n'est pas moins considérable à l'heure de l'ouverture du feu de l'assaillant.

Cependant il est des travaux dont l'urgence se prononce. Il faut entreprendre les réparations des dégâts que l'artillerie de l'assaillant cause au matériel de la défense, ainsi qu'aux organes de la fortification. Des escouades de travailleurs devront être commandées pour relever les crêtes écorchées des parapets; recouvrir les maçonneries mises à nu; recharger les traverses; boucher les trous faits aux terre-pleins; écarter du pied des escarpes les terres qui y seraient tombées et formeraient amas; entretenir les routes, chemins et rampes; réparer les plates-formes, opérer les rechanges d'affûts, etc., etc. Ces travaux sont considérables et doivent se poursuivre sans relâche, surtout à la faveur de la nuit.

Malgré tous ses efforts, la défense ne tardera pas à se convaincre du fait de son infériorité. Le tir convergent de l'attaque lui aura fait éprouver de grandes pertes en personnel et matériel; quelques-unes de ses pièces auront dû cesser le feu. C'est vraisemblablement au bout d'une huitaine de jours que cet état d'affaissement se prononcera.

Le gouverneur aura dû réserver bon nombre de pièces pour répondre aux batteries de seconde position qui viennent, à leur tour, d'ouvrir le feu. S'il a désarmé en temps opportun, un matériel à peu près intact se trouve encore à sa disposition. Dès lors, il peut continuer sa *guerre des intervalles* contre les batteries de seconde position. Il commande, en même temps, un tir indirect, à exécuter par des pièces *changeant de place* à l'intérieur ou dans le voisinage des forts. Il s'attache à donner à ses moyens d'action la plus grande mobilité possible. Il éteindra sans doute le feu de quelques batteries de l'ennemi, mais ne tardera pas à succomber dans cette lutte. Ses bouches à feu seront réduites au silence.

CHAPITRE IX

SERVICE DE L'ARTILLERIE EN CAMPAGNE

Sommaire. — *Tactique de l'artillerie de campagne.* — Entrée en action. — Concentration des feux. — Distances de tir. — Attaque. — Défense.
Marches. — Rassemblements de troupes. — Rôle du commandant de l'artillerie. — Reconnaissance et choix des positions. — Occupation des positions de batterie. — Exécution des feux. — Changements de position. — Escortes.
De l'artillerie à cheval attachée à une division de cavalerie indépendante.
Du rôle de l'artillerie de campagne au cas d'une attaque de place par voie d'intimidation ou de vive force.
De quelques prescriptions relatives à l'exécution du service. — Éléments d'une batterie sur le pied de guerre. — Ordre de marche de la batterie *de combat*, montée ou à cheval. — Ordre de marche de la réserve. — Ordre de marche du 3ᵉ groupe (subsistances). — Dispositions préparatoires de combat. — Reconnaissance et occupation de la position de batterie. — Épaulements rapides. — Réglage du tir. — Cas du réglage du tir des obus à balles. — Importance de cette opération.

A la guerre, l'artillerie de campagne a mission de préluder au combat; de le traîner en longueur; de préparer le moment décisif; d'attirer sur elle, en l'éloignant des autres armes, les feux de l'artillerie adverse; de poursuivre l'ennemi battu; et, généralement, d'appuyer, de soutenir les troupes nationales engagées.

Pour atteindre successivement chacun de ces différents buts, cette arme est nécessairement mise en demeure de se conformer à des règles tactiques aussi précises que possible. En France, ces règles générales ont été codifiées par le règlement ministériel du 20 mars 1880, mais il convient d'observer qu'elles sont loin de porter l'empreinte du cachet d'un caractère absolu. Il ne faut les considérer que comme « des indications du but vers lequel on doit tendre » en chacun des cas qui peuvent se présenter à la guerre.

Du règlement précité nous extrairons ce qui suit touchant la *Tactique de l'artillerie de campagne* :

Au début d'une action, l'artillerie est chargée de couvrir les mouvements préparatoires et d'entamer le combat ; à cet effet, elle doit être placée pendant les marches à proximité des têtes de colonne.

On cherchera généralement à aborder l'ennemi avec un nombre de pièces supérieur à celui dont il dispose. On déploiera l'artillerie de bonne heure ; mais ce serait commettre une faute que de lancer les batteries en avant, sur le champ de bataille, sans leur assurer une protection suffisante, et de les exposer ainsi aux surprises de l'ennemi.

L'artillerie est, en effet, sans défense lorsqu'elle est en mouvement et, alors même qu'elle est en batterie, elle a toujours besoin d'être gardée par les autres armes.

En tous cas, l'entrée en action de l'artillerie sera précédée d'une reconnaissance du terrain et des positions de l'ennemi. Cette opération sera généralement confiée à la cavalerie, et les résultats devront toujours en être communiqués au commandant de l'artillerie.

Dès le début du combat, on doit chercher à obtenir la *concentration des feux sur un même but*. L'observation de cette règle, une des plus essentielles de la tactique, accroît la puissance de l'artillerie, tandis que l'éparpillement des feux y porte atteinte.

La concentration des feux nécessite l'*unité d'action* ; il faut donc s'attacher à ne point fractionner les batteries d'un même groupe.

Le commandant d'une artillerie (divisionnaire ou de corps) doit donc — toutes les fois que cela est possible — faire agir les batteries *par masse*, c'est-à-dire en les réunissant sur un même terrain. C'est le moyen le plus sûr d'obtenir l'unité d'action, mais il peut se faire que le terrain ou les circonstances du combat s'opposent à l'observation de cette règle et imposent le fractionnement des batteries en deux ou plusieurs groupes. En ce cas, le commandant de l'artillerie se placera en un point d'où il puisse le mieux juger de l'effet produit; il organisera le service de transmission des ordres avec assez de soin pour que les différents groupes de batteries agissent bien conformément à ses prescriptions.

Il est impossible de fixer des règles précises en ce qui concerne les distances auxquelles l'artillerie doit combattre; les positions des batteries seront, en général, impérieusement déterminées par la forme du terrain. Cependant on devra toujours se placer à des distances où le tir ait toute son efficacité, et l'on évitera d'ouvrir le feu à *plus de 2500 mètres de l'ennemi*.

On se gardera *d'engager l'artillerie sur un terrain battu efficacement par la mousqueterie ennemie*.

Toutefois, aux moments décisifs, l'artillerie devra savoir affronter le feu de l'infanterie. En certaines circonstances, spécialement quand il s'agira de conserver une position, les batteries pourront être appelées à continuer leur feu jusqu'à la dernière extrémité. Elles agiront alors, non seulement par l'efficacité de leur tir, mais encore par l'influence morale qu'elles exerceront sur les autres troupes.

Dans le combat moderne cette influence morale est plus grande que jamais car, par suite des conditions d'éparpillement qui s'imposent au combat d'infanterie, l'artillerie représente, en quelque sorte, l'élément stable de la lutte. Tant qu'elle est en position, tout le monde autour d'elle comprend qu'il faut tenir *à outrance*.

Dans ces circonstances extrêmes, il n'y a pas à craindre la perte de quelques pièces. Cette perte ne constitue un déshonneur que lorsqu'elle est le fait de l'incapacité ou de la faiblesse.

L'artillerie de l'attaque devra constamment agir de concert avec les autres troupes et les appuyer efficacement pendant les différentes périodes de la lutte, périodes qui se définissent laconiquement par ces mots : « entamer, préparer, exécuter ».

Pour *entamer le combat* l'artillerie couronnera les hauteurs qui se trouvent à 2000 ou 2500 mètres de l'ennemi. Elle ouvrira le feu sur l'artillerie et sur les troupes visibles de l'adversaire, afin de le tâter et de protéger le déploiement des troupes amies.

Si les batteries ennemies se démasquent, soit pour accepter le *duel d'artillerie*, soit pour tirer sur les troupes, l'artillerie de l'attaque activera son feu et cherchera à éteindre celui de l'adversaire, mais elle aura soin de ne point gaspiller inutilement ses munitions dans ces luttes aux grandes distances.

Si le combat vient à *traîner*, l'artillerie devra s'attacher à entretenir la lutte, en surveillant pour ainsi dire le champ de bataille, en canonnant les troupes visibles de l'ennemi, mais toujours en ménageant ses munitions.

Pour *préparer l'attaque* lorsque l'infanterie s'est déjà rapprochée ; que ses tirailleurs ne sont plus qu'à 400 ou 500 mètres de l'ennemi et font — en s'avançant toujours — un feu de plus en plus nourri, l'artillerie s'approchera à son tour, si le terrain le permet, à l'effet de concentrer son feu sur le point d'attaque.

Elle aura soin de ne pas se tenir à plus de 1500 ou 1600 mètres de l'ennemi. Tout en se gardant d'opérer des déplacements trop fréquents, elle suivra la marche en avant de l'infanterie, de manière à pouvoir renforcer, sans interruption, le feu de celle-ci *aux distances de tir les plus efficaces.*

Ce serait commettre une faute que d'appuyer par des feux d'artillerie à trop grande distance les troupes engagées dans un combat rapproché. A raison des écarts du tir et de la difficulté de distinguer les combattants, on risquerait fort de gêner les troupes amies.

La préparation de l'attaque, mission des plus importantes, est essentiellement du ressort de l'artillerie divisionnaire ; mais l'artillerie de corps sera souvent aussi appelée à y coopérer.

Pendant cette période du combat, l'artillerie devra tirer avec *la plus grande énergie;* elle pourra même exécuter, vers la fin, des salves de batteries. Rien ne devra être négligé à l'effet d'ébranler le moral des défenseurs et de surexciter celui des assaillants.

Durant l'*exécution de l'attaque,* l'artillerie allongera son tir afin d'inquiéter les réserves de l'adversaire et de ne pas gêner les troupes amies qui s'élancent à l'assaut; mais elle tirera sans relâche pour appuyer et attirer sur elle le feu de l'artillerie adverse.

Dès que la position sera conquise, l'artillerie s'y portera rapidement, tout au moins en partie, afin d'aider les autres troupes à repousser les retours offensifs de l'ennemi débusqué.

Elle contribuera à faire recueillir les fruits d'un succès obtenu, en se portant rapidement sur les flancs de la ligne de retraite de l'adversaire, en le canonnant vigoureusement jusqu'aux plus grandes distances.

L'artillerie de la défense devra généralement se garder de s'engager à fond dans la première période du combat. Elle mettra quelques batteries en réserve, et ces batteries ne donneront qu'aux moments décisifs de la lutte.

Elle n'acceptera le *duel* que si elle se trouve dans de bonnes conditions vis-à-vis l'artillerie ennemie.

On utilisera le terrain avec le plus grand soin non seulement pour donner au feu de l'artillerie toute l'efficacité possible, mais encore pour couvrir les batteries. On profitera, à cet effet, de tous les abris naturels; on construira, si besoin est, des *épaulements rapides* destinés à protéger les pièces.

Dès que l'infanterie de l'attaque apparaîtra, l'artillerie de la défense devra s'engager vigoureusement. Tout en cherchant à attirer sur elle le feu de l'artillerie ennemie, elle devra *concentrer* son feu principalement sur les troupes qui marchent à l'attaque.

Lorsque l'ennemi se rapprochera, l'artillerie de la défense devra redoubler d'énergie. Elle ne se retirera que *par ordre*, et mariera s'il le faut, son tir à mitraille aux décharges de l'infanterie.

En cas de retraite, l'artillerie contribuera à couvrir la marche en arrière des troupes.

Les batteries se retireront par échelons et viendront successivement s'établir sur des emplacements reconnus à l'avance, de manière à protéger les troupes, à leur permettre de se rallier, de traverser des défilés, etc., etc.

En de telles circonstances l'artillerie sera tenue d'agir dans l'ordre le plus parfait, avec le plus grand calme.

Les batteries tireront avec énergie et continueront leur feu jusqu'à la dernière extrémité.

A ces règles générales de tactique le règlement du 20 mars 1880 a joint quelques prescriptions de détail dont il convient de tenir compte.

Dans les marches, l'artillerie prendra généralement l'ordre en colonne par pièce et, si les chemins le permettent, l'ordre en colonne par section. Elle s'attachera tout particulièrement à parer à l'inconvénient de l'encombrement des routes.

Pendant les haltes de courte durée, elle gardera sa formation de marche. Pour peu que les haltes doivent se prolonger, elle se placera en dehors des routes et *formera le parc*.

Lors des rassemblements de troupes qui précèdent le combat, une *batterie isolée* se formera généralement *en bataille*, la réserve derrière les caissons de la batterie de combat[1]; plusieurs batteries réunies se formeront en *colonne serrée* ou plus souvent *en masse*, chaque batterie ayant derrière elle sa réserve.

Pendant la reconnaissance générale du terrain et des positions de l'ennemi, le commandant de l'artillerie accompagnera le commandant supérieur des troupes, afin de recevoir ses ordres en ce qui concerne l'artillerie. Ultérieurement, au cours du combat, il commandera

---

1. Voyez ci-après (p. 273-74) la nomenclature des divers éléments constitutifs en lesquels se décompose une batterie sur le pied de guerre.

personnellement ses batteries et recevra par suite — au même titre que les commandants des troupes des autres armes — les ordres que le commandant supérieur jugera nécessaire de lui faire porter, afin que l'artillerie agisse conformément au plan général de la lutte.

Toute mise en batterie sera précédée de la reconnaissance du terrain par le commandant de l'artillerie, qui donnera sur les lieux, et avant l'arrivée des batteries, toutes les indications nécessaires en vue de l'ouverture du feu. Les capitaines-commandants ne feront généralement venir leurs pièces que lorsqu'ils auront reconnu : l'emplacement des divers éléments de leur batterie : — le but à battre ; — la distance du tir à exécuter ; — les troupes qui entourent et sont en état de protéger leurs pièces, etc.

La première condition qui s'impose à qui doit faire le choix d'une position de batterie est celle de pouvoir prendre des vues efficaces, non seulement sur le but indiqué, mais, autant que possible, dans toutes les directions ; et cela, jusqu'aux plus courtes distances.

Après avoir satisfait à cette condition, on s'occupera de couvrir la batterie en profitant du terrain et en utilisant avec le plus grand soin tous les abris naturels. En un mot, l'artillerie devra avant tout *voir* et, autant que possible, *ne pas être vue*.

Ce n'est que tout à fait exceptionnellement, et alors qu'il sera absolument impossible de voir et de suivre directement les péripéties de la lutte, que l'on pourra employer le *tir indirect*, en plaçant des batteries de manière à les faire tirer sur des points dont elles sont séparées par des masses couvrantes.

Le front à donner à une batterie sera généralement d'une centaine de mètres ; ce n'est que faute de place qu'on pourra diminuer cet espace, mais on ne devra jamais le réduire à moins de soixante mètres.

Les meilleurs emplacements de batterie se trouveront en arrière des hauteurs et des plis de terrain qui descendent en pente douce vers l'ennemi, ou bien encore derrière des haies, des broussailles, des champs cultivés, etc.

Les hauteurs moyennes conviendront mieux que les hauteurs trop grandes; ces dernières pourront être utilisées à titre d'observatoires.

On recherchera, pour l'emplacement des pièces, un sol uni et ferme, derrière lequel il serait avantageux de trouver des couverts pour les avant-trains et les caissons. Un sol mou et marécageux, situé immédiatement en avant et sur le flanc des pièces, pourra être utile en ce qu'il atténuera les effets des projectiles ennemis, mais il ne faudrait pas que cet état du sol pût entraver les déplacements de la batterie.

On évitera de prendre position derrière des murs en maçonnerie ou sur des terrains rocailleux pouvant donner lieu à des éclats de pierre.

On s'éloignera des ravins, des taillis, des bouquets de bois, etc., difficiles à surveiller et qui pourraient se prêter à une surprise de la part de l'ennemi; on aura soin de ne point se placer en avant des points saillants du terrain, points qui pourraient faciliter à l'ennemi l'observation des coups et le réglage du tir.

Enfin, on fera en sorte que la ligne des pièces ne puisse être prise ni de flanc, ni d'écharpe, et qu'elle prenne obliquement les positions de l'adversaire.

Dans les marches entreprises pour aller occuper leurs positions, les batteries prendront l'ordre en colonne par pièce ou, si la chose est possible, l'ordre en colonne par section, lorsqu'on suivra les chemins.

Quand on marchera à travers champs, hors des atteintes du feu de l'ennemi, une batterie isolée s'avancera généralement *en colonne par section;* un groupe de batteries, *en ligne de colonnes*.

Sous le feu, on marchera *en bataille,* en se gardant de présenter le flanc à l'ennemi.

La mise en batterie devra être faite *rapidement* et dans le plus grand ordre. Les indications données par le capitaine, au moment où il fera avancer sa batterie, devront être assez précises pour obvier à toute indécision; pour éviter surtout les grands mouvements *à bras* des pièces, où les déplacements après coup des avant-trains et des caissons.

Les pièces seront, autant que le terrain le permettra, disposées suivant un alignement régulier; en tous cas, on se gardera de les placer trop brusquement en retraite les unes sur les autres, afin qu'elles ne se gênent pas mutuellement au cours de l'exécution du tir.

Exceptionnellement, quand elle sera à l'abri de toute surprise et destinée à combattre longtemps sur place, une batterie pourra chercher à abriter ses avant-trains et ses caissons de première ligne en les éloignant un peu sur ses flancs, et ne garder derrière ses pièces que les arrière-trains des caissons de première ligne.

Pendant le tir, le silence le plus absolu devra régner dans la batterie; l'attitude et la tenue des hommes devront être aussi correctes qu'à la manœuvre.

Le capitaine-commandant mettra pied à terre pour régler son tir; il se placera au point d'où il puisse le mieux apercevoir les coups, sans être gêné par la fumée, mais assez près pour pouvoir diriger le feu *à la voix*. Une fois le tir réglé, il pourra remonter à cheval; il sera ainsi dans de meilleures conditions pour observer la marche du combat et assurer la bonne tenue de sa batterie sous le feu.

Le capitaine-commandant aura soin de ne pas se laisser absorber par les détails du tir; il concentrera toute son attention sur l'observation des coups et la rectification des portées.

Les précautions les plus minutieuses seront prises pour obvier aux erreurs de désignation du but. Toutes les pièces seront pointées d'une manière identique, afin qu'il soit possible d'assurer le réglage du tir.

A cet effet, immédiatement après la mise en batterie, et pendant que les chefs de pièce prendront leurs dernières dispositions en vue de l'exécution du tir, le capitaine-commandant réunira ses chefs de section et s'assurera qu'ils connaissent bien : l'ensemble du but; le point du but sur lequel toutes les pièces doivent être pointées pour le réglage du tir; la partie du tir réservée, s'il y a lieu, à chaque section, une fois le but réglé.

Dans le tir dirigé contre une batterie, on choisira d'ordinaire pour premier but commun le canon le plus visible de la section du centre, ou bien, si le vent souffle obliquement à la ligne de tir, la pièce placée à l'extrémité de la batterie ennemie du côté d'où vient le vent.

Sur des troupes massées, on prendra comme premier but le centre du premier rang; sur l'infanterie en ordre dispersé, un point bien visible de la ligne des tirailleurs.

On emploiera toujours pour le réglage des projectiles armés de *fusées percutantes*.

Les obus à balles — à fusées percutantes ou fusantes — ne seront employés que contre des buts animés.

Le tir à mitraille s'exécutera efficacement contre des troupes, aux petites distances de 200 à 500 mètres.

La *rapidité du tir* variera suivant les périodes du combat.

Le *réglage* s'en fera toujours posément, mais toutefois sans perte de temps.

Le tir une fois réglé, on tirera, dans les circonstances ordinaires, deux ou trois coups par minute pour toute la batterie. Lorsque le combat s'accentuera, on augmentera cette vitesse et, dans les périodes décisives, on tirera aussi vite que possible; on pourra même procéder par salves de batterie.

Des changements de position trop fréquents nuiraient à la justesse du tir. Il faudra donc éviter les déplacements qui ne seraient que de quelques centaines de mètres, à moins que les circonstances du combat ne l'exigent impérieusement.

Quelquefois cependant — si l'on a, par exemple, trop à souffrir des effets d'un tir de précision — il sera avantageux de se porter un peu en avant ou en arrière par des mouvements successifs, exécutés *à bras* par les pièces, au milieu de la fumée. On pourra ainsi donner le change à l'ennemi et, en tous cas, le mettre en demeure de régler à nouveau son tir.

Les déplacements d'une batterie isolée seront, en général, exécutés avec ensemble par les six pièces à la fois. En retraite, on pourra cependant procéder par échelons de demi-batterie.

Les déplacements d'un groupe de plusieurs batteries se feront d'ordinaire par échelons.

Ces mouvements s'exécuteront aux allures vives, lorsqu'il s'agira de se porter en avant. Quand il faudra reculer sous le feu de l'ennemi, on devra *marcher au pas;* en ce cas, cependant, on prendra le trot au moment de la mise en batterie.

La marche en arrière de l'artillerie pouvant avoir une influence fâcheuse sur le moral des autres troupes, les mouvements de cette nature ne devront se produire, au cours d'un combat, qu'en exécution d'*un ordre formel.* Il sera donc interdit aux batteries de quitter une position sans en avoir reçu l'ordre, sous le prétexte qu'elles ont éprouvé de grandes pertes ou que leurs munitions sont épuisées. Elles devront être réapprovisionnées sur place.

Les escortes permanentes des batteries sont généralement inutiles, la garde de l'artillerie appartenant tout naturellement aux troupes qui marchent ou qui combattent avec elles. Cependant l'artillerie attachée à une division de cavalerie devra toujours avoir une escorte spéciale, ainsi qu'il sera dit tout à l'heure.

Chaque division de cavalerie indépendante est, comme on sait, appuyée de trois batteries à cheval, placées sous le commandement d'un chef d'escadron. Une de ces batteries peut être attachée spécialement à l'une des brigades de cavalerie, lorsque celle-ci reçoit une mission particulière qui l'éloigne du gros de la division. Mais dès que les trois brigades sont réunies et coordonnées en vue d'une action commune, le groupe des trois batteries est immédiatement reconstitué sous un commandement unique.

La condition essentielle du succès de l'emploi combiné de l'artillerie et de la cavalerie consiste en la séparation des deux armes aussitôt que l'action commence.

Si l'artillerie est étroitement liée aux mouvements de la cavalerie; si elle n'ouvre son feu qu'au moment où celle-ci se lance à la charge; si chaque battterie agit séparément, méthodiquement et à son temps, l'artillerie n'est vraiment pour la cavalerie qu'un embarras.

Cela posé, lors d'un combat, toutes les pièces seront groupées en un point voisin de l'aile de cavalerie non menacée, point d'où elles puissent, à un moment donné, aller occuper rapidement une position préalablement reconnue favorable au tir, et assez en avant du front (de 300 à 400 mètres en avant et de 200 à 300 mètres sur le côté), pour ne pas être trop tôt masquée par une marche agressive de la division indépendante.

L'artillerie doit alors exécuter son déploiement de manière à mettre instantanément ses dix-huit pièces dans l'enjeu de la lutte et à préparer une brèche au flot de la charge, avec une sûreté de coup d'œil, un à-propos et une rapidité dont le commandant de l'artillerie doit prendre l'initiative.

Au cours de cette action foudroyante et de courte durée, il arrive rarement que les pièces aient l'occasion d'épuiser toutes les munitions que renferment leurs caissons et leurs avant-trains. Il y a par conséquent intérêt à laisser une partie des caissons en arrière des troupes, sauf à faire en sorte que ces caissons se tiennent, pendant le combat, en liaison avec leurs pièces.

L'artillerie de campagne peut parfois être appelée à prendre part à des opérations d'attaque de places fortes par voie d'intimidation ou de vive force.

Le procédé de l'intimidation consiste en manifestations comminatoires de l'assaillant. Tantôt la menace est pure et simple, écrite ou verbale; tantôt elle est accompagnée ou suivie d'un commencement d'exécution. Le parlementaire qui entre alors en scène exagère nécessairement les forces dont dispose son général; il énumère complaisamment les bouches à feu *de gros calibre* qui viennent, dit-il, d'être mises en batterie en vue d'un bombardement éventuel; il pose un *ultimatum*. A l'expiration du délai notifié, le feu des pièces *de campagne* s'ouvre sur les maisons de la ville et principalement sur celles des quartiers populeux. Il redouble d'intensité sur les points où s'allument les premiers incendies; il se poursuit jusqu'au moment où la place hisse le drapeau blanc.

Au cas d'une tentative de vive force, l'assaillant arrive sous les murs de la place une certaine nuit, quelques instants avant le jour.... Aussitôt son artillerie se met en batterie et ouvre, dès l'aube, un feu très vif sur les ouvrages indiqués. Les projectiles lancés démontent le matériel de la défense, chassent l'assiégé de ses remparts et ruinent quelques pans de muraille. On s'attache à tirer sur les points où s'effectuent d'ordinaire les rassemblements des réserves de la garnison, et l'on donne l'assaut dès que la préparation en est jugée suffisante.

Après ces considérations générales, il ne sera pas inutile d'entrer dans quelques détails touchant l'exécution du service en campagne.

Une batterie sur le pied de guerre comprend six pièces, neuf caissons, un chariot de batterie, une forge, un chariot-fourragère et certain nombre de fourgons à 2 chevaux (vivres et bagages).

Ces éléments, indispensables à la vie de l'unité, ne pourraient sans inconvénients être tous amenés sur la ligne de bataille. C'est pourquoi la batterie de guerre, quelle qu'elle soit, se fractionne en trois groupes, savoir : la *batterie de combat*, composée de six pièces et de six caissons et fortement constituée en personnel; la *réserve*, comprenant les trois autres caissons (dits caissons de deuxième ligne), le chariot de batterie, la forge, et tous les hommes qui n'ont pas de place assignée dans la batterie de combat; le *convoi de subsis-*

tances, formé du chariot-fourragère, des fourgons de vivres et bagages et du personnel chargé du soin de conduire ces voitures.

Les deux premiers groupes — *batterie de combat* et *réserve* — marchent ordinairement réunis et ne se séparent que lorsque le premier est tenu de se mouvoir rapidement. Le deuxième groupe, marchant dans les traces de celui-ci, le suit alors à distance et le rejoint le plus vite possible.

Le troisième groupe, au contraire — *convoi de subsistances* — sera, le plus souvent, séparé des deux autres. Il formera, avec les groupes correspondants des autres batteries et des éléments de la colonne totale, une colonne spéciale placée sous un commandement unique. Sa marche est donc indépendante de celle du reste de la batterie.

L'ordre dans lequel marchent les différents éléments de la batterie de combat varie selon que cette batterie est *montée* ou *à cheval*. Dans la batterie montée, chaque pièce est suivie d'un caisson. Les servants sont ordinairement à pied près de leurs pièces; quand la batterie doit prendre le trot, ils montent sur les coffres. La longueur moyenne de la colonne est de 200 mètres; de 250 mètres, y compris l'allongement prévu du quart. Dans les batteries à cheval de l'artillerie *de corps*, chaque pièce est, le plus souvent, suivie d'un caisson. Dans les batteries à cheval des divisions de cavalerie indépendante, les six pièces marchent ordinairement en tête de colonne, et les six caissons, à la suite. Les servants suivent, par pelotons de huit, derrière les pièces; un septième peloton marche derrière le dernier caisson. La longueur de la colonne est moyennement de 240 mètres; de 300 mètres, y compris l'allongement du quart.

Qu'elle appartienne à une batterie montée ou à cheval, la réserve marche toujours dans le même ordre. En avant les hommes à pied, par quatre; puis les caissons; puis le chariot de batterie et la forge. La longueur de la colonne est moyennement de 85 mètres; de 105 mètres, y compris l'allongement prévu du quart.

Le troisième groupe ne fait corps avec les deux premiers éléments que lorsque la batterie marche isolée; mais il rejoint chaque jour, à moins de circonstances exceptionnelles. Sa longueur en colonne par voiture est d'environ 55 mètres (75 avec l'allongement).

Solidement organisée en personnel, afin de pouvoir se suffire à elle-même pendant les premières heures de l'action, la batterie de combat ne se présente pas au complet sur l'emplacement qui lui est assigné pour sa mise en batterie. Elle laisse en arrière d'elle, à plus ou moins grande distance (500 mètres au maximum), suivant les abris qu'offre le terrain, la moitié de ses caissons et la partie du personnel qui n'est pas strictement indispensable au service des pièces. Les éléments qui entrent directement en jeu sont seulement : « les six pièces et le caisson de droite de chaque section ».

Après avoir amené sa batterie en arrière de l'emplacement qu'elle doit occuper, le capitaine-commandant laisse aux chefs de section le soin de prendre toutes les dispositions préparatoires de combat. Il se porte de suite sur la position qui lui est assignée, accompagné de deux sous-officiers ou brigadiers sachant manier le télémètre, d'un brigadier de caisson et de deux trompettes.

Arrivé sur les lieux, il indique de suite le but à battre et en fait mesurer la distance par les deux sous-officiers. Il détermine l'emplacement que devra occuper chacune de ses pièces, place un trompette au point fixé pour la pièce de droite; l'autre trompette, au point marqué pour la pièce de gauche; et achève la reconnaissance du terrain. Dès qu'il a reçu l'ordre d'entrer en ligne, il fait enjoindre au lieutenant en premier de faire avancer les bouches à feu, en prenant telle ou telle formation. Ce mouvement s'exécute généralement à une allure très vive; les pièces sont mises rapidement en batterie.

Après avoir nettement indiqué le but à ses chefs de section, le capitaine fait de suite ouvrir le feu et régler le tir. Les premières munitions sont fournies aux pièces de chaque section par le caisson unique qui les a suivies sur le théâtre du combat; les munitions renfermées dans le coffre d'avant-train de pièce doivent, en effet, être considérées comme formant une dernière ressource à laquelle il ne faut toucher que dans les cas extrêmes.

Pendant ce temps la réserve — si elle n'a pu jusqu'alors suivre la batterie de combat — s'en approche, et s'établit en deuxième échelon, en arrière de celle-ci — à la distance de 500 ou 800 mètres, — de manière à être, autant que possible, à l'abri des vues et des coups de l'ennemi, tout en étant en communication facile avec les combattants.

Dès que le deuxième coffre du caisson qui alimente le feu de chaque section est près d'être épuisé, le capitaine envoie chercher les trois caissons de la batterie de combat, laissés en arrière sous les ordres du maréchal des logis chef. Ces trois caissons viennent se placer derrière leurs pièces, à hauteur des caissons déjà en batterie.

Une fois épuisés, les premiers caissons font demi-tour et sont promptement emmenés à la réserve par le maréchal des logis chef. Ce sous-officier emporte avec lui un bon signé du capitaine — bon qu'il remet, en même temps que ses *trois caissons vides*, à l'adjudant commandant la réserve. L'adjudant lui livre en échange ses *trois caissons pleins* que le maréchal des logis chef ramène, le plus rapidement possibles en arrière de la batterie.

De son côté, après avoir reçu le bon de munitions, apporté par le maréchal des logis chef, l'adjudant commandant la réserve fait demander promptement à la section de munitions la plus voisine — avec laquelle il a dû se mettre en communication dès son arrivée sur la position qu'il occupe — *trois caissons pleins* qui lui sont remis en échange du bon signé de son capitaine. Ces *trois caissons pleins* sont amenés à la réserve. Là on les décharge, on remplit avec les munitions qu'ils renferment les trois caissons vides amenés par le maréchal des logis chef, puis on les renvoie *vides* à la section de munitions qui les a fournis.

Cette série d'opérations successives se répète au fur et

à mesure des besoins, lorsque le feu de la batterie se prolonge. On comprend aisément que, sur le champ de bataille, des causes diverses peuvent entraîner des retards dans l'exécution. Voilà pourquoi il est prudent de conserver, le plus longtemps possible, intacts les coffres d'avant-train. Faute d'avoir pris cette précaution, on risquerait fort de mettre la batterie dans la nécessité d'interrompre son feu.

Le recours à l'emploi des *épaulements rapides* s'impose à l'artilleur chaque fois que les mouvements du terrain ne lui permettent pas de défiler convenablement ses pièces des vues de l'ennemi. On organise ces épaulements de manière à laisser aux bouches à feu un champ de tir étendu, et à donner aux servants un abri sérieux.

L'emplacement sur lequel la batterie doit s'établir pour faire feu une fois reconnu, et la distance de cette position au but à frapper étant évaluée à l'aide du *télomètre*, le capitaine-commandant fait avancer ses pièces. Il installe, en même temps, sa *lunette* sur l'un des flancs de la batterie, en un point d'où il puisse observer les résultats du tir sans être gêné par la fumée, et sans cesser d'être entendu de ses chefs de section. Si le point qu'il choisit est sur le flanc droit de la batterie, les coups courts lui paraîtront à gauche du but, et les coups longs, à droite. S'il est, au contraire, placé sur le flanc gauche, les coups courts lui paraîtront à droite, et les coups longs, à gauche. Les pointeurs et les chefs de section de service dans la batterie pourront du reste reconnaître, la plupart du temps, si un coup est court ou long. S'il est court la fumée qui s'échappe de l'obus au moment de l'éclatement leur cache un instant le but; s'il est long, cet effet ne se produit pas.

On procède au *réglage du tir* en faisant donner toutes les pièces de la batterie. Cette opération comprend deux périodes successives. Durant la première, on détermine, le plus rapidement possible, une valeur approchée de la hausse, à l'aide des corrections successives au pointage initial, exécutée exclusivement *à la manivelle*. Au cours de la seconde, on modifie cette première valeur de la hausse, d'après les résultats du tir d'un certain nombre de coups, et l'on détermine une hausse définitive donnant un meilleur groupement des points de chute dans le voisinage du but.

Le capitaine-commandant fait d'abord pointer ses six pièces avec la hausse des tables de tir, correspondant à la distance que ses renseignements lui font supposer être la vraie distance — *diminuée de 100 ou 200 mètres*, selon que le but est supposé être en deçà ou au delà de 2000 mètres — puis il se porte à l'oculaire de la lunette de batterie.

Le réglage du tir est une opération dont le succès est de haute importance; aussi ne sera-t-il pas hors de propos d'entrer, à cet égard, en quelques détails.

Étant donnée par le capitaine-commandant l'indication de la hausse à employer au début du tir, les chefs de section prennent la *dérive* correspondante des Tables, en en modifiant la valeur selon la direction et l'intensité du vent, la position des roues, etc. Ils indiquent ensuite aux pointeurs des pièces placées directement sous leurs ordres le point sur lequel doit être dirigée la ligne de mire, en leur recommandant la plus grande uniformité dans le pointage.

Au commandement du capitaine, la première pièce *fait feu....* Si, conformément aux prévisions, le premier coup est court, le capitaine commande : *deuxième pièce, à la manivelle plus loin, un tour* ou *deux tours*, suivant que le but est supposé se trouver en deçà ou au delà de 2000 mètres. Le pointeur de la deuxième pièce *seul* exécute le mouvement commandé; les autres pièces restent pointées comme elles l'étaient précédemment.

La deuxième pièce fait feu.... Si le coup obtenu est encore court, le capitaine commande, pour la troisième pièce, un nouveau mouvement de manivelle de même sens que le précédent, mais plus grand d'un ou de deux tours suivant la distance présumée du but. Et ainsi de suite jusqu'à ce qu'on ait obtenu un coup long.

Dès que l'une des pièces a obtenu un coup trop long, le capitaine commande pour la pièce suivante : *Telle pièce à la manivelle plus loin, un nombre de tours* (ou fraction de tours) *égal à la moyenne des nombres de tours commandés pour les deux pièces précédentes.* Et il continue de même jusqu'à ce que le nombre de tours de manivelle ordonné pour deux pièces successives ne diffère plus que d'un *huitième de tour.* Le but se trouvant alors encadré entre deux coups dont les hausses ne diffèrent que de la quantité correspondant à un huitième de tour de manivelle, il prend pour *hausse d'essai* la moyenne entre ces deux hausses.

Durant l'exécution de la première salve, dont le temps suffit généralement à la détermination de la hausse d'essai, les chefs de section observent le sens et évaluent l'importance des erreurs en direction, soit à vue, soit par rapport à un point de repère choisi à l'avance, soit en repérant le point de chute du projectile. Ils font les corrections dès la deuxième salve, en déplaçant l'œilleton du côté vers lequel ils veulent ramener le coup.

La hausse d'essai et la dérive étant ainsi déterminées, la seconde période commence. Le capitaine observe les points de chute d'un certain nombre de coups. Suivant que le nombre des coups *courts* est supérieur, égal ou inférieur à celui des coups *longs*, il reconnaît que le centre du groupement se trouve en avant, à hauteur ou en arrière du but. Dans la plupart des cas qui se présentent en campagne, il convient que le centre de groupement des projectiles soit placé à quelques mètres en avant du front de l'ennemi. Ce résultat se trouve approximativement acquis alors que d'un certain nombre de coups consécutifs un peu plus de la moitié sont trop courts. Si cette proportion a été atteinte dans le tir d'ensemble, on continue le feu sans modifier la hausse; sinon, l'on recommence une nouvelle série de coups après avoir augmenté ou diminué la première hausse d'un demi-millimètre, d'un millimètre ou même davantage, suivant les conditions du tir et l'importance de la rectification. Une seule et unique correction suffira le plus souvent, surtout si le premier réglage a été méthodiquement conduit.

Si, après le réglage d'ensemble, il observe qu'une pièce donne successivement trois ou quatre coups *courts* ou trois ou quatre coups *longs*, le chef de section augmente ou diminue la hausse de manière à ramener à hauteur du but le centre de groupement des coups de cette pièce.

Lorsque, par suite de circonstances impérieuses, il paraît nécessaire de grouper les coups plus ou moins en avant ou en arrière du but, on a recours à des procédés analogues à ceux que nous venons de décrire. Les premiers coups ayant été tirés comme il a été dit, et le nombre des coups courts du tir d'ensemble ayant permis de reconnaître la position approximative du point moyen, on allonge ou on accourcit le tir de la quantité jugée convenable. Les Tables de tir fournissent tous les éléments propres à la détermination de la correction que l'on doit faire subir à la hausse. On vérifie l'exactitude des résultats obtenus par l'observation des coups longs ou des coups courts dont, en chaque cas, les nombres doivent être entre eux dans un certain rapport dépendant des lois de la dispersion.

Au cas où il s'agit d'exécuter un tir à obus à balles, on commence par opérer le réglage en portée, comme il vient d'être dit, en laissant les fusées à double effet fonctionner uniquement comme percutantes.

Cela fait, pour obtenir l'éclatement des obus à distance et hauteur convenables sur la branche descendante de leur trajectoire, le capitaine-commandant lit dans les Tables de tir la durée du trajet correspondant à la hausse définitive déterminée. Il donne alors l'ordre de disposer les fusées à double effet en vue d'un éclatement correspondant à cette durée du trajet; et il fait exécuter une première salve avec des fusées ainsi armées.

Il observe les hauteurs d'éclatement obtenues et modifie, s'il y a lieu, pour la salve suivante, le réglage des fusées à double effet. Dans les circonstances ordinaires, le réglage est considéré comme étant satisfaisant dès que les éclatements provenant du choc et les éclatements dus au jeu de l'appareil fusant sont à peu près égaux en nombre.

L'effet du feu de l'artillerie tirant à 5000 mètres de distance commence à se faire sérieusement sentir. Efficace déjà à 3500 mètres, le tir à shrapnels est *décisif* à la distance de 2000 à 1500 mètres; *destructeur*, à celle de 1100 à 1000. Mais on ne saurait trop insister sur le fait de l'importance du réglage; c'est du fini d'exécution de cette opération délicate que dépend la vraie puissance du tir.

Toute l'artillerie est là.

Le réglage est une opération incomparablement plus importante aujourd'hui qu'au temps jadis. Autrefois, en effet, quand la hausse employée ne se trouvait pas en harmonie avec la distance du but à atteindre, on pouvait néanmoins garder l'espoir de loger quelques projectiles dans ce but; et ce, à raison de l'imperfection des pièces. Actuellement, si le tir est réglé sur un point autre que le but; si le tir est, par exemple, trop long de 200 mètres, aucun coup ne portera. A raison même de la justesse des bouches à feu, tous les projectiles iront se grouper autour du point moyen qui, par suite de l'erreur de réglage, n'est pas en coïncidence avec le but visé.

Il est donc permis de dire que tant vaut l'officier chargé du soin du réglage, tant vaut la batterie qu'il commande. L'arme de précision veut un tireur habile.

CHAPITRE X

ARTILLERIE DE LA MARINE

SOMMAIRE. — Armement des navires de guerre de l'antiquité. — Pièces névrotones d'Archimède en batterie à bord du vaisseau *la Ville de Syracuse*. — Artillerie des tourelles antiques et des « châteaux-gaillards » du moyen âge. — Bouches à feu des flottes de Philippe le Bel, et de Charles V. — Les gros calibres de la marine sous Charles VIII, Louis XII et François Ier. — *Galères-canonnières* de la Renaissance. — La journée de Lépante. — Fonderies spéciales créées par Richelieu. — Artillerie de la marine française au temps de Louis XIV. — Importance numérique du matériel. — Calibres, affûts, projectiles. — *Galiotes à bombes.* — Règlements relatifs au mode d'armement des navires de guerre. — Armement spécial des galères du roi.
Matériel d'artillerie embarqué sur la flotte de 1854 à 1865. — Matériel actuellement en service. — Bouches à feu modèle 1858-1860. — Modèle 1864-1866. — Modèle 1870. — Modèle 1875. — Modèles 1870 et 1875 *modifiés*. — Modèles 1870-1879 et 1875-1879. — Modèle 1881. — Affûts. — Poudres. — Puissance des effets du tir.
Personnel. — Matelots-canonniers. — Corps d'artillerie de la marine. — État-major et troupes. — École d'artillerie de Lorient.

L'arc et la fronde n'étaient pas les seules armes de jet, en service à bord des navires de l'antiquité; les équipages y servaient, en outre, des pièces d'artillerie névrotones. On y voyait quantité d'engins *oxybèles* et *pétroboles* de toute grandeur, notamment des oxybèles du calibre de *trois palmes* (τρισπιθάμων ὀξυβέλων), c'est-à-dire lançant des traits armés d'un fer d'environ soixante centimètres de longueur. Ces pièces de marine se mettaient en batterie sous un épais blindage en bois (σανίς); chacune d'elles avait son sabord (ὑπόφαυσις) ou petite porte à volet (θυρὶς κλειστὰ, *propugnaculum*) pouvant, à volonté, se fermer ou s'ouvrir[1].

Le grand navire d'Hiéron, *la Ville de Syracuse* avait été armé par Archimède de huit pièces gigantesques. Ces engins lançaient, à volonté, à 185 mètres des boulets de 80 kilogrammes ou des poutrelles (à carreau de fer) de 5^m 50 de longueur[2].

Au moment du besoin, les anciens improvisaient, en tête et en proue de leurs navires de guerre, des blockhaus ou tourelles[3] (καταστρώματα, *tabulata*), qu'ils démolissaient après le combat. Destinées à exercer un commandement prononcé sur les navires de l'ennemi, ces fortifications passagères s'armaient aussi d'engins névrotones.

Les choses se passent encore de même au moyen âge jusqu'à l'époque de l'invention de la poudre. Les navires de guerre de Saint-Louis sont percés de sabords[4] livrant passage à des traits lancés par des machines névrobalistiques; ils servent, en poupe et en proue, de base à des ouvrages permanents armés d'appareils névrotones ou trébuchants, ouvrages qu'on appellera bientôt des *châteaux-gaillards*[5].

Après l'invention de la poudre, l'armement des navires

---

1. Voyez à ce sujet Philon de Byzance, IV, 28 et *passim*; — Conf. Diodore de Sicile, XX, LXXXV.
2. Athénée, *Deipnosoph*, V, XLIII.
3.   ... turritis puppibus...
                            (Virgile, *Énéide*, IV.)
     ... textam robore *turrim*...
     . . . .
     ... turrigerum.... *Nessum*...
                  (Silius Italicus, *Puniques*, XIV.)
     ... τὰς ναῦς πυργοποιήσαντες;...
                  (Anonyme de Byzance, *Stratégiques*, XI.)
4.   . . . .
  (Saint Louis)   A de gent merveilleuse foule
                  Serréement amoncelez
                  En divers *veisseaux crenelez*.
          (Guillaume Guiart, *Branche des royaux lignages*.)
5. « ... *Gaillardum* quod sonat in gallico *petulantiam*... »
(Note de Du Cange sur la *Philippide* de Guillaume le Breton.)

de guerre se compose : partie, d'appareils névrotones; partie, de bouches à feu ; et cela, dès la fin du treizième siècle. Les flottes de Philippe le Bel et de Charles V ont, à la fois, des balistes et du canon[1]. Sous Charles VI, l'engin névrotone ou trébuchant commence à disparaître pour faire place à la pièce d'artillerie à feu[2]. Ces bouches à feu d'embarcations et de débarquement n'étaient sans doute encore dotées que d'une puissance assez restreinte[3]. Au temps de Charles VIII, la pièce de gros calibre apparaît à bord[4] et se met simplement en batterie sur le pont[5]. Puis le principe de la pluralité d'étages de feux ne tarde pas à prévaloir, et la muraille des navires est méthodiquement percée de sabords[6].

Dès lors, l'importance de l'armement des navires de

---

1. « Le *coursier* et AUTRES CANONS sont sur la proue des vaisseaux de Philippe le Bel... les ballistes étoient sur le pont des vaisseaux de haut bord.... — Il y a dans Froissart une relation d'une bataille navale qui se donna entre la flotte de France et celle d'Angleterre, devant la Rochelle en 1372, sous le règne de Charles V, dit le Sage. «... Sur ces vaisseaux il y avoit des ballistes et d'autres espèces de machines qui déchargeoient sur les Anglois *gros barreaux de fer et grosses pierres pour effondrer les nefs Anglesches*... ils avoient aussi DES CANONS. »
(R. P. Daniel, *Histoire de la Milice françoise*, Amsterdam, 1724, tome II, *passim*.)

2. « Et Froissart, parlant du grand armement que fit Charles VI pour aller faire descente en Angleterre,... ajoute qu'il y avoit des canons sur les brigantins... » (R. P. Daniel, *op. cit.*)

3. «.... ce n'étoit apparemment que de fort petits canons, car on n'en mettoit pas encore de bien gros sur les vaisseaux. »
(R. P. Daniel, *op. cit.*)

4. « Dès le tems de Charles VIII, il y avoit dans la flotte du duc d'Orléans une *galéasse armée de gros canons*, et par le moyen de laquelle ce prince battit les ennemis à Rapallo, à quelques lieues de Gennes. » (R. P. Daniel, *op. cit.*)

5. « On plaçoit alors quelques canons sur le pont, ou plancher des vaisseaux, qui en avoient ou sur la prouë et sur la poupe, comme on fait encore aujourd'hui sur les galéasses ou sur la prouë d'une galère, et l'on ne s'en servoit point autrement. » (R. P. Daniel, *op. cit.*)

6. «... les vaisseaux de guerre avoient des sabords et étoient percez dans les côtez pour les batteries de canon : car cet usage n'étoit pas encore fort ancien. Il est certain qu'il avoit commencé au plus tard sous

combat ne fait plus que s'accroître, et dans des proportions énormes. Un vaisseau de ligne du temps de Louis XII, *la Charente*, met en batterie deux cents pièces, dont seulement quatorze grosses[1]. Sous François 1er, c'est le gros calibre qui prédomine et même s'emploie exclusivement à bord; le vaisseau du roi *le Caracon* est armé de cent grosses bouches à feu de bronze[2]. Concurremment avec les vaisseaux de ligne ainsi passés à l'état de grandes batteries flottantes, on se sert de « GALÈRES-CANONNIÈRES » pour harceler la flotte ennemie[3]. Cependant le tir à bord est encore affecté de lenteur. Lors de l'expédition de l'amiral d'Annebaut, dirigée contre l'île de Wight (1545), il y eut rencontre des flottes anglaise et française; et, au cours de cette bataille navale de deux heures, il se tira trois cents coups de canon[4], chiffre que les contemporains ne manquèrent point de trouver énorme.

A un quart de siècle de là, se livrait une autre bataille qui est restée célèbre dans les fastes maritimes; nous entendons parler de la journée de Lépante (7 octobre 1571),

---

Louis XII... je ne crois pas que, avant Louis XII ou Charles VIII, on eût encore imaginé cette manière d'armer les vaisseaux. »
(R. P. Daniel, *op. cit.*)

Il est, en tous cas, certain que l'usage dont il s'agit n'était qu'une renaissance de celui de l'antiquité.

1. «.... le vaisseau nommé *la Charente* du tems de Louis XII, lequel....portoit.... deux cents canons, mais dont il n'y avoit que *quatorze de gros*. Le reste étoit de fort petites pièces et qui n'étoient pas plus grosses que nos petits fauconneaux. »
(R. P. Daniel, *op. cit.*)

2. «.... le grand navire de François 1er, appelé « Le Caracon »…. étoit un vaisseau de *cent grosses pièces de canon* de bronze. »
(R. P. Daniel, *op. cit.*)

3. « Fut ordonné que, dez le matin, les galères les iroient trouver (les navires anglais) à l'ancre pour les escarmoucher à coups de canon le plus furieusement qu'ils pourroient.... les ennemis demeuroient appertement exposez à l'injure de nostre artillerie qui avoit plus grande prinse sur leurs navires que les navires sur elles (les galères). »
(Martin du Bellay, *Mémoires*.)

4. «.... et ne fut pas tiré moins de trois cents coups d'artillerie tant d'un côté que d'autre. »
(M. du Bellay, *op. cit.*)

où combattirent près de cinq cents galères-canonnières[1]. C'est à partir de cette date célèbre que les puissances européennes admettent définitivement l'excellence du principe d'un emploi méthodique de l'artillerie sur mer.

C'est dans cet ordre d'idées que Richelieu fait procéder en France à une active fabrication de matériel; qu'il crée les fonderies du Brouage, du Havre-de-Grâce et de Marseille[2]. Le mode d'armement des vaisseaux français est *dès lors* en grand renom et très souvent cité comme un modèle du genre[3].

Cependant, lors de l'avènement de Louis XIV, l'artillerie de la marine se trouve en état d'infériorité vis-à-vis de celle des puissances européennes; le matériel ne comporte, au total, que 1045 bouches à feu[4]; mais les ministres du Roi s'attachent à modifier cette situation. En 1692, la flotte française est de 110 vaisseaux de ligne et 690 autres bâtiments de guerre, comportant ensemble un armement de 1470 canons. Toutes ces pièces sont de grand poids, de sept ou huit calibres distincts[5] et montées

---

1. «... où les Chrétiens avoient deux cent cinq grandes ou petites galères; et les Turcs, deux cent soixante. »
(R. P. Daniel, *Hist. de la Milice françoise*, tome II.)

2. «.... le Cardinal eut permission du Roi de faire bâtir des vaisseaux. Il établit à Broüages et au Havre-de-Grâce des fontes du canon destiné pour les armer. On en établit depuis une autre à Marseille. »
(R. P. Daniel, *op. cit.*)

3. «.... parmi les vaisseaux qu'il (Richelieu) fit construire.... le plus fameux de ce tems là fut le vaisseau nommé *la Couronne*. Il étoit de soixante-douze pièces de canon. »
(R. P. Daniel, *op. cit.*)

4. « Pour ce qui est de l'artillerie de mer, elle étoit réduite à cinq cens soixante et dix pièces de canons de fonte et à quatre cens soixante-et-quinze de fer, tant grosses que petites, depuis trente-six jusqu'à deux de calibre.... »
(R. P. Daniel, *op. cit.*)

5. « Les canons des vaisseaux sont plus pesans de métal que ceux de terre, à cause de l'effort que reçoivent les pièces par la nécessité qu'il y a de leur donner quelquefois une plus grosse charge.... Il y a sept calibres pour les canons des vaisseaux du Roi, sçavoir de 36, de 24, de 18,

sur affûts[1]. Elles lancent des projectiles divers : le boulet plein rond dit ordinaire, le boulet *à tête*, le boulet *à chaîne*, le *paquet de fer*, la *lanterne de mitraille*[2]. Les petites embarcations sont armées de *pierriers*[3]; les mortiers s'établissent sur des bâtiments *ad hoc* dits « galiotes à bombes[4] ».

Le mode d'armement des navires de combat fut déterminé par les règlements spéciaux de 1669; le calibre des pièces embarquées dépendait du rang du bâtiment. Les vaisseaux de ligne ne comportaient que de grosses pièces de fonte; les embarcations, du petit canon de fer. Toute une gamme d'armements variés se développait entre ces termes extrêmes[5].

Mais ce qu'il est intéressant d'étudier, c'est surtout l'armement des galères du roi, lesquelles étaient au nombre

de 12, de 8, de 6 et de 4. Il s'en est vû de plus gros calibre sur quelques-uns de nos vaisseaux, et je sçai d'un témoin digne de foi qu'il en avoit vû de 64. »

(R. P. Daniel, *op. cit.*)

1. « Les canons des vaisseaux sont montez sur des affûts semblables à ceux des mortiers; ces affûts ont quatre petites roues qui n'ont point de rayes et qui sont chacune d'une pièce. La drague et le palan, qui sont une espèce de gros cordage, servent à affaiblir le recul des canons et à les remettre en batterie. »

(R. P. Daniel, *op. cit.*)

2. « Outre les boulets ordinaires, on se sert sur la mer de boulets *à tête* et de boulets *à chaîne*. Les boulets à tête sont deux boulets joints l'un à l'autre, à quelque distance, par une petite verge de fer; les boulets à chaîne sont deux demi-boulets joints avec une chaîne. L'usage principal de ces boulets est pour couper les mâts, les manœuvres et les voiles du vaisseau contre lequel on se bat. On se sert aussi de *paquets de fer*, c'est-à-dire de morceaux de ferraille enveloppés et de *lanternes de mitrailles*. »

(R. P. Daniel, *op. cit.*)

3. « On distribue aussi des pierriers, mais ce n'est guère que sur les chaloupes et sur les petits bâtiments. »

(R. P. Daniel, *op. cit.*)

4. « Les bombes ne se distribuent pour l'ordinaire que sur les galiotes à bombes. »

(R. P. Daniel, *op. cit.*)

5. « Quant à la distribution des canons dans les vaisseaux, lorsqu'on les arme, la manière en est prescrite... selon la qualité et la grandeur

de quarante. Mus à la rame, ainsi que les galères antiques, ces « vaisseaux de bas-bord » étaient armés de cinq canons en batterie sur l'avant, et de douze pierriers répartis en nombre égal par tribord et bâbord[1]. Dit *coursier* ou « de coursie », le plus gros des cinq canons était du calibre de trente-six[2]; deux étaient du calibre quatre[3]. Les pierriers ne projetaient qu'une livre de pierres.

Nous n'avons pas cru qu'il fût utile de suivre ici, pas à pas, l'histoire des variations d'importance du matériel de notre artillerie de la marine.

Du siècle de Louis XIV jusques à ces temps derniers, les principes d'armement demeurent identiquement les mêmes; les changements ne portent que sur des chiffres. Ainsi, en 1854, nos forces navales, composées de 500 voiles, ne sont appuyées que de 4500 bouches à feu; au 1er jan-

---

des vaisseaux. Il y eut là-dessus un Règlement du Ier de décembre 1669; mais on y changea quelque chose depuis (en 1689) :

« Tous les vaisseaux du premier rang... seront armez de canons de fonte, sans mélange d'aucune pièce de fer.

« Ceux du second rang... auront aussi tous leurs canons de fonte....

. . . .

« Ceux du cinquième rang seront armez de trois quarts de canons de fer et d'un quart de canons de fonte.

« Les frégates légères et tous les autres bâtiments n'auront que du canon de fer. »
(R. P. Daniel, *Hist. de la Milice françoise*, tome II.)

1. « L'artillerie d'une galère consiste en cinq canons placés à l'avant et douze pierriers.... — Pour les pierriers, on les place sur les flancs de la galère, attachez de manière qu'ils n'ont point de recul... »
(R. P. Daniel, *op. cit.*)

2. « .... le plus gros de ces canons est de trente-six livres de « bale ». On le nomme *coursier* ou *canon de coursie*, parce qu'il est placé dans le coursie. » (R. P. Daniel, *op. cit.*)

Le « coursie » était le corridor ou passage ménagé entre les deux séries de bancs de rameurs.

3. « Les autres canons sont appelez *bâtardes* et *moyennes*. On en met un de chaque espèce dans chaque connille, l'un de six livres de bale; l'autre, de quatre.... » (R. P. Daniel, *op. cit.*)

La *connille* ou « couille » était un espace laissé libre à l'avant — tribord et bâbord — c'est-à-dire non occupé par des bancs de rame.

Les cinq pièces étaient donc réparties à la manière de celles qu'on met en batterie à terre, au saillant d'un ouvrage de fortification.

vier 1865, l'armement de la flotte comporte 9718 canons. Alors le matériel d'un vaisseau de guerre est considérable et c'est le nombre de ses pièces qui détermine son rang. La France possède quarante-neuf vaisseaux de ligne, savoir : six à voiles, dont un de *cent vingt canons*, un de *cent*, trois de *quatre-vingt-dix*, un de *cinquante* canons ; plus quarante-trois navires à vapeur dont sept de *cent vingt* canons, dix-neuf de *cent*, quatorze de *quatre-vingt-dix*, et trois de *soixante* canons. Les frégates à vapeur sont armées de seize, vingt, quarante, soixante canons ; les frégates à voiles, de quarante, cinquante ou soixante. Les corvettes à vapeur portent de dix à quatorze canons ; les corvettes à voiles, trente. Les goëlettes à voiles et chaloupes-canonnières à vapeur sont armées de deux à quatre canons.

Aujourd'hui, l'armement de nos navires de guerre ne comporte plus de nombres aussi considérables. On tend à préférer la puissance à la quantité des canons, suivant en cela des principes dont la convenance était déjà admise du temps de Louis XIV[1].

Quelles sont les bouches à feu actuellement en service? On distingue le matériel modèle 1858-1860 ; — le modèle 1864-1866 ; — le modèle 1870 ; — le modèle 1875 ; — les modèles 1870 et 1875 *modifiés;* — les modèles 1870-1879 et 1875-1879 ; — le modèle 1881.

Les bouches à feu modèles 1858-60 et 1864-66 doivent, en principe, disparaitre du service de la Flotte, mais on les trouve encore en batterie à bord des transports et de certains avisos de station. Elles servent, d'ailleurs, à constituer des armements de forts et batteries de côtes.

---

1. « Depuis quelques années, on substitue quelquefois, à la place de ces quatre petits canons, deux canons de dix-huit livres « de bale », un seul à chaque conuille.... Cela est plus utile pour le combat parce qu'un seul canon de dix-huit livres « de bale » fait beaucoup plus d'effet que ne font les quatre bâtardes et moyennes. Ceci fut proposé d'abord.... par M. de Barras, premier capitaine des Galères, homme distingué dans le corps.... Depuis... cet usage a été établi dans les Galères qui servoient en Ponant par M. le Bailli de la Pailleterie. » (R. P. Daniel, *op. cit.*)

Le matériel modèle 1858-1860 comprend des canons de 14 centimètres (nos 1 et 2) rayés et frettés, se chargeant par la bouche; des canons de 16 centimètres, les uns rayés et non frettés, les autres rayés et frettés se chargeant par la bouche[1]; — des canons de 16 centimètres, rayés et frettés, se chargeant par la culasse; — des canons de 22 centimètres[2], rayés et frettés, se chargeant par la bouche. Ces canons, tous en fonte de fer et à trois rayures paraboliques, lancent des obus oblongs, de forme cylindro-ogivale. La charge de poudre, d'un poids égal *au neuvième* du poids du projectile[3], permet d'envoyer celui-ci sous une vitesse initiale de 315 à 320 mètres. Ces mêmes bouches à feu lancent aussi des boîtes à mitraille (garnies de balles en zinc) d'un poids légèrement supérieur à celui de l'ancien boulet plein sphérique, de même calibre.

Le matériel modèle 1864-1866 se compose de canons de 14, de 16, de 19, de 24, de 27 centimètres en fonte frettée, et se chargeant par la culasse. Ouvragées de trois ou cinq rayures paraboliques, selon leur calibre, ces bouches à feu lancent des boulets massifs dits *de rupture* : les uns cylindriques, les autres cylindro-ogivaux d'un poids triple de celui de l'ancien boulet plein sphérique. Elles envoient aussi des obus oblongs pesant deux fois autant que ledit boulet rond, et des boîtes à mitraille, à grosses ou petites balles, du poids de l'obus oblong. Le tir s'exécute à la charge d'un *sixième* du poids du projectile; sous cette charge, la vitesse initiale est d'environ 340 mètres pour le projectile massif, de 360 pour le projectile creux.

Les pièces destinées à l'armement des navires de combat sont des modèles 1870 et 1875. Le matériel mo-

---

1. D'aucuns proviennent d'une transformation de canons de même calibre, modèle 1820-1840, lesquels n'ont jamais été employés à bord, mais seulement sur les côtes.

2. Provenant d'une transformation des obusiers de 22 centimètres, modèle 1827-1841.

3. Le projectile oblong pèse environ deux fois autant que le boulet plein sphérique de même calibre.

dèle 1870, en fonte frettée et tubée, comprend des canons de 14, de 16, de 19, de 24, de 27, de 32 centimètres, se chargeant tous par la culasse.

Les premiers d'entre ces canons avaient leur lumière percée verticalement dans le renfort; on a depuis lors (en 1874) adopté un système de mise du feu par le moyen d'une lumière ménagée dans l'axe de la vis-culasse, avec étoupille obturatrice. Les projectiles en usage sont : des boulets cylindro-ogivaux *en fonte dure*, d'un poids triple de celui du boulet rond de même calibre; — des obus de rupture *en acier coulé*, pesant aussi trois fois autant que le boulet sphérique; — des obus *en fonte ordinaire*; — des boîtes à mitraille semblables à celles du matériel modèle 1864-1866[1]. Le poids de la charge de combat est à peu près égal *au quart* du poids de l'obus ou *au cinquième* du poids du projectile de rupture.

Le matériel modèle 1875 se compose de canons de 10, de 27 et de 34 centimètres, en acier tubé et fretté, et se chargeant par la culasse.

Ultérieurement, le service de l'artillerie de la Marine a cru devoir modifier le tracé de ses canons modèles 1870 et 1875, de manière à pouvoir en exécuter le tir à des charges considérables — d'un poids approximativement égal au tiers du poids du projectile — et d'attribuer audit projectile un poids égal à *deux fois et demie* celui du boulet plein sphérique du calibre considéré[2]. Le constructeur s'est, d'ailleurs, imposé la condition d'assurer au boulet de rupture une vitesse initiale de 500 mètres au minimum. Et, comme il ne pouvait, en poursuivant ce but, songer à l'accroissement du diamètre de la chambre, il a procédé par voie d'allongement de l'âme. Les expé-

---

1. Le service de la Flotte a renoncé à l'emploi des boulets cylindriques, qui perdent rapidement leur vitesse et ne peuvent être utilisés au cours d'un tir oblique contre des cuirassés.

2. Le canon de 16, adopté en 1877, lance un obus pesant même *trois fois* le boulet rond de même calibre. Le canon de 14, adopté en 1880, est établi dans les mêmes conditions.

riences de résistance ont démontré que, après *deux cent cinquante* coups tirés à la charge de combat, les pièces ainsi modifiées doivent être considérées comme étant hors de service, attendu que les cloisons s'en trouvent alors détruites du fait des érosions.

Sous le nom de bouches à feu modèle 1870-1879, l'artillerie de la Marine a fait des canons de 24, de 27, de 32 centimètres, en fonte tubée et frettée. Elle a, d'ailleurs, classé sous la rubrique de modèle 1875-1879 des canons en acier de *vingt-huit calibres et demi* de longueur d'âme, pouvant tirer à la charge d'un poids égal à *la moitié* du poids du projectile. La première bouche à feu de ce type a affecté le calibre de 37 centimètres. En 1877, on a adopté le tracé d'un canon de 42 centimètres, en acier, de vingt-deux calibres seulement de longueur, lançant un projectile du poids de 780 kilogrammes.

Il a été créé, en 1880, un type de canon de 14 centimètres, affecté spécialement à l'armement des gaillards de croiseurs.

Marchant à pas rapides dans la voie du progrès, l'artillerie de la Marine a entrepris, en 1881, le remaniement de tous ses types de bouches à feu. Le matériel désigné sous ce millésime (modèle 1881) comprend des pièces des calibres de 10, 14, 16 (type *lourd* et type *léger*), 24, 27 et 34 centimètres ; — des canons d'embarcations et de débarquement de 65 et 90 millimètres[1] ; — des mortiers de 30 centimètres, destinés à l'armement des batteries de côtes. Toutes ces pièces sont *en acier*, rayées, et (sauf les mortiers) se chargent par la culasse. La mise du feu s'opère par voie de lumière centrale pratiquée dans la vis de culasse et servant de logement à un étoupille obturatrice. Les projectiles lancés sont à ceinture de cuivre et comportent en conséquence le forcement.

Les affûts de la Marine doivent être organisés de telle

---

1. Le matériel spécial d'embarcations et de débarquement comprend, en outre, des canons-revolvers Hotchkiss de 37 millimètres.

sorte que le recul des pièces soit essentiellement limité. C'est une condition qui s'impose, on le conçoit, au constructeur, et celui-ci doit, en conséquence, faire usage d'un frein *hydraulique* perfectionné ; de plus, il y adjoint souvent un frein *à lames*[1]. C'est qu'il faut, en effet, modérer les mouvements de l'affût quand celui-ci, subissant l'action d'un roulis prononcé, tend à rentrer violemment en batterie.

Les poudres employées sont celles de Wetteren (Belgique), du Bouchet et de Sevran-Livry.

Terminons cet aperçu par quelques mots touchant la puissance des effets du tir. Les projectiles *de rupture* du calibre 16 percent — lors d'un tir normal à bout portant — des plaques de blindage en fer de 22 centimètres d'épaisseur. Dans les mêmes conditions, l'obus de 34, modèle 1875, traverse des plaques de 66 centimètres ; l'obus de 37, modèle 1875-1879, des plaques de 90 centimètres d'épaisseur.

Quel est le personnel appelé à servir le matériel dont il vient d'être parlé ? Le service *à bord* est exécuté par des « matelots canonniers » appartenant aux équipages de la Flotte. Les « apprentis canonniers » se recrutent parmi les marins de l'Inscription maritime et les hommes du recrutement. Ils commencent par recevoir une instruction préparatoire : soit à bord des bâtiments armés en guerre sur lesquels ils sont embarqués, soit dans les dépôts de matelots canonniers établis à Brest et à Toulon. La majeure partie d'entre eux sont groupés sur la *Bretagne*, bâtiment d'instruction mouillé en rade de Brest. Ils sont ensuite dirigés sur l'École d'application de canonnage où doit se compléter leur instruction spéciale. Cette école est actuellement installée à bord de la *Couronne*, cuirassé aménagé *ad hoc* et ayant pour annexe le *Saint-Louis*, vaisseau rasé, mouillé en rade de Toulon. Les maîtres canonniers doivent, tour à tour, passer six mois à l'École de pyrotechnie de Toulon.

---

1. Voyez ci-après, page 298, une notice sur ces freins.

En dehors de ce personnel de servants, il a été institué en France un corps d'Artillerie de la Marine ayant dans ses attributions : le service et les travaux des directions d'artillerie dans les arsenaux maritimes ; la fabrication des bouches à feu, des projectiles et des artifices ; la construction des affûts, ainsi que la confection des objets d'armement et de gréement nécessaires à l'artillerie de la Flotte ; l'armement des forts et batteries destinés à la défense des ports et des rades ; le service de l'artillerie dans les colonies et, en cas d'insuffisance des autres troupes, la garde des divers établissements dans les ports militaires.

Le corps se compose de troupes et d'un état-major.

Les principaux établissements de l'état-major sont : la fonderie de Ruelle près Angoulême, le laboratoire de Paris, le polygone de la Commission d'expériences de Gâvres, et l'École de pyrotechnie de Toulon.

Les troupes comprennent un régiment, six compagnies d'ouvriers, une compagnie d'artificiers et un corps d'armuriers.

Le régiment, dont l'état-major et le dépôt sont à Lorient, est formé de vingt-huit batteries de forteresse et d'une compagnie de conducteurs.

L'instruction technique en est assurée par les soins d'une « école d'artillerie » placée sous la direction du colonel commandant.

Spécialement affectées au service des colonies, les troupes d'artillerie de la Marine peuvent être appelées à prendre part — concurremment avec l'artillerie de terre — aux opérations de défense des côtes, des ports et, plus généralement, des places fortes de la métropole. Au besoin même, elles prêtent main-forte aux batteries de campagne — le fait s'est présenté en 1792, 1813 et 1870 — et tiennent fort honorablement le rôle qui leur est dévolu d'urgence, à l'heure d'un péril national.

APPENDICE A

DE QUELQUES INVENTIONS ET PERFECTIONNEMENTS RÉCENTS

I. — **Des attelages de l'Artillerie.** — De tous les facteurs qui concourent à constituer la valeur d'une artillerie de campagne, un des plus importants consiste en l'excellence de ses attelages.

Au temps des bouches à feu à âme lisse, une artillerie pouvait, sans s'exposer au moindre danger, prendre position à 1900 mètres des pièces de l'adversaire. A cette distance, elle déployait tranquillement ses lignes et, quand lui arrivait l'ordre d'ouvrir le feu, elle n'avait plus qu'à se porter en avant à 700 ou 800 mètres de l'ennemi, c'est-à-dire à parcourir vivement une distance de 1000 à 1200 mètres. On ne lui demandait donc que fort peu de chose en fait de mouvements aux allures rapides.

Le fait de la mise en service des bouches à feu rayées a singulièrement modifié ces conditions de locomotion tactique. On exige aujourd'hui de l'artillerie de campagne une puissance évolutionnaire sans égale. Il faut qu'elle soit désormais capable de parcourir aux vives allures, non plus, comme autrefois, un kilomètre ou un kilomètre et demi, mais des distances se chiffrant par myriamètres et même par journées de marche. « Un jour, dit le prince de Hohenlohe, pour arriver sur mes positions et y ouvrir à temps le feu, je dus faire, à travers un pays de montagnes, *vingt-deux kilomètres et demi* AU TROT. Et, à l'avenir, cette vitesse ne sera plus suffisante! »

En effet, supposons, par exemple, une artillerie *de corps* marchant en queue de la division la plus avancée du corps d'armée auquel elle appartient; cette artillerie n'est pas à moins de 7500 mètres de la pointe d'avant-garde. Si donc la division vient à heurter l'ennemi, il faut que les attelages soient en état de fournir en peu de temps une longue course, au cas où le commandant du corps a jugé à propos de faire donner les bouches à feu.

Il faut encore plus de rapidité quand besoin est de porter sur-le-champ de grosses masses d'artillerie de l'une à l'autre des ailes d'un théâtre d'opérations ou d'expédier en toute hâte un renfort de canons à des troupes détachées au loin. C'est ainsi que, le 13 août 1870, une batterie à cheval prussienne fit *cinquante et un kilomètres et demi* et, le soir même de ce jour, prit part à un combat. Une autre batterie à cheval, partie de Saint-Mihiel, arriva le jour même à Saint-Privat et y tint immédiatement son rôle dans la bataille de ce nom.

Donc les longues marches aux allures rapides doivent être aujourd'hui considérées comme étant de règle absolue. Une bonne artillerie de campagne a, par suite, besoin de chevaux d'haleine, vigoureux, entraînés, capables de fournir des courses bien soutenues. Notre artillerie est-elle bien dotée à cet égard? Peut-elle attendre de la remonte — nous voulons dire de l'élevage — des moteurs animés doués d'une constitution robuste et de conformation irréprochable?

Voilà la question.

On dit toujours — et non sans raison — que, si l'étalon et la jument font le poulain, c'est l'éleveur qui fait le cheval. Il serait plus juste de dire que, trop souvent, il le *défait;* et nous ne saurions omettre de signaler ici l'une des causes de ces déformations regrettables. Quiconque est initié aux principes de la statique animale sait, à n'en pas douter, que le fait de *l'inclinaison du sol des écuries* exerce une influence fâcheuse sur les extrémités des membres, surtout des membres de devant, en contrariant la répartition normale du poids du corps sur ces extrémités. Un séjour prolongé dans des écuries défectueuses, telle est la cause première des boiteries, des altérations du pied, des tares dont la fréquence afflige et confond l'observateur. La déclivité du sol, voilà l'origine de la mauvaise conformation des membres, de la déviation des aplombs.

Or, généralement, les chevaux de nos attelages d'artillerie ont été élevés dans ces conditions de logement déplorables. Ces conditions, ils les retrouvent à leur arrivée au régiment, et l'on sait avec quelle rigueur les règlements leur imposent l'obligation de la stabulation quasi-permanente dans des locaux qui, à raison même de leur disposition vicieuse, sont nécessairement insalubres. Il serait temps de remédier à cet état de choses, au moins dans les bâtiments militaires, et le remède est tout indiqué. Il suffirait de doter les écuries de nos casernements d'un *sol horizontal*, avec drainage hygiénique organisé conformément au système du colonel Basserie.

L'élément du système consiste en un appareil de drainage ou caniveau en fonte, encastré dans une aire en ciment rebelle à toute infiltration. Cette cuvette est formée de l'encastrement et de la surface de l'appareil, surface composée des rebords du caniveau et d'un couvercle ou *couvre-drain* aussi en fonte. Ce couvre-drain est affecté, suivant son axe, d'une concavité de second ordre, moins large que le sabot du cheval le plus petit. Il comporte, d'ailleurs, une ligne de trous tronconiques dont la base supérieure, réduite au diamètre strictement indispensable à l'écoulement des liquides et mise hors de toute atteinte de la part des crampons du fer à cheval, *ne peut*, en aucun cas, *se boucher*. Cette espèce de *passoire* laisse arriver les liquides au caniveau, et celui-ci peut facilement se nettoyer, attendu que le couvercle en est mobile à charnière. Les drains individuels d'une écurie se branchent tous sur un canal collecteur ménagé à la croupe des chevaux, et cette rigole couverte sert à l'écoulement directe dans une citerne à purin[1].

Tel est, rapidement esquissé, le *type* de l'écurie Basserie, type qui permet de conserver aux moteurs animés tous les aplombs voulus par les lois de la statique. L'adoption du système Basserie aurait, d'ailleurs, pour effet de supprimer dans les locaux occupés l'infection due à l'imbibition ou à la stagnation des liquides excrémentiels, ainsi qu'à l'expansion des gaz ammoniacaux qui en proviennent. De là, pour les occupants, suppression des principales causes d'épizootie. Les animaux ainsi logés respirent un air pur, font de bonnes digestions, vivent dans de bonnes conditions d'hygiène et de propreté; le personnel chargé de leur donner des soins peut exécuter son service sans s'exposer aux nombreuses affections qui se développent si rapidement dans l'atmosphère des locaux insalubres.

La salubrité des locaux dans lesquels ils sont appelés à vivre exerce aussi sur le moral des animaux une influence dont l'observateur le moins attentif ne saurait méconnaître

---

1. Ces ingénieux appareils s'exécutent au Mans dans les ateliers de M. Chappée, l'un des meilleurs fondeurs-constructeurs de France.

l'importance majeure. Heureux à l'écurie, le cheval s'y tient tranquille. Plus d'inquiétudes ni de surexcitations nerveuses ; plus de piétinements ni de battements de pieds. Plus de bêtes ombrageuses ou méchantes, plus de coups de pied, d'embarrures ou de bris de bat-flancs. La bête aime son logement sain et commode; elle y est en gaieté.

Le dispositif Basserie est de nature à sortir en même temps des résultats économiques qui sont à prendre en sérieuse considération. En délivrant l'animal de l'inutile fatigue qu'il prend sur le plan incliné où il cherche sans relâche un équilibre impossible, ce dispositif a pour effet de rendre infiniment plus probable le succès de l'élevage, plus rapide la croissance des sujets réussis, plus rémunérateur le rendement de la bête en fait de travail. Cette fatigue incessante, ininterrompue, due au vieux procédé de stabulation permanente sur un sol incliné, sert ordinairement de prélude à une caducité précoce; la restitution de l'horizontalité assure la conservation de l'animal, sa durée, voire sa longévité. D'autre part, le service de l'écurie ou de l'étable est singulièrement allégé ; le personnel chargé de l'exécution de ce service n'est plus assujetti qu'à des travaux simples et faciles. Sous tous rapports les avantages sont inappréciables. Nous estimons que la franche adoption de l'écurie *à sol horizontal et drainage hygiénique* aurait pour effet de conserver à nos attelages d'artillerie cette constitution robuste, cette vigueur dont ils ont, plus que jamais, besoin.

II. — **Des freins hydrauliques.** — Les puissances européennes manifestent actuellement une tendance prononcée à conférer aux projectiles de l'artillerie une vitesse initiale de plus en plus considérable. La raison en est que — le cas d'un tir plongeant excepté — l'effet utile d'un projectile croît avec cette vitesse.

Les progrès réalisés en métallurgie — notamment dans la fabrication des aciers — et l'expérience acquise en matière de construction permettent de faire des bouches à feu extrêmement résistantes. On obtient aujourd'hui des vitesses initiales de 550 à 600 mètres et même davantage, sans dépasser la limite des pressions ordinaires. On porte, à cet effet, le poids de la charge de poudre jusqu'*au tiers* et même à *la moitié* du poids du projectile, en diminuant la densité de chargement et augmentant de beaucoup la longueur du canon. Cet accroissement de longueur de l'âme est une conséquence nécessaire de l'obligation où l'on est de laisser à de telles charges le temps de brûler utilement. Il est permis de penser que, dans un avenir prochain, l'artilleur obtiendra des vitesses encore supérieures à celles que nous venons de chiffrer; et cela, sans porter atteinte à la solidité de ses pièces.

Mais augmenter la vitesse initiale du projectile, c'est accroître, du même coup, la vitesse de recul du système de l'affût et de la bouche à feu. La pièce résistera assurément, mais en sera-t-il de même de l'affût? Il serait téméraire de l'affirmer. On sait, en effet, combien il est déjà difficile de faire des affûts capables de supporter un tir de projectiles animés de vitesses initiales de 450 à 500 mètres, quand le poids du canon n'est pas exagéré. Comment serait-il possible d'en construire qui soient en état de résister à des tirs encore plus violents?

Là est la question.

Quelle que soit la solution à intervenir, il est, d'ores et déjà, indispensable de limiter le recul et, pour ce faire, d'employer des *freins* organisés de façon à ménager le matériel. Les appareils de ce nom sont de deux types distincts : les freins agissant par voie de frottement; les freins fonctionnant du fait d'une communication de force vive à certaine masse liquide. Ceux-ci sont dits « hydrauliques »; ceux-là — dont le meilleur dispositif est *à lames* — semblent destinés à un prochain abandon.

Le frein hydraulique, dont M. C.-W. Siemens est en droit de revendiquer l'idée première, consiste en un cylindre empli d'un liquide convenable[1] et faisant corps avec le châssis. Dans ce cylindre se meut un piston — *méthodiquement perforé* — dont la tige est fixée à l'affût. Le recul est limité du fait de la résistance que le liquide oppose au mouvement du piston et, par suite, à celui de l'affût qui s'y trouve annexé.

Tel est le principe.

Ce frein, fort simple, ne fait aucun obstacle au départ de l'affût lors du commencement du recul. Il est automatique, ne gêne en rien les manœuvres et peut s'adapter à des affûts de tout calibre[2]. Théoriquement, les appareils de ce genre se distinguent en : freins *à orifices variables et résistance con-*

---

1. Il faut que la fluidité en soit, autant que possible, inaltérable. On a fait choix de la glycérine.

2 Pour opérer un changement de calibre, il suffit de changer le diamètre des trous du piston.

stante; — freins à orifices constants et écoulement libre; — frein avec orifice fermé par une soupape chargée d'un poids variable. C'est le frein hydraulique à orifices variables qui fatigue le moins les affûts, châssis, plate-formes fixes ou roulantes, ponts de navires, etc.

Au nombre des divers dispositifs de freins *à orifices constants* on remarque : le système de Woolwich à écoulement libre; — les systèmes Krupp et Rendel à écoulement libre par une valve chargée d'un poids constant; — le système Razkazoff à écoulement par une valve chargée d'un poids variable.

Dans la classe des freins à orifices variables on distingue le système de Woolwich à tiges coniques; — le système Butter à côtes inclinées; — le système Vavasseur à tiroir circulaire.

En ce qui concerne la question de prééminence pratique, l'expérience prononcera. Pour aujourd'hui, on doit se borner à dire que, considéré en son principe essentiel, le frein hydraulique est appelé à tenir dans les armements de l'avenir un rôle de plus en plus important.

III. — **Des canons à tir rapide.** — Il se présente assez fréquemment à la guerre telle circonstance où il est du plus haut intérêt de pouvoir tirer rapidement un très grand nombre de projectiles. Cela se produit quand on se trouve mis en demeure de battre un but très mobile, et sur lequel on ne peut agir que durant un très court intervalle de temps. Tel est, sur terre, le cas du combat de cavalerie; sur mer, celui de la défense d'un navire contre une attaque de torpilleurs.

Un des types les plus connus de canons à tir rapide est celui qu'a conçu l'Américain Hotchkiss. La maison qui porte le nom de cet ingénieur émérite fabrique, dans des conditions de grande vitesse de tir, des bouches à feu *de grande puissance* ou *appropriées au tir des munitions des canons-revolvers*. Le premier groupe comprend un canon de 37 millimètres, un canon *léger* et un canon *lourd* de 47 ; un canon de 57 millimètres. Nous regrettons de ne pouvoir — faute de place — dire que quelques mots de l'un de ces calibres.

Le canon *léger* de 47 ne pèse que 180 kilogrammes. Du poids de 1^{kg},500 et capable d'une vitesse initiale de 520 mètres, le projectile traverse : à 1000 mètres de distance, une épaisseur d'acier de 28 millimètres; à bout portant, une épaisseur de 75. La pièce peut tirer vingt coups à la minute.

Voici un autre ingénieur — américain aussi — M. Maxim, qui vient d'inventer un canon à tir rapide et, de plus, automatique. Le principe d'organisation en est original. La grande vitesse initiale des projectiles implique, avons-nous dit, grande vitesse de recul du système canon-affût. Or celle-ci développe une puissance vive de recul, laquelle se trouve ordinairement absorbée par les frottements, la contrepente des plate-formes les chocs et les freins. Les effets de cette force sont généralement nuisibles; ils se produisent, en tous cas, en pure perte. M. Maxim, a eu l'idée d'en tirer parti. Le *recul*, telle est la force motrice employée, et c'est la première fois qu'on utilise réellement cette force. En ce qui concerne l'économie générale de la pièce, on va voir qu'elle est fort ingénieuse.

Le canon à répétition Maxim, à tir rapide et automatique, est du calibre de 37 millimètres. Sa partie renflée, qui comprend la *chambre aux projectiles*, est solidement assemblée entre deux flasques d'acier qui servent de support et de guide à la culasse mobile. Cette culasse, qui renferme tout l'appareil de percussion — chien, détente, gâchette, etc.; — est dite *mobile*, attendu qu'elle peut méthodiquement glisser sous l'action d'un arbre coudé qui tourne entre les flasques. A cet arbre est adaptée une poignée à l'aide de laquelle l'opérateur manœuvre avec la plus grande facilité tout le mécanisme de culasse. Flasques et canon sont disposés de manière à se mouvoir, aussi par glissement, dans une enveloppe en bronze dont font partie les tourillons. Ceux-ci articulent dans un support pivotant, d'où il suit que le champ de tir mesure 360 degrés d'amplitude[1].

Les cartouches à obus du canon Maxim de 37 millimètres sont insérées, l'un à la suite de l'autre, dans une ceinture de toile (*canvas belt*) et elles y sont fixées séparément par des pattes à œillet. Organes et munitions de l'appareil, tout se trouve à portée du pointeur-servant. Nous disons bien *du pointeur-servant*, car le service de la bouche à feu ne demande qu'un seul canonnier, et cet homme n'a besoin que d'une main.

Le tir peut s'exécuter de deux façons différentes : *à la main ou automatiquement*; et cela, à volonté. Dans le premier cas, le pointeur-servant n'a qu'à manœuvrer une gâchette, indépendante de la culasse; dans le second, la pièce obéit au mouvement de l'arbre coudé qui, lui-même, se meut sous l'action de

---

1. Les canons à répétition Maxim se fabriquent à Paris dans les ateliers de la maison Bariquand.

la force du recul. Toutefois, si l'on veut procéder par voie de fonctionnement automatique, il est indispensable d'amorcer l'appareil, c'est-à-dire de tirer le premier coup à la main.

Alors voici comment les choses se passent :

Le pointeur-servant manœuvre la poignée de l'arbre coudé commandant tout le mécanisme de culasse, et introduit dans le canon le premier obus de la ceinture ou bande-cartouchière. Ce chargement effectué, il agit sur la gâchette... le coup part. Qu'advient-il ? Immédiatement après le moment du départ de ce premier projectile, le recul actionne le canon et les flasques qui, nous l'avons dit, sont capables d'un petit mouvement de translation dans leur enveloppe. Cette force motrice du recul agit ensuite sur l'arbre coudé, qui exécute alors deux demi-tours complets.

Durant le premier demi-tour, la culasse mobile marche en arrière, extrait l'étui vide (provenant d'un coup antérieurement tiré) et prend dans le *distributeur* une cartouche chargée. Au cours de l'exécution du second demi-tour, l'étui vide est rejeté, la cartouche chargée s'introduit dans le canon, et le canon revient à sa place, en amenant une nouvelle cartouche dans le distributeur.

Et ainsi de suite. Le tir continue automatiquement, à une vitesse qu'on règle à volonté, et dont le maximum peut atteindre *deux cents* coups à la minute, soit plus de trois à la seconde. Il est essentiel d'observer que le pointeur-servant peut arrêter le mouvement, quand il le juge utile à l'effet de modifier la direction du tir. La nouvelle direction une fois assurée, cet opérateur tire derechef un premier coup à la main, et le mouvement, un instant interrompu, recommence.

En somme, le principe de construction de l'appareil est ingénieux; l'organisation en est simple. La pièce est légère, bien équilibrée; la manœuvre est bien loin d'en être compliquée; le tir automatique en est rapide

Le canon à répétition Maxim, de 37 millimètres, est appelé à rendre de grands services, principalement à la marine. On connaît l'importance du problème de la protection des navires de guerre contre l'attaque des torpilleurs, lesquels marchent à la vitesse de 25 nœuds. Or, le nouveau canon satisfait à toutes les conditions d'une défense rationnelle.

M. Maxim a fait deux autres canons semblables, des calibres de 47 et 57 millimètres. Il construit, en ce moment, un canon de 125 qui, si l'on s'en rapporte aux résultats des expériences faites jusqu'à ce jour, promet de se bien comporter.

IV. — **De l'affût et de l'avant-train de débarquement du canon de 65, de la Marine.** — Il a été dit plus haut que le *matériel d'embarcations et de débarquement* de la Marine comprend — outre le canon-revolver Hotchkiss — des canons de 90 et 65 millimètres, *en bronze mandriné*, modèle 1878. Nous avons ajouté que lesdites bouches à feu doivent être remplacées par des pièces respectivement de même calibre, *en acier*, modèle 1881.

Ce matériel comporte des affûts de débarquement d'une légèreté extrême et d'un type original dont il convient de donner la description sommaire. L'affût du 65, par exemple, se compose de deux flasques en acier, reliés par une entretoise également en acier. L'essieu est *creux;* c'est un fourreau de tôle de fer, *bourré de bois calibrés*. Les roues sont également *en fer creux, bourré de bois*. En procédant ainsi, la Marine a fait une heureuse application du système Polonceau ; son ingénieux dispositif rappelle ainsi celui des arcs du pont des Saints-Pères — dit aussi *du Carrousel* — à Paris. Le poids de l'affût, roues comprises, ne s'élève qu'à 124 kilogrammes.

L'avant-train est monté sur deux roues et un essieu, de tout point semblables aux organes similaires de l'affût. A l'avant-train s'adapte une limonière également *en fer creux bourré de bois*, et ne pesant que $18^{kg},950$; elle peut s'accrocher directement à l'affût, comme cela se pratique pour le matériel de montagne de l'artillerie de terre. Le poids total de l'avant-train avec sa limonière, mais sans munitions, est de $139^{kg},400$[1].

V. — **Projectiles de rupture à charges brisantes.** — A force de marcher dans la voie du progrès et de s'attacher à la recherche d'une puissance de projectiles de plus en plus grande, l'Artillerie est sur le point d'arriver à l'exagération des calibres. Elle construit aujourd'hui des pièces-monstres. Chacun sait, par exemple, que l'Italie a commandé à l'usine d'Essen quatre canons pesant chacun cent vingt et une tonnes, soit cent vingt et un mille kilogrammes! C'est une limite extrême qu'il semble difficile de pouvoir pratiquement dépasser. La manœuvre d'un engin de ce genre est, en effet, singulièrement ardue et, lors de l'exécution du tir, chaque coup comporte un prix de revient considérable. On peut conclure de là qu'il

---

1. Ces affûts et avant-trains de débarquement se fabriquent à Paris dans les ateliers de la maison Moyse et Cie.

n'est plus guère possible d'accroître — ainsi qu'on l'a fait jusqu'ici — la puissance des bouches à feu, moyennant l'augmentation du calibre et l'accroissement de la charge de poudre. Cela étant, on a eu l'idée d'accroître la puissance de rupture des projectiles creux en formant leur charge intérieure de poudres essentiellement *brisantes*.

C'est l'artillerie italienne qui, la première, est entrée dans cette voie nouvelle; elle a, dès 1874, essayé des projectiles brisants dans son obusier rayé de 22 centimètres, se chargeant par la bouche, et son obusier de 24 se chargeant par la culasse. Les charges intérieures se composaient de *poudre cubique*.

Ultérieurement, en 1879-1880, l'usine allemande Grüson enferme des rondelles de *poudre comprimée* dans des obus à pointe ou culot dévissable.

Depuis lors, les artilleurs se sont laissé séduire par les avantages de l'emploi de diverses matières explosibles d'une puissance bien supérieure à celle de la poudre, telles que la dynamite, le coton-poudre comprimé, la gélatine explosible, l'amidogène, etc.; mais là ils se sont heurtés à des difficultés imprévues. Ces substances s'enflammaient souvent du seul fait de leur frottement contre les parois du projectile; et, en tous cas, le choc inévitable qu'elles subissaient à l'instant du tir en provoquait l'inflammation prématurée. Comment donc empêcher le projectile ainsi chargé d'éclater dans la pièce? Comment régler la mise du feu de la charge intérieure et arriver ainsi à être maître du moment opportun de l'explosion voulue?

Le problème à résoudre se posait en trois points; il fallait trouver le moyen : de maintenir intacte et en bon état la substance explosible enfermée dans le projectile; et ce, au moment du départ de celui-ci; — d'assurer l'explosion de ladite substance, soit à l'instant du choc, soit un temps après ce choc contre le but visé; — subsidiairement, de faire en sorte que le maniement et le transport des projectiles ainsi chargés ne pussent donner lieu à aucun accident avant l'exécution du tir.

La solution paraissant peu commode, on a d'abord essayé de tourner la difficulté. C'est ainsi que M. Jamotte a été conduit à préconiser un emploi méthodique d'appareils névrotones[1] perfectionnés à l'aide des ressources de la science moderne, et destinés à projeter de la dynamite enfermée dans des enveloppes de cuir.

---

1. Voyez Ire Partie, Chapitre I (*Artillerie névrotone*).

On a ensuite tenté de substituer à la poudre ordinaire, considérée comme agent projecteur, un gaz éminemment élastique, l'air comprimé. Des *canons pneumatiques à dynamite* ont été essayés, en 1885, aux États-Unis, notamment au fort Lafayette (port de New-York). Le lieutenant Zalinski, qui a conduit ces expériences, se propose d'accroître notablement la pression développée en son appareil. Ce faisant, il espère pouvoir attaquer des plaques de blindage de $0^m,28$ centimètres d'épaisseur, et les briser moyennant un tir d'obus chargés de quarante-cinq kilogrammes de dynamite.

Cependant on n'abandonnait pas l'idée d'une projection de matières brisantes par le moyen des bouches à feu, notamment des mortiers tirant à faible charge. Le 2 juillet 1879, un brevet de projectiles spéciaux était pris par les Allemands Hermann Grüson, de Buckau (près Magdebourg), Albert Hellhoff, de Mayence, et Joseph-Antoine Halbmayr, de Marienbad (Bohème).

Le mode d'organisation de ces projectiles réalise une idée émise, dès 1873, par le docteur Sprengel ; il est basé sur ce principe qu'il est possible d'enfermer dans un obus plusieurs ingrédients chimiques qui, ISOLÉMENT inertes et inoffensifs, peuvent constituer, *du fait de leur mélange*, une substance explosible de grande puissance. Les récipients des composants « isolés » sont assez solides pour résister aux chocs résultant de la manœuvre ou du transport ; assez délicats, pour se briser sous le coup du départ du projectile. Alors le mélange s'opère, le composé se forme plus ou moins rapidement, et l'explosion se produit.

Tel est le principe.

Pour ce qui est ingrédients employés par l'usine Grüson, il faut citer : d'une part, des dérivés nitreux tels que la naphtaline, le phénol, le toluol, la benzine, le xylol, etc.; d'autre part, l'acide nitrique. La substance dite *hellhofite* (du nom de M. Albert Hellhoff, de Mayence) n'est autre qu'un mélange d'acide nitrique et d'un produit nitro-benzoïque.

Considérés comme enveloppes de charges brisantes, les projectiles Grüson, essentiellement démontables, comprennent deux parties — pointe et culot — pouvant se visser l'une sur l'autre. A l'intérieur sont enfermés des récipients (en verre, porcelaine ou autre matière fragile) contenant eux-mêmes les « composants » de la matière explosible à produire. Maintenus en place par un calage de feutre ou de caoutchouc, ces vases ne peuvent se briser au cours d'une manœuvre ou d'un transport. Toute chance d'accidents au moment du tir est également écartée, attendu que, pris isolément, les composants sont, nous l'avons dit, inoffensifs ; qu'ils ne subissent aucune altération sous l'influence des hautes températures développées par l'inflammation de la poudre projectrice ; qu'un matelas d'air — qui les sépare de la paroi intérieure du projectile — les préserve, d'ailleurs, de tous effets pyrométriques.

Mais, à cet instant du tir, le choc est assez violent pour les briser l'un contre l'autre ou contre les parois. Alors, sous l'influence du mouvement de rotation du projectile, le mélange intime s'opère *à distance plus ou moins grande* de la tranche de la bouche. L'opérateur peut, jusqu'à certain point, régler le moment où le projectile atteindra son plus haut degré de puissance explosive ; et ce, en modifiant la nature et les proportions des substances appelées à se combiner. Observons enfin que, pour permettre à l'obus arrivé au but d'y faire pénétration avant d'éclater, M. Grüson fait usage de divers types de fusées à temps.

Les projectiles dont nous venons d'exposer le principe ont été expérimentés, en 1883, en Allemagne et en Danemark ; en 1884, en Italie et en Suisse ; et, tout récemment, en Angleterre. Voici le résultat de l'une des expériences de Magdebourg : un obus de 15 centimètres, chargé de 1^{kg},100 de *hellhofite*, a été tiré à 800 mètres contre un parapet en terres de consistance moyenne et de 9 mètres d'épaisseur. L'éclatement a eu pour effet d'ouvrir dans le massif un *entonnoir* d'un mètre de profondeur sur $4^m,50$ de diamètre. C'est un effet égal à celui qu'eût produit pareille charge de nitroglycérine et près de deux fois supérieur à celui de pareille charge de dynamite.

Il a été fait en Amérique, en Suède, en Belgique, en Russie, nombre d'expériences analogues, qui toutes ont donné des résultats saisissants. En présence des effets extraordinaires dus à ces projectiles de rupture à charges brisantes, on se sent à la veille d'une révolution des procédés de l'art de la guerre. On se demande, en particulier, ce que va devenir l'art de la défense des places, sous le coup d'une série d'explosions de fourneaux de mine arrivant à destination précise par voie de transport balistique.

En France aussi il a été fait quelques expériences à cet égard. On y a tiré de gros projectiles chargés de substances explosibles brisantes. Les opérateurs ont d'abord fait usage de « poudre verte », composée de 14 parties (en poids) de chlorate de potasse, 4 parties d'acide picrique ou picrate de potasse, et 5 de prussiate jaune de potassse. Ils ont ensuite essayé l'emploi d'une autre matière, dont les effets puissants ont vivement impressionné l'opinion publique et à laquelle on a donné le nom de *mélinite*. Nous n'en connaissons point la formule et, si nous étions initiés au secret, nous nous garderions bien de le divulguer.

Ce que nous savons, c'est que, après des tâtonnements d'ordre divers, l'artillerie allemande a fini par adopter l'usage des rondelles de fulmi-coton.

APPENDICE B

DE L'INDUSTRIE DES ARMES DE GUERRE EN FRANCE.

En France, la construction des bouches à feu était, naguère encore, monopolisée par les établissements militaires. Les Fonderies de Douai, de Toulouse, de Bourges fabriquaient les pièces de l'artillerie de terre; celles de Ruelle, de Nevers, de Saint-Gervais, les pièces de l'artillerie de la Marine. Et, tandis que l'État se réservait ainsi le monopole de la fabrication, une loi frappait d'interdiction le commerce des armes de guerre, d'où il suit que nos industriels ne pouvaient songer à chercher à l'étranger des débouchés qui leur faisaient défaut dans leur pays.

Ce n'est qu'à partir du jour où l'acier s'est imposé comme métal à canons que notre gouvernement a dû reconnaître la convenance d'un appel au concours de l'industrie privée. Et, d'autre part, la loi de 1885 ayant levé l'interdiction qui pesait sur leur exportation, les industriels français ont enfin pu se présenter sur les marchés extérieurs dont les Anglais et les Allemands étaient, depuis longtemps, les maîtres. De longue date, en effet, sinon de tout temps, la législation de l'Angleterre, comme celle de l'Allemagne, avait admis le principe de la liberté du commerce des armes de guerre.

Les perspectives qui venaient de s'ouvrir ne faisaient cependant pas encore à nos nationaux une situation extrêmement brillante. Au cours de la guerre de 1870-1871, l'État s'était bien adressé à l'industrie privée pour en tirer des bouches à feu complètement finies. Après la guerre, il était, en partie, revenu à ses anciennes pratiques; il avait procédé à la transformation de ses ateliers pour y faire l'usinage des divers éléments d'acier livrés par l'industrie. Toutefois, comme ces éléments — corps, tubes, frettes — devaient être plus qu'ébauchés et même avoir atteint déjà certain degré d'achèvement, les usines françaises et, en particulier, les aciéries furent amenées à développer leur installation, de façon à la mettre en harmonie avec l'importance des commandes du gouvernement français. A l'intérieur, par conséquent, le sort était, jusqu'à certain point, acceptable.

Mais, à l'étranger, nos nationaux devaient se heurter à des difficultés plus sérieuses. Toute industrie qui se fonde en vue d'exporter ses produits doit, en effet, commencer par en faire connaître les mérites ; elle est, en même temps, tenue de réagir contre les habitudes souvent invétérées du consommateur ; il lui faut lutter contre un courant prononcé d'anciennes relations commerciales. La lutte est parfois ardente, toujours ardue. Bien qu'admirablement outillées et capables d'une production importante ; bien que la qualité de leurs produits soit généralement irréprochable, les usines françaises n'ont pas encore eu le temps d'acquérir à l'étranger la notoriété dont jouissent leurs rivales d'Allemagne et d'Angleterre. On ne saurait donc apprécier exactement la puissance de production de notre industrie nationale, si l'on se bornait à comparer la quantité de ses livraisons à celle des produits livrés jusqu'à ce jour par les usines d'outre-Manche ou d'outre-Vosges.

L'industrie française arrivera sans doute à faire prévaloir dans l'opinion publique le fait incontestable de la supériorité de ses moyens d'action ; mais il est acquis déjà, pour les hommes compétents en la matière, qu'elle l'emporte, sous le rapport de la qualité des produits, sur toutes les concurrences étrangères. Il est notoire que la prééminence de la France s'est, dès à présent, nettement accusée pour ce qui est de la fabrication de l'acier et de l'observation des vrais principes de construction des bouches à feu. De ce fait, la marine française n'a jamais eu d'éclatements de canons d'acier ; elle est même restée indemne de tout accident lors du tir de ses canons en fonte, tubés et frettés ; ses bouches à feu sont dotées d'une singulière puissance et d'une précision remarquable. On sait, par exemple que, lors du bombardement de Fou-Tcheou et des combats de la rivière Min, les navires de la flotte de l'amiral Courbet ont ouvert et conduit leur feu avec une précision et une puissance d'effets telles que le personnel embarqué à bord des navires anglais n'a pu s'empêcher d'acclamer avec enthousiasme les résultats du tir de nos matelots-canonniers.

Depuis dix ans déjà, l'Angleterre s'évertue à asseoir définitivement sur des bases certaines le mode de fabrication des aciers à canons et aussi le mode d'organisation des pièces; mais elle n'a encore fait, à cet égard, que des essais infructueux. La preuve en est que, lors du bombardement d'Alexandrie, la majeure partie des canons de la flotte anglaise furent mis hors de service, du seul fait de leur tir. Il faut aussi mettre au passif des industriels d'outre-Manche nombre d'éclatements comme ceux des canons Armstrong à bord du *Duilio*; des canons de Woolwich à bord du *Thunderer*. La nouvelle de ces accidents imprévus a soulevé des tempêtes au sein du Parlement et dans les organes de la presse, surtout dans les journaux techniques tels que l'*Engineering*, l'*Engineer*, l'*Admirally and Horseguards Gazette*, etc. Il ne se passe guère de jour que le *Times* n'enregistre des dissertations passionnées touchant les accidents survenus, il y a six mois déjà, à divers canons, notamment à l'un de ceux qui formaient l'armement du *Collingwood*, de la marine royale.

Pour l'Allemagne, nous avons eu déjà (pag. 154-155) l'occasion de mentionner ses mécomptes. L'usine d'Essen produit des pièces que l'artilleur n'est jamais sûr de ne pas voir éclater[1], et, tout récemment encore, la marine italienne refusait à M. Krupp des canons de 40 centimètres dont les tubes n'étaient que très imparfaitement corroyés.

C'est que, jusqu'à présent, les usines étrangères — Woolwich, Armstrong, Krupp, etc. — ne disposent point d'engins de forgeage assez puissants. C'est qu'elles n'ont fait jusqu'ici que des tubes composés de deux pièces assemblées, mais dont l'assemblage n'offre à qui doit s'en servir aucune garantie de sécurité.

Ce n'est pas ainsi, tant s'en faut, que les choses se passent dans notre pays. Nos industriels, qui se sont ménagé des moyens d'action supérieurs, apportent d'autres soins à leur fabrication. Quelles sont les principales usines françaises qui, depuis le jour où sont tombées leurs entraves, font couramment du matériel d'artillerie? Il nous faut citer, dans l'ordre alphabétique : le *Creusot;* — les anciens *Établissements Cail;* — les

---

1. Voyez la liste des éclatements de pièces allemandes pages 35-42 de notre *Artillerie-Krupp* — Paris, Masson, 1886. — Rappelons seulement ici que, durant la guerre de 1870-1871, nos adversaires ont eu — tant sous les murs de Paris qu'à l'armée de la Loire — *deux cent vingt-quatre* bouches à feu mises hors de service DU SEUL FAIT DE LEUR TIR.

Forges et Chantiers de la Méditerranée; — les *Hauts-Fourneaux, Forges et Aciéries de la Marine et des Chemins de fer;* — la maison *Hotchkiss.*

Il n'est pas hors de propos de signaler ici la puissance de production de ces cinq grands établissements.

On sait quelle est la célébrité du Creusot (Saône-et-Loire), dont la fondation remonte à l'année 1774. Ce qu'on ignore peut-être, c'est qu'il y a tantôt un siècle que cette maison fait du matériel d'artillerie. Durant toute la période de la première République et du premier Empire, il est sorti de ses ateliers nombre de bouches à feu de fonte et de projectiles destinés au service de la flotte.

Après nos désastres de 1870-71, M. Thiers avait eu la pensée d'instituer une grande usine nationale qui eût été appelée à tenir en France le rôle que la maison Krupp tient en Allemagne; et il avait, à cet effet, jeté les yeux sur la maison Schneider. Dans cet ordre d'idées, le Creusot fût devenu le rival d'Essen; mais le principe d'un usinage à réserver aux arsenaux de l'État ayant fini par prévaloir dans l'esprit du gouvernement, il ne fut pas donné suite au projet de M. Thiers. Le service de l'artillerie de terre ayant organisé et mis en activité courante les ateliers de Bourges, de Tarbes et de Puteaux, le Creusot ne fut plus qu'invité à fournir à l'État des éléments de matériel : tubes, frettes, etc.

Toutefois, c'est au Creusot que, à partir de 1872, furent faites les expériences prescrites par le gouvernement français en vue de jeter les bases du mode de production des aciers à canons; de déterminer les conditions auxquelles ces aciers doivent satisfaire. Une Commission, nommée *ad hoc*, fit, en 1874, un Rapport dont voici le préambule :

« Les puissants moyens d'action du Creusot, dont les produits jouissent d'une réputation européenne, les ressources qu'il possède non seulement au point de vue de la production du métal, mais encore comme ateliers de construction, augmentaient l'intérêt des essais qu'il allait entreprendre.

« Poursuivis avec méthode et persévérance, ces essais ont pris au Creusot une importance exceptionnelle, à raison des épreuves très diverses auxquelles l'acier a été soumis. »

Et les conclusions du Rapport précité sont les suivantes :

« Éviter, d'une part, les brusques éclatements ; de l'autre, les trop promptes déformations qui rendent l'emploi du bronze incompatible avec les exigences de l'artillerie moderne, tel était le double but que M. E. Schneider s'était proposé au début de ses expériences et qu'il a incontestablement rempli

« Des accidents analogues à ceux qui ont fait rebuter en Russie tout un matériel d'artillerie provenant des ateliers de Krupp ne sont point à craindre avec les aciers doux essayés au Creusot en 1873. »

Ce sont les enseignements tirés de ces expériences qui ont permis de tracer la ligne de conduite à suivre en vue d'une fabrication rationnelle. C'est du Creusot que sont sortis les premiers canons de 80 et de 90, système de Bange ; — les spécimens de divers autres types de 90 et de 95 qui n'étaient point destinés à devenir réglementaires ; — des modèles de mortiers de 220 et 270, aussi du système de Bange.

Une Commission américaine, instituée en conformité d'un acte du Congrès, du 3 mars 1883, a récemment reçu mission de visiter en tous leurs détails les grandes usines d'Europe où se construit du matériel d'artillerie : en Angleterre, *Armstrong*, *Whitworth*, *Woolwich* ; en France, *Ruelle*, *Bourges*, *Le Creusot* ; en Russie, *Pétersbourg* et *Oboukow* [1]. Or voici ce que le rapporteur dit du Creusot :

« The most important steel works in France are situated at « Le Creusot »... ...These works have advanced, year by year, in importance and in magnitude since their purchase by Mr. Eugène Schneider.

« This gentleman's death in 1875 was a source of mourning to the whole town, the inhabitants of which looked up to him as a father. The grateful people have erected to his memory a monument in the market square.

« Under the administration of his son, Mr. Henri Schneider the fame of the products of the works has been enhanced, and the proportions of the establishment have been much increased. The whole number of workmen now employed here and at other points amounts to 15000 and it is the great center of industry of the adjoining region. *At no other place in the woldr is steel handled in such masses.*

. . . .

« For the preparation of metal for cannon and armor plates « Le Creusot » is thorougly equipped. »

---

[1] M. Krupp a refusé à la Commission l'entrée de son usine d'Essen ! On peut admettre qu'il a craint de l'exposer au danger de quelques appréciations comparatives.

Ainsi, au sens des membres de la Commission américaine, la maison Schneider et Cie est la première du monde en fait de fabrication de matériel d'artillerie; mais il y a encore en France d'autres maisons qui font ce matériel.

Constituée en Société anonyme au capital de vingt millions, la Société des Anciens *Établissements Cail*, dont le colonel de Bange est le directeur général, a son atelier principal à Paris et deux succursales installées : l'une, à Denain ; l'autre, à Douai. C'est à Paris que s'usinent ses canons de tout calibre.

Constituée en Société anonyme au capital de treize millions, la Compagnie des *Forges et Chantiers de la Méditerranée* a ses moyens d'action répartis en trois groupes, établis : au Havre, à Marseille, à La Seyne près Toulon (Var). C'est au Havre qu'elle a créé, en 1880, de vastes ateliers exclusivement affectés à la fabrication du matériel de guerre ; ce service d'artillerie est placé sous la direction de M. Canet, ancien ingénieur de la maison anglaise Vavasseur. La Compagnie occupe, en temps ordinaire, de 5 à 6000 ouvriers.

Constituée en Société anonyme au capital de vingt millions, la Compagnie des *Hauts-Fourneaux, Forges et Aciéries de la Marine et des Chemins de fer* occupe, en temps normal, 6000 ouvriers. Le centre principal de ses exploitations est assis dans le bassin de la Loire. C'est dans cette région que se trouvent ses établissements métallurgiques de Saint-Chamond, ses laminoirs et aciéries d'Assailly, ses forges de Rive-de-Gier et, à quelques kilomètres plus au nord, dans la direction de Lyon, ses hauts fourneaux et aciéries de Givors. Elle a dans le Midi, près Bayonne, les hauts fourneaux, aciéries et forges de l'Adour ; en Corse, les anciens hauts fourneaux de Toga, d'où elle tire les fontes au bois employées dans la fabrication des blindages, des frettes de canons et des aciers fins au creuset. La Compagnie est, en outre, propriétaire de mines de houille dans le bassin de la Loire, de forêts en Sardaigne, pour l'approvisionnement de ses hauts fourneaux de Toga ; enfin, des mines de fer de Saint-Léon (Sardaigne), qui lui fournissent un minerai magnétique analogue au meilleur minerai de Suède.

La fabrication des pièces d'artillerie se trouve tout entière concentrée dans les usines de Saint-Chamond, et c'est sous ce nom de « Saint-Chamond » que la Compagnie est le plus souvent désignée.

M. Hotchkiss était un Américain qui, à l'issue de la guerre de la Sécession, avait transféré son industrie en France et créé à Saint-Denis (Seine) d'importants ateliers. A la mort de M. Hotchkiss, l'entreprise qui portait son nom a été continuée par MM. Favarger, Koerner, et de Latouche, ses anciens associés et collaborateurs. Toujours en pleine activité, cet établissement, devenu tout français, a pour spécialité la fabrication des canons-revolvers, des canons à tir rapide et des canons de montagne d'un type particulier. Il emploie couramment de 5 à 600 ouvriers.

Nous avons exposé (*Quatrième partie*, chap. II, pag. 127 sqq.) les méthodes de fabrication des bouches à feu d'acier. Il ne nous reste à dire que quelques mots touchant divers procédés métallurgiques spéciaux à nos usines nationales.

Les minerais de fer qui se traitent au Creusot sont principalement tirés de l'Algérie (Mokta) et des Alpes (Allevard, Saint-Georges). L'usine est, d'ailleurs, installée de manière à pouvoir utiliser un minerai quelconque, en procédant suivant les principes de la méthode Thomas Gilchrist. Les hauts fourneaux, forges et aciéries de la Marine et des Chemins de fer traitent ordinairement le minerai de fer oxydulé magnétique de Sardaigne, mélangé à des minerais de choix d'Espagne et d'Algérie. Telles sont les matières premières qui sont aujourd'hui mises en œuvre à l'effet de constituer des bouches à feu.

A l'issue de la guerre de 1870-1871, il n'existait encore, en France, aucun établissement métallurgique assez puissamment outillé pour couler, forger et ébaucher d'ajustage les éléments des gros canons d'acier de la Marine. C'est alors que le Creusot fit construire et monter un marteau-pilon à vapeur de cent tonnes, de cinq mètres de chute, desservi par quatre fours et quatre grues.

Ainsi, d'un seul coup et sans transition, avec une hardiesse dont le succès a consacré le mérite éclatant, M. Schneider s'outillait d'un appareil trois fois plus fort que le plus puissant des appareils similaires alors connus [1].

Moyennant le jeu de ce marteau géant, il put dès lors forger d'énormes lingots, en éliminer une masse importante et n'en utiliser que les parties *absolument saines*. Ainsi, par exemple, un tube pesant — *fini* — 25 000 kilogrammes provient généralement d'un lingot d'acier coulé du poids de 75 000 kilogrammes.

---

[1]. Aujourd'hui encore, l'usine Krupp n'a qu'un marteau de cinquante tonnes et de trois mètres de course.

Depuis cette organisation, qui fera époque dans les annales de l'industrie française, la Compagnie de Saint-Chamond s'est également outillée d'un marteau-pilon de cent tonnes. Ces engins colossaux sont encore les deux seuls qui existent à la surface du globe.

Le Creusot et Saint-Chamond possèdent, d'ailleurs, d'autres pilons de moindre force, dont le jeu frappe une gamme descendante jusqu'à limite inférieure de 10 tonnes. Les deux usines sont donc en mesure de graduer les chocs et d'en mettre la puissance en harmonie avec les proportions de la pièce à forger. Elles peuvent assurer la bonne conduite du forgeage d'un canon de campagne aussi bien que celle d'une bouche à feu de gros calibre, du poids de quarante ou cinquante tonnes, et plus.

Les usines françaises ne faisaient d'abord usage que de frettes en acier puddlé; mais cet acier se soude difficilement quand on ne le chauffe pas assez. Le chauffe-t-on outre mesure, les spires qui constituent les frettes ne sont que *collées* l'une à l'autre; le métal affecte alors une structure cristalline à larges facettes; il *se brûle* et perd la meilleure part de ses propriétés de résistance. Pour les petites frettes, on parvenait encore à vaincre la difficulté; mais les grandes qui, à raison de leurs dimensions, se chauffaient plus inégalement, étaient souvent atteintes d'un défaut d'homogénéité préjudiciable à la solidité des pièces. C'étaient les frettes-tourillons qui se trouvaient surtout affectées de ce vice de constitution extrêmement grave. A l'époque considérée, l'acier fondu forgé ne s'obtenait encore que très difficilement en gros blocs, et coûtait cher. M. Schneider conçut néanmoins le dessein de le substituer à l'acier puddlé pour la fabrication des frettes. Et il y est parvenu Le fait de cette substitution constitue un immense progrès de l'art des constructions des pièces de gros calibre. L'acier fondu forgé offre à l'artilleur toute espèce de sécurité, et voilà pourquoi la Marine française n'a jamais eu d'éclatements à déplorer.

Les fontes employées par Saint-Chamond dans ses fours à acier sont traitées par un procédé d'affinage particulier, pour lequel la Compagnie a pris un brevet. En ce qui concerne les projectiles, il convient de mentionner d'une façon spéciale les obus et boulets de rupture faits avec des aciers au creuset extra-durs, fortement martelés, puis soumis à des procédés de trempe et de recuit qui sont la propriété de la Compagnie. Les résultats obtenus avec ces projectiles, tant en France qu'à l'étranger, — notamment à Ochta en juin 1885 et juin 1886 — ont mis en pleine lumière l'excellence du procédé.

Ni l'usine Cail, ni la maison Hotchkiss ne comprend d'ateliers de forgeage. La première tire ordinairement ses aciers de Saint-Chamond ; la seconde se fournit au Creusot.

Il n'est pas sans intérêt de savoir quelle a été, en fait de matériel d'artillerie, la production improvisée par les usines françaises durant la guerre de 1870-1871. MM. Schneider ont alors, en l'espace de cinq mois, livré au gouvernement de la Défense nationale : vingt-trois batteries de 7, système de Reffye, en bronze ; — deux batteries même système, en acier ; — seize batteries de mitrailleuses, aussi du système de Reffye ; — soit, au total, deux cent cinquante bouches à feu. Cette livraison était accompagnée de celle des affûts, avant-trains, caissons, etc., ensemble trois cent soixante-dix voitures. L'usine Cail a pu fournir au gouvernement soixante mitrailleuses et trois cents pièces en bronze, système de Reffye ; les *Forges et Chantiers de la Méditerranée*, aussi trois cents canons et, de plus, 1200 voitures d'artillerie.

Voici maintenant quelle a été, depuis la guerre, la production de nos usines nationales. A partir de l'année 1875 — époque à laquelle a régulièrement commencé la fabrication des canons d'acier — jusqu'à cejourd'hui, le Creusot a livré en France : à l'Artillerie de terre, 336 canons usinés[1], et les éléments d'acier correspondant à l'usinage de 4829 autres canons, en tout 5165 bouches à feu de tout calibre ; à l'Artillerie de la Marine, les éléments d'acier de 500 gros canons ; aux deux services, ensemble 2118 affûts métalliques[2]. Le Creusot a, d'autre part, fourni : à la marine espagnole, les 24 premiers canons système Gonzalès Houtoria et tous les éléments d'acier des canons de 28 et 32 de ce système ; — à l'Italie, tous les éléments d'acier du fameux canon de fonte de cent tonnes, système Rosset.

Depuis leur réorganisation en janvier 1882, les anciens Établissements Cail ont exécuté, pour la Marine française, les commandes de 300 affûts pour canons de 10, 14 et 16 centimètres, de 75 canons de 65 millimètres et de 25 canons de 14 centimètres. Ils ont livré à l'Artillerie françaises 130 affûts

---

1. Au nombre de ces bouches à feu complètement usinées et finies figurent douze canons de 240 millimètres, système de Bange.

2. Dont 1336 pour canons de 5, de campagne.

pour canons de 155 et quantité de pièces détachées pour les affûts construits dans les arsenaux de l'État.

Ils ont fourni, en participation avec les usines de Saint-Chamond : au Mexique, 8 batteries de 80, de campagne, et 8 batteries de 80, de montagne ; à la Serbie, 45 batteries de 80, de campagne, et 7 batteries de 80, de montagne, avec tout le matériel accessoire, voitures et munitions ; à la république de Costa-Rica, une batterie de campagne complète du même calibre, avec voitures et munitions ; à la Roumanie, 3 canons de 155, de siège.

On se rappelle leur exposition d'Anvers, dans laquelle, à côté des canons de divers calibres de campagne, de siège et de place, figurait leur grand canon de 340 de 11^m,200 de longueur. (Voyez ci-dessus, pages 187-92.)

Les *Forges et Chantiers de la Méditerranée* ont exécuté pour le gouvernement français — Guerre et Marine — une commande de 1800 canons (dont 36 de 32 centimètres, du poids de 43 tonnes et 14 de 27 cent., de 27 tonnes), de 1300 affûts ordinaires et 12 affûts à manœuvre hydraulique. Elles ont, en outre, fourni : à l'Espagne, 120 canons et 140 affûts ; — au Portugal, 10 canons avec leurs affûts ; — à la Turquie, 2 affûts à titre d'essai ; — à la Grèce, 1 canon ; — à la Chine, 12 canons, 14 affûts ; — au Japon, 7 canons, 16 affûts ; — enfin, 5 canons et 4 affûts à la république d'Haïti. Soit une production totale d'environ 2000 bouches à feu de tout calibre et de 1500 affûts de tout modèle.

La Compagnie des *Hauts-Fourneaux, Forges et Aciéries de la Marine et des Chemins de fer* a, jusqu'à ce jour, fabriqué les tubes de 7042 bouches à feu, d'un poids total de 5053 tonnes. Elle a, de plus, exécuté 441 affûts, pesant ensemble 1304 tonnes ; elle a fait 112 174 frettes, représentant ensemble un poids de 15 250 tonnes d'acier. Soit un total général de 28 649 tonnes de métal à canons mis en œuvre[1].

Depuis leur installation en France, les ateliers de la maison Hotchkiss ont livré *neuf cent vingt-huit* canons à tir rapide ou de montagne et *quatre mille cent soixante* canons-revolvers.

Cela posé, quelle serait, en cas d'urgence, nous voulons dire de danger d'une nouvelle invasion, la puissance de production de nos usines nationales ?

---

1. Non compris dans ce chiffre un poids de 4362 tonnes représenté par 52 841 projectiles en acier fondu, de tout calibre.

Le Creusot était, il y a déjà dix ans, outillé de façon à produire 75 bouches à feu par mois, et il se fût vite mis en mesure d'exécuter une commande d'une demi-batterie par jour. Il est permis d'affirmer que cette puissance de production est aujourd'hui plus que doublée.

Depuis 1882, les ateliers des anciens Établissements Cail ont créé un outillage spécial pour usinage de pièces d'artillerie; ils peuvent produire annuellement environ 150 batteries de campagne complètes, et aussi certain nombre de pièces de gros calibres : 50 pièces de 155, 20 canons de 240, 4 canons de 340, et même 3 de 400 millimètres et au-dessus, dimensions auxquelles le système de Bange permet d'atteindre sans difficulté.

Les ateliers des Forges et Chantiers de la Méditerranée sont en mesure de produire annuellement de 400 à 800 bouches à feu. Telle est la situation normale. En cas de guerre, la Compagnie pourrait transformer ses ateliers de constructions mécaniques en ateliers d'usinage de bouches à feu. Elle serait dès lors en mesure de livrer, par mois, de 8 à 10 batteries de campagne; soit, par jour, à peu près deux pièces. La situation de ses trois établissements (le Havre, Marseille, la Seyne) est exceptionnellement favorable à l'ininterruption du travail; elle pourrait, en cas d'invasion, suivre le cours de sa fabrication de matériel. Les mers dont elle occupe le littoral lui assureraient, jusqu'à certain point, son indépendance et le moyen de continuer ses expéditions de matériel aux ports militaires du pays envahi.

Les ateliers de la maison Hotchkiss sont organisés de façon à pouvoir produire par an six cents pièces de tout type, avec tous accessoires et munitions, soit près de deux pièces par jour.

De tout quoi l'on est en droit de conclure que l'industrie des armes de guerre, d'ores et déjà prospère en France, à raison de la qualité de ses produits, est en mesure d'y prendre, sous le rapport de la quantité, tel développement que pourraient nécessiter les circonstances.

TABLE DES GRAVURES

1.	*Onagre* lithobole monancône.	3
2.	Trébuchet chargé.	11
3.	Tir du trébuchet.	13
4.	Bombarde du quinzième siècle, d'après un dessin de Valturio.	25
5.	Batterie de canons de campagne du quinzième siècle, d'après une miniature des *Vigiles de Charles VII*.	26
6.	Canon du quinzième siècle, d'après un manuscrit de Froissart.	27
7.	Canon de campagne du quinzième siècle, d'après une miniature des *Vigiles de Charles VII*.	28
8.	Bande d'artillerie allemande, du seizième siècle.	37
9.	Siège de Padoue (1509).	41
10.	Un maître canonnier et son servant. (Seizième siècle).	43
11.	Sully.	47
12.	Vauban.	51
13.	Gribeauval.	59
14.	Gomer.	65
15.	Canon de 8, de campagne, modèle 1827.	73
16.	Canon de campagne sur son affût, modèle 1827.	73
17.	Obusier de 22 centimètres, *de siège*, modèle 1827.	74
18.	Obus ensaboté.	75
19.	Mortier de 32 centimètres, modèle 1827.	75
20.	Bombe du mortier de 32 centimètres.	76
21.	Cartouche à boulet.	76
22.	Cartouche à obus.	76
23.	Trajectoire d'un projectile qui se meut *dans le vide*.	87
24.	Tracés comparés des trajectoires d'un même projectile lancé sous la même charge *dans le vide* et *dans l'air*.	89
25.	Représentation descriptive de la trajectoire d'un projectile oblong, animé d'un mouvement de rotation initiale.	92

26. Ligne de mire *naturelle* et Portée de but en blanc. 100
27. Lignes de mire *naturelle* et *artificielle*. 101
28. Hausse des canons rayés actuellement en service. 103
29. Niveau de pointage. 104
30. Treüille de Beaulieu. 115
31. Canon de 4, rayé, *de campagne*, modèle 1858. 117
32. De Reffye. 121
33. Affût de canon de campagne. 132
34. Fusée de bombe de 32 centimètres. 137
35. Fusée de grenade *à main*, modèle 1876. 138
36. Fusée Desmarest. 139
37. Fusée percutante de campagne, système Budin, modèle 1875. 141
38. Fusée percutante de siège et montagne, modèle 1878. . . . 144
39. Fusée à double effet, de 25 millimètres. 147
40. De Bange. 159
41. Mécanisme de fermeture (*Culasse fermée*). 165
42. Mécanisme de fermeture (*La vis de culasse hors de son écrou*). 165
43. Mécanisme de fermeture (*Culasse ouverte*). 166
44. Canon de 90, *de campagne*. 170
45. Obus ordinaire du canon de 90, *de campagne*. 171
46. Obus à balles du canon de 90, *de campagne*. 171
47. Boîte à mitraille du canon de 90, *de campagne*. 171
48. Canon de 80, *de campagne*. 173
49. Canon de 80, *de montagne*. 173
50. Mulet de pièce de 80, *de montagne*. 174
51. Canon de 80, *de montagne*. — Attelage à limonière. . . 175
52. Canon de 120^{mm}, *de siège*, à frein hydraulique. . . . 179
53. Canon de 155^{mm} « long », *de siège*. 179
54. Canon de 155^{mm}, « court », *de siège*. 180
55. Mortier rayé de 270^{mm}. 181
56. Canon de 240^{mm}, *de côtes*. 184
57. Canon de 340^{mm} de siège et place, de marine et de côtes. 187
58. Fusée volante. 199
59. Fusée volante (coupe). — Même fusée (coupe à grande échelle). 200
60. Moule à étoiles ordinaires. 201
61. Étoile moulée. 201
62. Étoile détonante. 203
63. Moule à étoiles Lamarre. 203
64. Serpenteau. 203
65. Fanal. 205
66. Torche. 205
67. Tourteau goudronné. 206
68. Fascine goudronnée. 206
69. Flambeau Lamarre. 207
70. Grenade éclairante. 208
71. Signal à percussion. 209
72. Baril à éclairer. 209

73. Fusée éclairante, modèle de 8 centimètres (cartouche). . . . 210
74. Fusée éclairante, modèle de 8 centimètres (pot). 210
75. Fusée éclairante, modèle de 8 centimètres. (Coupe du pot suivant CD).. 211
76. Fusée éclairante, modèle de 8 centimètres (Baguette). . . . 211
77. Flamme à parachute 212
78. Tourelle cuirassée, système Mougin. 245
79. Batterie casematée cuirassée. 251

TABLE ANALYTIQUE DES MATIÈRES

PREMIÈRE PARTIE

TEMPS ANTÉRIEURS A L'ÉPOQUE DE L'INVENTION DE LA POUDRE

Pages

CHAPITRE I. — Artillerie névrotone. — Historique. — Principes de construction du matériel névrotone. — Nomenclature des engins. — Vitesses initiales et portées. — Projectiles. — Batteries. — Restitution de pièces névrotones. 1

CHAPITRE II. — Artillerie chalcotone. — Une invention de l'ingénieur Ctesibius. — Avènement des ressorts en bronze. — Perfectionnement des engins chalcotones. — Travaux de Philon de Byzance. 6

CHAPITRE III. — Artillerie sidérotone. — Une idée de l'ingénieur Héron d'Alexandrie. — Emploi de ressorts d'acier. . . . 8

CHAPITRE IV. — Artillerie trébuchante. — Les trébuchets. — Description d'Egidius Colonna. — Jeu des appareils trébuchants. — Essais de restitution. — Expériences de Vincennes. 10

DEUXIÈME PARTIE

ARTILLERIE A FEU
TEMPS DE L'EMPLOI DES BOUCHES A FEU A AME LISSE

CHAPITRE I. — xiiie siècle. — Découverte de la poudre à canon. — Invention des armes à feu. — L'artillerie à feu du siège de Sidjilmessa. 15

CHAPITRE II. — xive siècle. — Berthold Schwartz. — Les *mortiers*. — Bouches à feu de Gênes, de Metz et de Florence. —

Vases de Forli. — *Bombardes* et *Pots-de-fer*. — Pot-de-fer de Rouen. — Artillerie des sièges de Thin-l'Évêque, de Puy-Guilhem, de Cambrai, du Quesnoy. — Ateliers de construction de Cahors. — Siège d'Aiguillon. — Artillerie anglaise de campagne. — Journée de Crécy. — Matériel français de campagne. — *Canons, espringolles, ribaudequins*. — Matériel de montagne. — Ordonnance royale de 1354. — Matériel de siège de Duguesclin. — Bombardes de gros calibre................. 17

CHAPITRE III. — xve siècle. — Matériel de place de gros calibre. — Énorme poids des projectiles. — Célèbres bombardes de Constantinople, de Gand, d'Édimbourg et de Bâle. — Matériel français de campagne. — Matériel suisse. — Siège du mont Saint-Michel. — Siège d'Orléans. — Jeanne d'Arc et maître Jehan. — Tristan l'Hermite. — Les frères Bureau. — Maître Giraud. — L'artillerie de Charles VII. — Le premier *Traité* d'artillerie à feu. — L'artillerie de Louis XI. — Galiot de Genouillac. — Emploi des premiers boulets de fonte de fer. — Premières fonderies de canons. — Les *Douze Pairs*. — Expériences de tir. — L'artillerie de Charles le Téméraire. — Matériel français de campagne. — Les quatre *bandes* d'artillerie. — L'artillerie de Charles VIII. — Mise en service d'un matériel considérable de bouches à feu de bronze lançant des boulets de fonte de fer. — Invention du *tourillon*. — Campagne d'Italie. — Jean Doyac. — Première idée des projectiles creux. . . 25

CHAPITRE IV. — xvie siècle. — Artillerie de campagne de Louis XII. — Vices d'organisation de l'artillerie de Maximilien. — Siège de Padoue. — Les arsenaux de France. — Artillerie de campagne de François Ier. — Journée de Marignan. — Les gros calibres sont toujours en faveur. — Jean d'Estrées. — Simplification du matériel. — Les six calibres de France. — L'édit de 1572. — Le siège d'Amiens. — Le *czar Pushka*. 35

CHAPITRE V. — xviie siècle. — Matériel français. — Perfectionnements réalisés. — Importance reconnue des bouches à feu de campagne. — Canons dits *de cuir bouilli* de Gustave-Adolphe. — Un canon de 4 se chargeant par la culasse. — Matériel français de la fin du règne de Louis XIV. — Boulets rouges. — Projectiles creux. — Le premier régiment de grenadiers. — Vauban invente le tir à ricochet.................. 46

CHAPITRE VI. — xviiie siècle. — Écoles et polygones d'artillerie. — Ordonnance du 7 octobre 1732. — Système Vallière. — Canons *à la suédoise*. — La guerre de Sept ans. — Paix de 1763. — Réorganisation de l'artillerie sous le ministère de Choiseul. — Gribeauval. — Ordonnance du 13 août 1765. — Le système Gribeauval. — Nomenclature des bouches à feu. — Économie des pièces de campagne. — Perfectionnements divers. — Tables de construction de Gribeauval. — Mortiers à *la Gomer*. 55

CHAPITRE VII. — xix{{e}} siècle. — Supériorité de l'artillerie française (système Gribeauval) au cours des guerres de la Révolution. — Le système dit *de l'An XI* (1803). — Organisation impériale. — C'est au système Gribeauval que sont dus les succès de notre artillerie au cours des guerres de l'Empire. — Système dit **de 1827**. — L'œuvre du maréchal Valée. — Appréciation de la valeur du nouveau matériel. — Le canon-obusier. — Réorganisation du service de l'artillerie 70

TROISIÈME PARTIE

CONSIDÉRATIONS THÉORIQUES

CHAPITRE I. — Les études. — Historique des travaux des savants et des artilleurs. — Tartaglia. — Abra Draconis. — Fronsperger. — Senfftenberg. — Diego Ufano. — Malthus. — Blondel. — Newton. — Bernouilli. — Robins. — Euler. — Scharnhorst, etc. 79

CHAPITRE II. — Notions de balistique. — Définitions. — Ligne et angle de tir. — Vitesse initiale. — Trajectoire. — Mouvement d'un projectile dans le vide et dans l'air. — Lois de la résistance de l'air. — Projectiles sphériques. — Projectiles oblongs. — Vitesse initiale de rotation. — Précession. — Nutation. — Dérivation. 86

CHAPITRE III. — Les rayures et le chargement par la culasse. — Projectile-turbine. — Systèmes de rayures. — Tracés hélicoïdaux. — Pas constants et pas variables. — Rayures *progressives*. — Systèmes à *ailettes*. — Emplombage. — Projectiles à ceinture de cuivre. — Avantages du forcement. 94

CHAPITRE IV. — Tir des bouches a feu rayées. — Ligne de mire naturelle. — Portée de *but en blanc*. — Lignes de mire artificielles. — Hausse des anciens canons *lisses*. — Hausse des premiers canons *rayés*. — Hausses médiane et latérale. — Hausse latérale des canons actuellement en service. — Niveau de pointage. — Genres de tir divers : tirs *de plein fouet, plongeant, vertical, en brèche, de démolition, de rupture, à démonter, à ricochet, roulant, d'enfilade, en écharpe*. — Coups de revers et *à dos*. — Tables de tir. — Causes d'irrégularité du tir. 99

QUATRIÈME PARTIE

TEMPS DE L'EMPLOI DES BOUCHES A FEU RAYÉES

Pa

CHAPITRE I. — Mise en service des premières pièces. — Le général Treüille de Beaulieu. — Canon de 4, rayé, de campagne, modèle 1858. — Campagne d'Italie de 1859. — Sensation prolongée en Europe. — Les canons Krupp à l'Exposition universelle de 1867. — La France se laisse singulièrement distancer dans la voie du progrès. — Supériorité du matériel prussien au moment de notre déclaration de guerre. — La guerre de 1870-71 — Matériel français. — Canons rayés de 8 et de 12. — Canons à balles. — Mitrailleuse de Reffye. — Canon de 7, modèle de Reffye. — Reconstitution de notre matériel après la guerre. — Parti qu'on tire alors des pièces de 7 fabriquées par l'industrie privée. — Canon de 5, système de Reffye. — Canon de 95 ou *de grande réserve*, système Lahitolle. — Cet armement nous assure, pour un temps, quelque sécurité. 113

CHAPITRE II. — Fabrication. — Aciers à canons. — Métallurgie. — Fabrication des tubes. — Martelage. — Trempe. — Recuit et forage. — Usinage des bouches à feu. — Frettage. — Alésage. — Rayage. — Tournage. — Appareils de fermeture. — Usinage des projectiles. — Fabrication des affûts. — Examen et épreuves du matériel. — Ancien dosage des éléments constitutifs de la poudre. — Considérations théoriques. — Adoption de poudres denses, dures et à gros grains. — Dosages divers . . . 127

CHAPITRE III. — Fusées de projectiles creux. — Définition. — Fusées *fusantes, percutantes* et *mixtes*. — Fusées en bois et fusées métalliques. — Fusée de bombe et d'obus. — Fusée de grenade. — Fusée Desmarest. — Fusée percutante de campagne, système Budin. — Fusée percutante de siège et montagne, modèle 1878. — Fusée à double effet de 25 millimètres. — Fusée à double effet de siège. 136

CHAPITRE IV. — Systèmes de bouches a feu modernes. — Le « système » Krupp. — Renommée du *Rundkeiverschluss*. — Examen rapide du matériel d'artillerie qui se fabrique à Essen (Westphalie). — Prétendus secrets des ingénieurs de cette usine en ce qui concerne la production des aciers à canons. — Frettage et rayage des pièces. — Mécanismes de fermeture et appareils d'obturation. — Critique sommaire du système.

Le *système* de Bange. — Bases du système. — Bouches à feu. — Conditions de réception des aciers. — Tubes et frettes.

— Frettage *biconique*. — Projectiles. — Mécanisme de fermeture. — Obturateur. — Régime uniforme des pièces. — Facilités d'exécution du tir. — Affûts. — Freins à pompe. — Résumé critique. 152

CHAPITRE V. — MATÉRIELS D'ARTILLERIE ACTUELLEMENT EN SERVICE. — *Matériel français*. — Artillerie de campagne. — Canons de 90 et de 80 millimètres. — Matériel de montagne. — Matériel de siège. — Matériel de place. — Matériel de place et côtes. *Matériel allemand*. — Artillerie de campagne. — Canon *lourd* et canon *léger*. — Batteries *montées* et *à cheval*. — Parc de siège et de campagne (*Feldbelagerungspark*). — Matériel et équipages de siège. — Matériel de place. — Matériel de côtes. 168

CHAPITRE VI. — ARTIFICES. — *Artifices de signaux*. — Fusée de signal ou volante. — Artifices de garniture. — Étoiles blanches. — Étoiles de couleur. — Étoiles Lamarre. — Étoiles détonantes. — Pluie d'or. — Serpenteaux. — Pétards. — Marrons et saucissons. — Fusée à dynamite. — Fanaux.
Artifices d'éclairage. — Torche et flambeau. — Tourteau goudronné. — Fascine goudronnée. — Flambeaux Lamarre. — Balle à feu. — Grenade éclairante. — Signal à percussion. — Balles et barils à éclairer. — Fusée éclairante. — Flammes et lances *à parachute*.
Artifices de mise du feu. — Mèche à canon. — Mèche à briquet. — Allumeur Bickford. — Mèche soufrée. — Fusée lente ou cordeau Bickford. — Mèche à étoupilles. — Allumeur Ruggieri. — Fusée instantanée. — Saucisson. — Canettes. — Détonateur. — Étoupille fulminante. — Amorces électriques.
Artifices incendiaires. — Pyrobolides. — Flèches ignifères. — Phalariques. — Grenades, pots-à-feu, boulets rouges antiques. — Feu grégeois. — Boulets rouges modernes. — Roche à feu. — Cylindres incendiaires, modèle 1878. — Pétrole. — Feu fénian. — Composition autrichienne. — Fusées de guerre.
Artifices empoisonnés, asphyxiants, empestants et fumants. — Globes empoisonnés. — Recettes diverses de Siemienowicz. — Projectiles asphyxiants. — Pots à suffoquer modernes. — Projectiles creux à charge empestante. — Recettes diverses. — Artifices fumants. — Balle à fumée. — Artifice à fumée. 198

CHAPITRE VII. — ÉTABLISSEMENTS ET TROUPES D'ARTILLERIE. — *Allemagne*. — Arsenaux de construction. — Usines diverses. — Poudreries. — Dépôts et inspections d'artillerie. — Troupes d'artillerie de campagne. — Troupes d'artillerie à pied.
France. — État-major particulier de l'artillerie. — Directions. — Arsenaux. — Poudrerie militaire. — Manufactures d'armes. — Sous-inspections des forges. — Ateliers de construction. — Troupes d'artillerie de campagne. — Troupes d'artillerie de for-

teresse. — Organisation en temps de paix. — Artillerie d'un corps d'armée mobilisé. — Artillerie d'une division de cavalerie indépendante. 225

CHAPITRE VIII. — SERVICE DE L'ARTILLERIE DANS LES OPÉRATIONS D'ATTAQUE ET DE DÉFENSE DES PLACES. — Procédés modernes de l'attaque et de la défense des places. — Rôles d'une artillerie *de siège* et d'une artillerie *de place*.

Personnel de l'artillerie d'un corps de siège. — Opérations. — Batteries *d'investissement*. — Cas du blocus. — Cas du bombardement. — Cas du siège régulier. — Batteries *de première position*. — Batteries *de seconde position*. — Tir en brèche. — Assauts. — Prise de possession de la place.

Armement des places fortes. — Inconvénients du tir *à ciel ouvert*. — Le cuirassement et l'éclipse. — Tourelles à coupole. — Tourelles Mougin. — Tourelles Schumann. — Expériences de Bucarest. — Affûts à éclipse. — Projet de plate-forme roulante du commandant Mougin. — Casemates et batteries cuirassées. — Projet d'un type de *batterie roulante cuirassée*.

Défense des places. — Cas d'une attaque de vive force et d'un bombardement. — Cas du siège. — Opérations de la défense. — Moment de la construction et du tir des batteries *de première position*. — Travaux de réparations. — Riposte aux batteries *de seconde position*. — Fin de la lutte engagée 234

CHAPITRE IX. — SERVICE DE L'ARTILLERIE EN CAMPAGNE. — *Tactique de l'artillerie de campagne* — Entrée en action. — Concentration des feux. — Distances de tir. — Attaque. — Défense.

Marches. — Rassemblements de troupes. — Rôle du commandant de l'artillerie. — Reconnaissance et choix des positions. — Occupation des positions de batterie. — Exécution des feux. — Changements de position. — Escortes.

De l'artillerie à cheval attachée à une division de cavalerie indépendante.

Du rôle de l'artillerie de campagne au cas d'une attaque de place par voie d'intimidation ou de vive force.

De quelques prescriptions relatives à l'exécution du service. — Éléments d'une batterie sur le pied de guerre. — Ordre de marche de la batterie *de combat*, montée ou à cheval. — Ordre de marche de la réserve. — Ordre de marche du 3ᵉ groupe (subsistances). — Dispositions préparatoires de combat. — Reconnaissance et occupation de la position de batterie. — Épaulements rapides. — Réglage du tir. — Cas du réglage du tir des obus à balles. — Importance de cette opération. 261

CHAPITRE X. — ARTILLERIE DE LA MARINE. — Armement des navires de guerre de l'antiquité. — Pièces névrotones d'Archimède en batterie à bord du vaisseau *la Ville de Syracuse*. — Artillerie des tourelles antiques et des « châteaux-gaillards » du moyen âge. — Bouches à feu des flottes de Philippe le Bel et de Charles V. — Les gros calibres de la marine sous Charles VIII, Louis XII et François Ier. — *Galères-canonnières* de la Renaissance. — La journée de Lépante. — Fonderies spéciales créées par Richelieu. — Artillerie de la marine française au temps de Louis XIV. — Importance numérique du matériel. — Calibres, affûts, projectiles. — *Galiotes à bombes*. — Règlements relatifs au mode d'armement des navires de guerre. — Armement spécial des galères du roi.

Matériel d'artillerie embarqué sur la flotte en 1854 et 1865. — Matériel actuellement en service. — Bouches à feu Modèle 1858-1860. — Modèle 1864-1866. — Modèle 1870. — Modèle 1875. — Modèles 1870 et 1875 *modifiés*. — Modèles 1870-1879 et 1875-1879. — Modèle 1881. — Affûts. — Poudres. — Puissance des effets du tir.

Personnel. — Matelots-canonniers. — Corps d'artillerie de la marine. — État-Major et troupes. — École d'Artillerie de Lorient.   282

APPENDICE A. — De quelques inventions et perfectionnements récents.   295

APPENDICE B. — De l'industrie des armes de guerre en France.   308

14358. — IMPRIMERIE GÉNÉRALE A. LAHURE
9, Rue de Fleurus, à Paris.

LIBRAIRIE HACHETTE & Cie

BOULEVARD SAINT-GERMAIN, 79, A PARIS

LE
JOURNAL DE LA JEUNESSE

NOUVEAU RECUEIL HEBDOMADAIRE

TRÈS RICHEMENT ILLUSTRÉ

POUR LES ENFANTS DE 10 A 15 ANS

Les treize premières années (1873-1885),
formant vingt-six beaux volumes grand in-8°, sont en vente.

Ce nouveau recueil est une des lectures les plus attrayantes que l'on puisse mettre entre les mains de la jeunesse. Il contient des nouvelles, des contes, des biographies, des récits d'aventures et de voyages, des causeries sur l'histoire naturelle, la géographie, les arts et l'industrie, etc., par

Mmes S. BLANDY, COLOMB, GUSTAVE DEMOULIN, EMMA D'ERWIN,
ZÉNAÏDE FLEURIOT, ANDRÉ GÉRARD, JULIE GOURAUD, MARIE MARÉCHAL,
L. MUSSAT, OUIDA, DE WITT NÉE GUIZOT,

MM. A. ASSOLLANT, DE LA BLANCHÈRE, LÉON CAHUN,
RICHARD CORTAMBERT, ERNEST DAUDET, DILLAYE, LOUIS ÉNAULT,
J. GIRARDIN, AIMÉ GIRON, AMÉDÉE GUILLEMIN, CH. JOLIET, ALBERT LÉVY,
ERNEST MENAULT, EUGÈNE MULLER, PAUL PELET, LOUIS ROUSSELET,
G. TISSANDIER, P. VINCENT, ETC.

et est

ILLUSTRÉ DE 7500 GRAVURES SUR BOIS

d'après les dessins de

É. BAYARD, BERTALL, BLANCHARD,
CAIN, CASTELLI, CATENACCI, CRAFTY, C. DELORT,
FAGUET, FÉRAT, FERDINANDUS, GILBERT,
GODEFROY DURAND, HUBERT-CLERGET, KAUFFMANN, LIX, A. MARIE,
MESNEL, MOYNET, A. DE NEUVILLE, PHILIPPOTEAUX,
POIRSON, PRANISHNIKOFF, RICHNER, RIOU,
RONJAT, SAHIB, TAYLOR, THÉROND,
TOFANI, TH. WEBER, E. ZIER.

Juin 1886. — 100,000.

CONDITIONS DE VENTE ET D'ABONNEMENT

LE JOURNAL DE LA JEUNESSE paraît le samedi de chaque semaine. Le prix du numéro, comprenant 16 pages grand in-8°, est de **40** centimes.

Les 52 numéros publiés dans une année forment deux volumes.

Prix de chaque volume, broché, **10** francs; cartonné en percaline rouge, tranches dorées, **13** francs.

PRIX DE L'ABONNEMENT
POUR PARIS ET LES DÉPARTEMENTS

Un an (2 volumes).............. **20** FRANCS
Six mois (1 volume)............. **10** —

Prix de l'abonnement pour les pays étrangers qui font partie de l'Union générale des postes : Un an, **22** fr.; six mois, **11** fr.

Les abonnements se prennent à partir du 1ᵉʳ décembre et du 1ᵉʳ juin de chaque année.

MON JOURNAL

CINQUIÈME ANNÉE

NOUVEAU RECUEIL MENSUEL ILLUSTRÉ

POUR LES ENFANTS DE 5 A 10 ANS

PUBLIÉ SOUS LA DIRECTION DE

Mme Pauline KERGOMARD et de M. Charles DEFODON

CONDITIONS DE VENTE ET D'ABONNEMENT :

Il paraît un numéro le 15 de chaque mois depuis le 15 octobre 1881.

Prix de l'abonnement : Un an, **1 fr. 80**; prix du numéro, **15** centimes.

Les quatre premières années de ce nouveau recueil forment quatre beaux volumes grand in-8°, illustrés de nombreuses gravures. La première année est épuisée ; la cinquième est en cours de publication.

Prix de l'année, brochée, **2 fr.** ; cartonnée en percaline gaufrée, avec fers spéciaux à froid, **2 fr. 50**.

Prix de l'emboîtage en percaline, pour les abonnés ou les acheteurs au numéro, **70** centimes.

NOUVELLE COLLECTION ILLUSTRÉE

POUR LA JEUNESSE ET L'ENFANCE

FORMAT IN-8°

CHAQUE VOLUME BROCHÉ, 5 FR.

RELIÉ EN PERCALINE A BISEAUX, TRANCHES DORÉES, **8 FR.**

Assollant (A.): *Montluc le Rouge.* 2 vol. avec 107 grav. d'après Sahib.

— *Pendragon.* 1 vol. avec 42 gravures d'après C. Gilbert.

Auerbach : *La fille aux pieds nus.* Nouvelle imitée de l'allemand par J. Gourdault. 1 vol. avec 72 gravures d'après Vautier.

Baker (S. W.) : *L'enfant du naufrage,* traduit de l'anglais par Mme Fernand. 1 vol. avec 10 gravures.

Cahun (L.) : *Les pilotes d'Ango.* 1 vol. avec 45 gravures d'après Sahib.

— *Les Mercenaires.* 1 vol. avec 54 gravures d'après P. Fritel.

Colomb (Mme) : *Le violoneux de la sapinière.* 1 vol. avec 85 gravures d'après A. Marie.

— *La fille de Carilès.* 1 vol. avec 96 gravures d'après A. Marie.

Ouvrage couronné par l'Académie française.

— *Deux mères.* 1 vol. avec 133 gravures d'après A. Marie.

— *Le bonheur de Françoise.* 1 vol. avec 112 gravures d'après A. Marie.

— *Chloris et Jeanneton.* 1 vol. avec 105 gravures d'après Sahib.

— *L'héritière de Vauclain.* 1 vol. avec 104 grav. d'après C. Delort.

Colomb (Mme): *Franchise.* 1 vol. avec 113 gravures d'après C. Delort.

— *Feu de paille.* 1 vol. avec 98 gravures d'après Tofani.

— *Les étapes de Madeleine.* 1 vol. avec 105 gravures d'après Tofani.

— *Denis le tyran.* 1 vol. avec 115 gravures d'après Tofani.

— *Pour la muse.* 1 vol. avec 105 gravures d'après Tofani.

— *Pour la patrie.* 1 vol. avec 112 gravures d'après E. Zier.

— *Hervé Plémeur.* 1 vol. avec 112 gravures d'après E. Zier.

Cortambert (E.) : *Voyage pittoresque à travers le monde.* 1 vol. avec 81 gravures.

— *Mœurs et caractères des peuples* (Europe, Afrique). 1 vol. avec 69 gravures.

— *Mœurs et caractères des peuples* (Asie, Amérique, Océanie). 1 vol. avec 60 gravures.

Cortambert et Deslys : *Le pays du soleil.* 1 vol. avec 35 gravures.

Daudet (E.) : *Robert Darnetal.* 1 vol. avec 81 grav. d'après Sahib.

Demoulin (Mme G.) : *Les animaux étranges.* 1 vol. avec 172 gravures.

— *Les gens de bien.* 1 vol. avec 32 gravures d'après Gilbert.

— *Les maisons des bêtes.* 1 vol. avec 70 gravures.

Deslys (Ch.) : *Courage et dévouement.* Histoire de trois jeunes filles. 1 vol. avec 31 gravures d'après Lix et Gilbert.
— *L'Ami François.* 1 vol. avec 35 gravures.
— *Nos Alpes*, avec 39 gravures d'après J. David.
— *La mère aux chats.* 1 vol. avec 50 gravures d'après H. David.

Énault (L.) : *Le chien du capitaine.* 1 vol. avec 43 gravures d'après E. Riou.

Erwin (Mme E. d') : *Heur et malheur.* 1 vol. avec 50 gravures d'après H. Castelli.

Fath (G.) : *Le Paris des enfants.* 1 vol. avec 60 gravures d'après l'auteur.

Fleuriot (Mlle Z.) : *M. Nostradamus.* 1 vol. avec 36 gravures d'après A. Marie.
— *La petite duchesse.* 1 vol. avec 73 gravures d'après A. Marie.
— *Grandcœur.* 1 vol. avec 45 gravures d'après C. Delort.
— *Raoul Daubry*, chef de famille. 1 vol. avec 32 gravures d'après C. Delort.
— *Mandarine.* 1 vol. avec 95 gravures d'après C. Delort.
— *Cadok.* 1 vol. avec 24 gravures d'après C. Gilbert.
— *Câline.* 1 vol. avec 102 grav. d'après G. Fraipont.
— *Feu et flamme.* 1 vol. avec 80 gravures d'après Tofani.

Girardin (J.) : *Les braves gens.* 1 vol. avec 115 gravures d'après E. Bayard.
Ouvrage couronné par l'Académie française.
— *Nous autres.* 1 vol. avec 182 gravures d'après E. Bayard.

Girardin (J.) : *Fausse route.* 1 vol. avec 55 grav. d'après H. Castelli.
— *La toute petite.* 1 vol. avec 128 gravures d'après E. Bayard.
— *L'oncle Placide.* 1 vol. avec 139 gravures d'après A. Marie.
— *Le neveu de l'oncle Placide.* 1re partie. A la recherche de l'héritier. 1 vol. avec 122 gravures d'après A. Marie.
— *Le neveu de l'oncle Placide*, 2e partie. A la recherche de l'héritage. 1 vol. avec 98 gravures d'après A. Marie.
— *Le neveu de l'oncle Placide.* 3e et dernière partie. L'héritage du vieux Cob. 1 vol. avec 147 gravures d'après A. Marie.
— *Grand-Père.* 1 vol. avec 91 gravures d'après C. Delort.
Ouvrage couronné par l'Académie française.
— *Maman.* 1 vol. avec 112 gravures d'après Tofani.
— *Le roman d'un cancre.* 1 vol. avec 119 gravures d'après Tofani.
— *Les millions de la tante Zézé.* 1 vol. avec 112 gravures d'après Tofani.
— *La famille Gaudry.* 1 vol. avec 112 gravures d'après Tofani.
— *Histoire d'un Berrichon.* 1 vol. avec 112 gravures d'après Tofani.

Gouraud (Mlle J.) : *Cousine Marie.* 1 vol. avec 36 gravures d'après A. Marie.

Hayes (le Dr) : *Perdus dans les glaces*, traduit de l'anglais, par L. Renard. 1 vol. avec 58 gravures d'après Crépon, etc.

Henty (C.) : *Les jeunes francs-tireurs*, traduit de l'anglais, par Mme Rousseau. 1 vol. avec 20 gravures d'après Janet-Lange.

Kingston (W.) : *Une croisière autour du monde*, traduit de l'anglais par J. Belin de Launay. 1 vol. avec 44 gravures d'après Riou.

Paulian (L.): *La hotte du chiffonnier*. 1 vol. avec 47 gravures d'après J. Férat.

Rousselet (L.): *Le charmeur de serpents*. 1 vol. avec 68 gravures d'après A. Marie.
— *Le fils du connétable.* 1 vol. avec 113 gravures d'après Pranishnikoff.
— *Les deux mousses.* 1 vol. avec 90 gravures d'après Sahib.
— *Le tambour du Royal-Auvergne.* 1 vol. avec 115 gravures d'après Poirson.
— *La peau du tigre.* 1 vol. avec 102 gravures d'après Bellecroix et Tofani.

Saintine : *La nature et ses trois règnes, ou la mère Gigogne et ses trois filles.* 1 vol. avec 171 gravures d'après Foulquier et Faguet.
— *La mythologie du Rhin et les contes de la mère-grand.* 1 vol. avec 160 gravures d'après Gustave Doré.

Stanley (H.): *La terre de servitude*, traduit de l'anglais par Levoisin. 1 vol. avec 21 gravures d'après P. Philippoteaux.

Tissot et Améro : *Aventures de trois fugitifs en Sibérie.* 1 vol. avec 72 gravures d'après Pranishnikoff.

Tom Brown, scènes de la vie de collège en Angleterre. Imité de l'anglais par J. Girardin. 1 vol. avec 69 gravures d'après Godefroy Durand.

Witt (Mme de), née Guizot : *Scènes historiques.* 1re série. 1 vol. avec 18 gravures d'après E. Bayard.
— *Scènes historiques.* 2e série. 1 vol. avec 28 gravures d'après A. Marie.
— *Lutin et démon.* 1 vol. avec 36 gravures d'après Pranishnikoff et E. Zier.
— *Normands et Normandes.* 1 vol. avec 70 gravures d'après E. Zier.
— *Un jardin suspendu.* 1 vol. avec 39 gravures d'après C. Gilbert.
— *Notre-Dame Guesclin.* 1 vol. avec 70 gravures d'après E. Zier.
— *Une sœur.* 1 vol. avec 65 gravures d'après É. Bayard.
— *Légendes et récits pour la jeunesse.* 1 vol. avec 18 gravures d'après Philippoteaux.
— *Un nid.* 1 vol. avec 63 gravures d'après Ferdinandus.

BIBLIOTHÈQUE DES PETITS ENFANTS

DE 4 A 8 ANS

FORMAT GRAND IN-16

CHAQUE VOLUME, BROCHÉ, 2 FR. 25

CARTONNÉ EN PERCALINE BLEUE, TRANCHES DORÉES, 3 FR. 50

Ces volumes sont imprimés en gros caractères.

Cheron de la Bruyère (Mme) : *Contes à Pépée.* 1 vol. avec 24 gravures d'après Grivaz.

— *Plaisirs et aventures.* 1 vol. avec 30 gravures d'après Jeanniot.

Colomb (Mme) : *Les infortunes de Chouchou.* 1 vol. avec 48 gravures d'après Riou.

Duporteau (Mme) : *Petits récits.* 1 vol. avec 28 gravures d'après Tofani.

Erwin (Mme E. d') : *Un été à la campagne.* 1 vol. avec 39 gravures d'après Sahib.

Franck (Mme E.) : *Causeries d'une grand'mère.* 1 vol. avec 72 gravures d'après C. Delort.

Fresneau (Mme), née de Ségur : *Une année du petit Joseph.* Imité de l'anglais. 1 vol. avec 67 gravures d'après Jeanniot.

Girardin (J.) : *Quand j'étais petit garçon.* 1 vol. avec 52 gravures d'après Ferdinandus.

— *Dans notre classe.* 1 vol. avec 26 gravures d'après Jeanniot.

Molesworth (M^m) : *Les aventures de M. Baby,* traduit de l'anglais par Mme de Witt. 1 vol. avec 12 gravures d'après W. Crane.

Pape-Carpantier (Mme) : *Nouvelles histoires et leçons de choses.* 1 vol. avec 42 gravures d'après Semechini.

Surville (André) : *Les grandes vacances.* 1 vol. avec 30 gravures d'après Semechini.

— *Les amis de Berthe.* 1 vol. avec 30 gravures d'après Ferdinandus.

Witt (Mme de), née Guizot : *Histoire de deux petits frères.* 1 vol. avec 45 grav. d'après Tofani.

— *Sur la plage.* 1 vol. avec 55 gravures, d'après Ferdinandus.

— *Par monts et par vaux.* 1 vol. avec 54 grav. d'après Ferdinandus.

— *Vieux amis.* 1 vol. avec 60 gravures d'après Ferdinandus.

— *En pleins champs.* 1 vol. avec 45 gravures d'après Gilbert.

— *Petite.* 1 vol. avec 56 gravures d'après Tofani.

BIBLIOTHÈQUE ROSE ILLUSTRÉE

FORMAT IN-16

CHAQUE VOLUME, BROCHÉ, 2 FR. 25

CARTONNÉ EN PERCALINE ROUGE, TRANCHES DORÉES, 3 FR. 50

Ire SÉRIE, POUR LES ENFANTS DE 4 A 8 ANS

Anonyme : *Chien et chat*, traduit de l'anglais. 1 vol. avec 45 gravures d'après E. Bayard.
— *Douze histoires pour les enfants de quatre à huit ans*, par une mère de famille. 1 vol. avec 8 gravures d'après Bertall.
— *Les enfants d'aujourd'hui*, par le même auteur. 1 vol. avec 40 gravures d'après Bertall.

Carraud (Mme) : *Historiettes véritables*, pour les enfants de quatre à huit ans. 1 vol. avec 94 gravures d'après G. Fath.

Fath (G.) : *La sagesse des enfants*, proverbes. 1 vol. avec 100 gravures d'après l'auteur.

Laroque (Mme) : *Grands et petits*. 1 vol. avec 61 gravures d'après Bertall.

Marcel (Mme J.) : *Histoire d'un cheval de bois*. 1 vol. avec 20 gravures d'après E. Bayard.

Pape-Carpantier (Mme) : *Histoires et leçons de choses pour les enfants*. 1 vol. avec 85 gravures d'après Bertall.
Ouvrage couronné par l'Académie française.

Perrault, MM^{mes} d'Aulnoy et Leprince de Beaumont : *Contes de fées*. 1 vol. avec 65 gravures d'après Bertall et Forest.

Porchat (J.) : *Contes merveilleux*. 1 vol. avec 21 gravures d'après Bertall.

Schmid (le chanoine) : *190 contes pour les enfants*, traduit de l'allemand par André van Hasselt. 1 vol. avec 29 gravures d'après Bertall.

Ségur (Mme la comtesse de) : *Nouveaux contes de fées*. 1 vol. avec 46 gravures d'après Gustave Doré et H. Didier.

IIe SÉRIE, POUR LES ENFANTS DE 8 A 14 ANS

Achard (A.) : *Histoire de mes amis*. 1 vol. avec 25 gravures d'après Bellecroix.

Alcott (Miss) : *Sous les lilas*, traduit de l'anglais par Mme S. Lepage. 1 vol. avec 23 gravures.

Andersen : *Contes choisis*, traduits du danois par Soldi. 1 vol. avec 40 gravures d'après Bertall.

Anonyme : *Les fêtes d'enfants*, scènes et dialogues. 1 vol. avec 41 gravures d'après Foulquier.

Assollant (A.) : *Les aventures merveilleuses mais authentiques du capitaine Corcoran.* 2 vol. avec 50 gravures, d'après A. de Neuville.

Barrau (Th.) : *Amour filial.* 1 vol. avec 41 gravures d'après Ferogio.

Bawr (Mme de) : *Nouveaux contes.* 1 vol. avec 40 gravures d'après Bertall.
   Ouvrage couronné par l'Académie française.

Beleze : *Jeux des adolescents.* 1 vol. avec 140 gravures.

Berquin : *Choix de petits drames et de contes.* 1 vol. avec 36 gravures d'après Foulquier, etc.

Berthet (E.) : *L'enfant des bois.* 1 vol. avec 61 gravures.

Blanchère (De la) : *Les aventures de la Ramée.* 1 vol. avec 36 gravures d'après E. Forest.

— *Oncle Tobie le pêcheur.* 1 vol. avec 80 gravures d'après Foulquier et Mesnel.

Boiteau (P.) : *Légendes* recueillies ou composées pour les enfants. 1 vol. avec 42 gravures d'après Bertall.

Carpentier (Mlle E.) : *La maison du bon Dieu.* 1 vol. avec 58 gravures d'après Riou.

— *Sauvons-le !* 1 vol. avec 60 gravures d'après Riou.

— *Le secret du docteur*, ou la maison fermée. 1 vol. avec 43 gravures d'après P. Girardet.

— *La tour du preux.* 1 vol. avec 59 gravures d'après Tofani.

Carraud (Mme Z.) : *La petite Jeanne*, ou le devoir. 1 vol. avec 21 gravures d'après Forest.
   Ouvrage couronné par l'Académie française.

Carraud (Mme Z.) : *Les goûters de la grand'mère.* 1 vol. avec 18 gravures d'après E. Bayard.

— *Les métamorphoses d'une goutte d'eau.* 1 vol. avec 50 gravures d'après E. Bayard.

Castillon (A.) : *Les récréations physiques.* 1 vol. avec 36 gravures d'après Castelli.

— *Les récréations chimiques*, faisant suite au précédent. 1 vol. avec 34 gravures d'après H. Castelli.

Cazin (Mme J.) : *Les petits montagnards.* 1 vol. avec 51 gravures d'après G. Vuillier.

— *Un drame dans la montagne.* 1 vol. avec 33 grav. d'après G. Vuillier.

— *Histoire d'un pauvre petit.* 1 vol. avec 40 gravures d'après Tofani.

— *L'enfant des Alpes.* 1 vol. avec 33 gravures d'après Tofani.

Chabreul (Mme de) : *Jeux et exercices des jeunes filles.* 1 vol. avec 62 gravures d'après Fath, et la musique des rondes.

Colet (Mme L.) : *Enfances célèbres.* 1 vol. avec 57 gravures d'après Foulquier.

Contes anglais, traduits par Mme de Witt. 1 vol. avec 43 gravures d'après Morin.

Deslys (Ch.) : *Grand'maman.* 1 vol. avec 29 gravures d'après E. Zier.

Edgeworth (Miss) : *Contes de l'adolescence*, traduits par A. Le François. 1 vol. avec 42 gravures d'après Morin.

— *Contes de l'enfance*, traduits par le même. 1 vol. avec 26 gravures d'après Foulquier.

Edgeworth (Miss) : *Demain*, suivi de *Mourad le malheureux*, contes traduits par H. Jousselin. 1 vol. avec 55 gravures d'après Bertall.

Fénelon : *Fables*. 1 vol. avec 29 grav. d'après Forest et É. Bayard.

Fleuriot (Mlle) : *Le petit chef de famille*. 1 vol. avec 57 gravures d'après H. Castelli.
— *Plus tard*, ou le jeune chef de famille. 1 vol. avec 60 gravures d'après É. Bayard.
— *L'enfant gâté*. 1 vol. avec 48 gravures d'après Ferdinandus.
— *Tranquille et Tourbillon*. 1 vol. avec 45 grav. d'après C. Delort.
— *Cadette*. 1 vol. avec 52 gravures d'après Tofani.
— *En congé*. 1 vol. avec 61 gravures d'après Ad. Marie.
— *Bigarette*. 1 vol. avec 48 gravures d'après Ad. Marie.
— *Bouche-en-Cœur*. 1 vol. avec 45 gravures d'après Tofani.
— *Gildas l'intraitable*, 1 vol. avec 56 gravures d'après E. Zier.

Foë (de) : *La vie et les aventures de Robinson Crusoé*, traduites de l'anglais. 1 vol. avec 40 gravures.

Fonvielle (W. de) : *Néridah*. 2 vol. avec 45 gravures d'après Sahib.

Genlis (Mme de) : *Contes moraux*. 1 vol. avec 40 gravures d'après Foulquier, etc.

Gérard (A.) : *Petite Rose. — Grande Jeanne*. 1 vol. avec 28 gravures d'après Gilbert.

Girardin (J.) : *La disparition du grand Krause*. 1 vol. avec 70 gravures d'après Kauffmann.

Giron (A.) : *Ces pauvres petits !* 1 vol. avec 22 gravures d'après B. Nouvel.

Gouraud (Mlle J.) : *Les enfants de la ferme*. 1 vol. avec 59 grav. d'après É. Bayard.
— *Le livre de maman*. 1 vol. avec 68 grav. d'après É. Bayard.
— *Cécile, ou la petite sœur*. 1 vol. avec 26 grav. d'après Desandré.
— *Lettres de deux poupées*. 1 vol. avec 59 gravures d'après Olivier.
— *Le petit colporteur*. 1 vol. avec 27 grav. d'après A. de Neuville.
— *Les mémoires d'un petit garçon*. 1 vol. avec 86 gravures d'après É. Bayard.
— *Les mémoires d'un caniche*. 1 vol. avec 75 gravures d'après É. Bayard.
— *L'enfant du guide*. 1 vol. avec 60 gravures d'après É. Bayard.
— *Petite et grande*. 1 vol. avec 48 gravures d'après É. Bayard.
— *Les quatre pièces d'or*. 1 vol. avec 54 gravures d'après É. Bayard.
— *Les deux enfants de Saint-Domingue*. 1 vol. avec 54 gravures d'après É. Bayard.
— *La petite maîtresse de maison*. 1 vol. avec 37 grav. d'après Marie.
— *Les filles du professeur*. 1 vol. avec 36 grav. d'après Kauffmann.
— *La famille Harel*. 1 vol. avec 44 gravures d'après Valnay.
— *Aller et retour*. 1 vol. avec 40 gravures d'après Ferdinandus.
— *Les petits voisins*. 1 vol. avec 39 gravures d'après C. Gilbert.
— *Chez grand'mère*. 1 vol. avec 98 gravures d'après Tofani.
— *Le petit bonhomme*. 1 vol. avec 45 grav. d'après A. Ferdinandus.
— *Le vieux château*. 1 vol. avec 28 gravures d'après E. Zier.
— *Pierrot*. 1 vol. avec 31 gravures d'après E. Zier.

Grimm (les frères) : *Contes choisis*, traduits par Ferd. Baudry. 1 vol. avec 40 gravures d'après Bertall.

Hauff : *La caravane*, traduit par A. Talon. 1 vol. avec 40 gravures d'après Bertall.

— *L'auberge du Spessart*, traduit par A. Talon. 1 vol. avec 61 gravures d'après Bertall.

Hawthorne : *Le livre des merveilles*, traduit de l'anglais par L. Rabillon. 2 vol. avec 40 gravures d'après Bertall.

Hébel et **Karl Simrock** : *Contes allemands*, traduits par M. Martin. 1 vol. avec 27 grav. d'après Bertall.

Johnson (R. B.) : *Dans l'extrême Far West*, traduit de l'anglais par A. Talandier. 1 vol. avec 20 gravures d'après A. Marie.

Marcel (Mme J.) : *L'école buissonnière*. 1 vol. avec 20 gravures d'après A. Marie.

— *Le bon frère*. 1 vol. avec 21 gravures d'après É. Bayard.

— *Les petits vagabonds*. 1 vol. avec 25 gravures d'après É. Bayard.

— *Histoire d'une grand'mère et de son petit-fils*. 1 vol. avec 36 gravures d'après C. Delort.

— *Daniel*. 1 vol. avec 45 gravures d'après Gilbert.

— *Le frère et la sœur*. 1 vol. avec 45 gravures d'après E. Zier.

— *Un bon gros pataud*. 1 vol. avec 45 gravures d'après Jeanniot.

Maréchal (Mlle M.) : *La dette de Ben-Aïssa*. 1 vol. avec 20 gravures d'après Bertall.

— *Nos petits camarades*. 1 vol. avec 18 gravures d'après E. Bayard et H. Castelli, etc.

— *La maison modèle*. 1 vol. avec 42 gravures d'après Sahib.

Marmier (X.) : *L'arbre de Noël*. 1 vol. avec 68 gravures d'après Bertall.

Martignat (Mlle de) : *Les vacances d'Élisabeth*. 1 vol. avec 36 gravures d'après Kauffmann.

— *L'oncle Boni*. 1 vol. avec 42 gravures d'après Gilbert.

— *Ginette*. 1 vol. avec 50 gravures d'après Tofani.

— *Le manoir d'Yolan*. 1 vol. avec 56 gravures d'après Tofani.

— *Le pupille du général*. 1 vol. avec 40 gravures d'après Tofani.

— *L'héritière de Maurivèze*. 1 vol. avec 39 grav. d'après Poirson.

— *Une vaillante enfant*. 1 vol. avec 43 gravures par Tofani.

— *Une petite-nièce d'Amérique*. 1 vol. avec 43 gravures d'après Tofani.

Mayne-Reid (le capitaine) : *Les chasseurs de girafes*, traduit de l'anglais par H. Vattemare. 1 vol. avec 10 gravures d'après A. de Neuville.

— *A fond de cale*, traduit par Mme H. Loreau. 1 vol. avec 12 gravures.

— *A la mer !* traduit par Mme H. Loreau. 1 vol. avec 12 gravures.

— *Bruin, ou les chasseurs d'ours*, traduit par A. Letellier. 1 vol. avec 8 grandes gravures.

— *Les chasseurs de plantes*, traduit par Mme H. Loreau. 1 vol. avec 29 gravures.

— *Les exilés dans la forêt*, traduit par Mme H. Loreau. 1 vol. avec 12 gravures.

— *L'habitation du désert*, traduit par A. Le François. 1 vol. avec 24 gravures.

Mayne-Reid (le capitaine) : *Les grimpeurs de rochers*, traduits par Mme H. Loreau. 1 vol. avec 20 gravures.
— *Les peuples étranges*, traduits par Mme H. Loreau. 1 vol. avec 24 gravures.
— *Les vacances des jeunes Boërs*, traduites par Mme H. Loreau. 1 vol. avec 12 gravures.
— *Les veillées de chasse*, traduites par H.-B. Révoil. 1 vol. avec 43 gravures d'après Freeman.
— *La chasse au Léviathan*, traduite par J. Girardin. 1 vol. avec 51 gravures d'après A. Ferdinandus et Th. Weber.

Muller (E.) : *Robinsonnette*. 1 vol. avec 22 gravures d'après Lix.

Ouida : *Le petit comte*. 1 vol. avec 34 gravures d'après G. Vuillier, Tofani, etc.

Peyronny (Mme de), née d'Isle : *Deux cœurs dévoués*. 1 vol. avec 53 gravures d'après J. Devaux.

Pitray (Mme de) : *Les enfants des Tuileries*. 1 vol. avec 29 gravures d'après É. Bayard.
— *Les débuts du gros Philéas*. 1 vol. avec 57 grav. d'après H. Castelli.
— *Le château de la Pétaudière*. 1 vol. avec 78 grav. d'après A. Marie.
— *Le fils du maquignon*. 1 vol. avec 65 gravures d'après Riou.

Rendu (V.) : *Mœurs pittoresques des insectes*. 1 vol. avec 49 grav.

Rostoptchine (Mme la comtesse) : *Belle, Sage et Bonne*. 1 vol. avec 39 gravures d'après Ferdinandus.

Sandras (Mme) : *Mémoires d'un lapin blanc*. 1 vol. avec 20 gravures d'après É. Bayard.

Sannois (Mlle la comtesse de) : *Les soirées à la maison*. 1 vol. avec 42 gravures d'après É. Bayard.

Ségur (Mme la comtesse de) : *Après la pluie, le beau temps*. 1 vol. avec 128 grav. d'après É. Bayard.
— *Comédies et proverbes*. 1 vol. avec 60 gravures d'après É. Bayard.
— *Diloy le chemineau*. 1 vol. avec 90 gravures d'après H. Castelli.
— *François le bossu*. 1 vol. avec 114 gravures d'après É. Bayard.
— *Jean qui grogne et Jean qui rit*. 1 vol. avec 70 gravures d'après Castelli.
— *La fortune de Gaspard*. 1 vol. avec 52 gravures d'après Gerlier.
— *La sœur de Gribouille*. 1 vol. avec 72 grav. d'après H. Castelli.
— *Pauvre Blaise!* 1 vol. avec 65 gravures d'après H. Castelli.
— *Quel amour d'enfant!* 1 vol. avec 79 gravures d'après É. Bayard.
— *Un bon petit diable*. 1 vol. avec 100 gravures d'après H. Castelli.
— *Le mauvais génie*. 1 vol. avec 90 gravures d'après É. Bayard.
— *L'auberge de l'ange gardien*. 1 vol. avec 75 grav. d'après Foulquier.
— *Le général Dourakine*. 1 vol. avec 100 gravures d'après É. Bayard.
— *Les bons enfants*. 1 vol. avec 70 gravures d'après Ferogio.
— *Les deux nigauds*. 1 vol. avec 76 gravures d'après H. Castelli.
— *Les malheurs de Sophie*. 1 vol. avec 48 grav. d'après H. Castelli.

Ségur (Mme la comtesse de) : *Les petites filles modèles*. 1 vol. avec 21 gravures d'après Bertall.

— *Les vacances*. 1 vol. avec 36 gravures d'après Bertall.

— *Mémoires d'un âne*. 1 vol. avec 75 grav. d'après H. Castelli.

Stolz (Mme de) : *La maison roulante*. 1 vol. avec 20 grav. sur bois d'après É. Bayard.

— *Le trésor de Nanette*. 1 vol. avec 24 gravures d'après É. Bayard.

— *Blanche et noire*. 1 vol. avec 54 gravures d'après É. Bayard.

— *Par-dessus la haie*. 1 vol. avec 56 gravures d'après A. Marie.

— *Les poches de mon oncle*. 1 vol. avec 20 gravures d'après Bertall.

— *Les vacances d'un grand-père*. 1 vol. avec 40 gravures d'après G. Delafosse.

— *Quatorze jours de bonheur*. 1 vol. avec 45 gravures d'après Bertall.

— *Le vieux de la forêt*. 1 vol. avec 32 gravures d'après Sahib.

— *Le secret de Laurent*. 1 vol. avec 32 gravures d'après Sahib.

— *Les deux reines*. 1 vol. avec 32 gravures d'après Delort.

— *Les mésaventures de Mlle Thérèse*. 1 vol. avec 29 grav. d'après Charles.

— *Les frères de lait*. 1 vol. avec 42 gravures d'après E. Zier.

Stolz (Mme de) : *Magali*. 1 vol. avec 36 gravures d'après Tofani.

— *La maison blanche*. 1 vol. avec 35 gravures d'après Tofani.

— *Les deux André*. 1 vol. avec 45 gravures d'après Tofani.

— *Deux tantes*. 1 vol. avec 43 gravures d'après Tofani.

Swift : *Voyages de Gulliver*, traduits et abrégés à l'usage des enfants. 1 vol. avec 57 gravures d'après Delafosse.

Taulier : *Les deux petits Robinsons de la Grande-Chartreuse*. 1 vol. avec 69 gravures d'après É. Bayard et Hubert Clerget.

Tournier : *Les premiers chants*, poésies à l'usage de la jeunesse. 1 vol. avec 20 gravures d'après Gustave Roux.

Vimont (Ch.) : *Histoire d'un navire*. 1 vol. avec 40 gravures d'après Alex. Vimont.

Witt (Mme de), née Guizot : *Enfants et parents*. 1 vol. avec 34 gravures d'après A. de Neuville.

— *La petite-fille aux grand'mères*. 1 vol. avec 36 grav. d'après Beau.

— *En quarantaine*. 1 vol. avec 48 gravures d'après Ferdinandus.

IIIe SÉRIE, POUR LES ENFANTS ADOLESCENTS

ET POUVANT FORMER UNE BIBLIOTHÈQUE POUR LES JEUNES FILLES DE 14 A 18 ANS

VOYAGES

Agassiz (M. et Mme) : *Voyage au Brésil*, traduits et abrégés par J. Belin de Launay. 1 vol. avec 16 gravures et 1 carte.

Aunet (Mme d') : *Voyage d'une femme au Spitzberg*. 1 vol. avec 34 gravures.

Baines : *Voyages dans le sud-ouest de l'Afrique*, traduits et abrégés par J. Belin de Launay. 1 vol. avec 22 gravures et 1 carte.

Baker: *Le lac Albert N'yanza.* Nouveau voyage aux sources du Nil, abrégé par Belin de Launay. 1 vol. avec 16 gravures et 1 carte.

Baldwin : *Du Natal au Zambèze (1861-1865). Récits de chasses,* abrégés par J. Belin de Launay. 1 vol. avec 24 gravures et 1 carte.

Burton (le capitaine) : *Voyages à la Mecque, aux grands lacs d'Afrique et chez les Mormons,* abrégés par J. Belin de Launay. 1 vol. avec 12 gravures et 3 cartes.

Catlin : *La vie chez les Indiens,* traduit de l'anglais. 1 vol. avec 25 gravures.

Fonvielle (W. de) : *Le glaçon du Polaris,* aventures du capitaine Tyson. 1 vol. avec 19 gravures et 1 carte.

Hayes (D^r) : *La mer libre du pôle,* traduit par F. de Lanoye, et abrégé par J. Belin de Launay. 1 vol. avec 14 gravures et 1 carte.

Hervé et de Lanoye : *Voyages dans les glaces du pôle arctique.* 1 vol. avec 40 gravures.

Lanoye (F. de): *Le Nil et ses sources.* 1 vol. avec 32 gravures et des cartes.

— *La Sibérie.* 1 vol. avec 48 gravures d'après Lebreton, etc.

— *Les grandes scènes de la nature.* 1 vol. avec 40 gravures.

— *La mer polaire,* voyage de l Erèbe et de la Terreur, et expédition à la recherche de Franklin. 1 vol. avec 29 gravures et des cartes.

— *Ramsès le Grand,* ou l'Egypte il y a trois mille trois cents ans. 1 vol. avec 39 gravures d'après Lancelot, É. Bayard, etc.

Livingstone : *Explorations dans l'Afrique australe,* abrégées par J. Belin de Launay. 1 vol. avec 20 gravures et 1 carte.

Livingstone : *Dernier journal,* abrégé par J. Belin de Launay. 1 vol. avec 16 gravures et 1 carte.

Mage (L.): *Voyage dans le Soudan occidental,* abrégé par J. Belin de Launay. 1 vol. avec 16 gravures et 1 carte.

Milton et Cheadle : *Voyage de l'Atlantique au Pacifique,* traduit et abrégé par J. Belin de Launay. 1 vol. avec 16 gravures et 2 cartes.

Mouhot (Ch.) : *Voyage dans le royaume de Siam, le Cambodge et le Laos.* 1 vol. avec 28 gravures et 1 carte.

Palgrave (W. G.): *Une année dans l'Arabie centrale,* traduite par abrégée par J. Belin de Launay. 1 vol. avec 12 gravures, 1 portrait et 1 carte.

Pfeiffer (Mme): *Voyages autour du monde,* abrégés par J. Belin de Launay. 1 vol. avec 16 gravures et 1 carte.

Piotrowski: *Souvenirs d'un Sibérien.* 1 vol. avec 10 gravures d'après A. Marie.

Schweinfurth (D^r) : *Au cœur de l'Afrique (1866-1871).* Traduit par Mme H. Loreau, et abrégé par J. Belin de Launay. 1 vol. avec 16 gravures et 1 carte.

Speke : *Les sources du Nil,* édition abrégée par J. Belin de Launay. 1 vol. avec 24 gravures et 3 cartes.

Stanley : *Comment j'ai retrouvé Livingstone,* traduit par Mme Loreau, et abrégé par J. Belin de Launay. 1 vol. avec 16 gravures et 1 carte.

Vambéry : *Voyages d'un faux derviche dans l'Asie centrale,* traduits par E. D. Forgues, et abrégés par J. Belin de Launay. 1 vol. avec 18 gravures et une carte.

HISTOIRE

Le loyal serviteur : *Histoire du gentil seigneur de Bayard*, revue et abrégée, à l'usage de la jeunesse, par Alph. Feillet. 1 vol. avec 36 gravures d'après P. Sellier.

Monnier (M.) : *Pompéi et les Pompéiens*. Édition à l'usage de la jeunesse. 1 vol. avec 25 gravures d'après Thérond.

Plutarque : *Vie des Grecs illustres*, édition abrégée par A. Feillet. 1 vol. avec 53 gravures d'après P. Sellier.

— *Vie des Romains illustres*, édition abrégée par A. Feillet. 1 vol. avec 69 gravures d'après P. Sellier.

Retz (Le cardinal de) : *Mémoires* abrégés par A. Feillet. 1 vol. avec 35 gravures d'après Gilbert, etc.

LITTÉRATURE

Bernardin de Saint-Pierre : *Œuvres choisies*. 1 vol. avec 12 gravures d'après É. Bayard.

Cervantès : *Don Quichotte de la Manche*. 1 vol. avec 64 gravures d'après Bertall et Forest.

Homère : *L'Iliade et l'Odyssée*, traduites par P. Giguet et abrégées par Alph. Feillet. 1 vol. avec 33 gravures d'après Olivier.

Le Sage : *Aventures de Gil Blas*, édition destinée à l'adolescence. 1 vol. avec 50 gravures d'après Leroux.

Mac-Intosch (Miss) : *Contes américains*, traduits par Mme Dionis. 2 vol. avec 50 gravures d'après É. Bayard.

Maistre (X. de) : *Œuvres choisies*. 1 vol. avec 15 gravures d'après É. Bayard.

Molière : *Œuvres choisies*, abrégées à l'usage de la jeunesse. 2 vol. avec 22 gravures d'après Hillemacher.

Virgile : *Œuvres choisies*, traduites et abrégées à l'usage de la jeunesse, par Th. Barrau. 1 vol. avec 20 gravures d'après P. Sellier.

ATLAS MANUEL

DE GÉOGRAPHIE MODERNE

Contenant 54 cartes imprimées en couleurs

Un volume in-folio relié en demi-chagrin......... **32 fr.**

ATLAS

DE

GÉOGRAPHIE MODERNE

PAR E. CORTAMBERT

Contenant 66 cartes imprimées en couleurs

NOUVELLE ÉDITION COMPLÈTEMENT REFONDUE

Sous la direction de plusieurs géographes & professeurs

Un volume in-4°, cartonné en percaline, **12 fr.**

NOUVEL ATLAS

DE

GÉOGRAPHIE

ANCIENNE, DU MOYEN AGE & MODERNE

PAR E. CORTAMBERT

Contenant 100 cartes imprimées en couleurs

NOUVELLE ÉDITION ENTIÈREMENT REFONDUE

Avec la collaboration d'une Société de géographes et de professeurs

Un volume in-4°, cartonné en percaline, **16 fr.**

6008. — BOURLOTON. — Imprimeries réunies, A, rue Mignon, 2, Paris.

www.ingramcontent.com/pod-product-compliance
Lightning Source LLC
Chambersburg PA
CBHW060452170426
43199CB00011B/1172